A GUIDE TO MOSAICOS ICONS

Readiness Check

This icon, located at the beginning of the first *Funciones y formas* section, reminds students to take the Readiness Check in MySpanishLab to test their understanding of the English grammar related to the Spanish grammar concepts in the chapter. A Study Plan with English Grammar Tutorials is generated for those topics students might need to review.

eText Activities

This icon indicates that a version of the activity is available in MySpanishLab. eText activities are automatically graded and provide detailed feedback on incorrect answers.

Video

This icon indicates that a video segment is available for the *¡Cineastas en acción!* video that accompanies the *Mosaicos* program. The video is available on DVD and in MySpanishLab.

Text Audio Program

This icon indicates that recorded material to accompany *Mosaicos* is available online. In addition, audio for all in-class listening activities and *En directo* dialogues is available on CD.

Pair Activity

This icon indicates that the activity is designed to be done by students working in pairs.

Group Activity

This icon indicates that the activity is designed to be done by students working in small groups or as a whole class.

Interactive Globe

This icon indicates that additional cultural resources in the form of videos, web links, interactive maps, and more, relating to a particular country, are organized on an interactive globe online.

Art Tour

This icon accompanies the works of art highlighted in each chapter opener. It links to a virtual art tour and interactive activity in MySpanishLab about the work of art.

MediaShare

This icon, presented with all *Situación* activities, refers to the video-posting feature available online.

Mosaicos.
Spanish as a World Language

It's time to talk! …and have a cultured conversation. Providing the truly communicative, deeply culture-focused approach professors believe in along with the guidance and tools students need to be successful using a program with highly communicative goals—with *Mosaicos*, there is no need to compromise. Recognizing the primacy of the relationship between culture and language, the new Sixth Edition of *Mosaicos* places culture up front and center, and everywhere in-between!

- Over 1,000 language instructors have partnered with Pearson to create solutions that address the needs of today's students and instructors.

- 100 Faculty Advisors have reviewed, tested, and collaborated with colleagues across North America to make Pearson's **MyLanguageLabs™** the most effective online learning and assessment college language learning system available today.

Challenge:

8 out of 10 language instructors told us that better tools are needed to help students develop oral proficiency so that they will be confident in speaking Spanish.

Solution:

- Almost 1,000,000 students have used Pearson's **MyLanguageLabs** to help them succeed in learning Spanish, French, Italian, German, Russian, Chinese, Portuguese, and Latin.
- **MyLanguageLabs** helps to **improve student results** by offering a robust set of tools that allow students to hear native speakers, and practice their speaking. We include pronunciation guides, Blackboard™ Voice, videos, and audio recordings and are the only online learning and assessment system that includes Versant™ Test of Spanish and MediaShare.

Students love the recording aspect of MyLanguageLabs, which allows them to listen to their own pronunciations, compare, and adjust to match the native speakers. Students' communicative skills have improved significantly with MyLanguageLabs.

—Charles Hernando Molano Álvarez

MyLanguageLabs automates teaching chores that are non-meaningful. Let MyLanguageLabs grade homework and quizzes. This gives you time to spend on meaningful pedagogical activities like engaging and interacting with your students.

—Anne Prucha, University of Central Florida

Challenge:

8 out of 10 language instructors voiced that they are teaching more students than ever before, and consequently feel that they no longer have time to provide students with careful guidance to foster speaking and writing skills.

Solution:

- **MyLanguageLabs** allows instructors to easily create the course syllabus, and assign and grade homework, providing you with the time to work with individual students, helping them **achieve higher proficiency levels** in speaking and writing, in particular.

Did you know that…?

- **100% of College Students are internet users**
- **50% are online more than 6 hours every week**
- **Community College Students are even more likely than those at 4 year institutions to use mobile devices**
- **71% of students would prefer to use digital learning materials over print**

Zou, J.J. (2011, July 19). Gadgets, study finds. *Chronicle of Higher Education*

Challenge:

6 of 10 college language programs either have completed or are planning to complete an Introductory Spanish Course Redesign, which will likely result in less face-to-face class time and greater numbers of hybrid or fully online classes.

Solution:

- Pearson Education is the undisputed leader in Higher Education Course Redesign.
- Pearson is an **experienced partner** with over 1150 faculty selecting Pearson to implement a Course Redesign.
- **Evidence-based ongoing Case Studies and Success Stories** demonstrate improved student performance in Course Redesigns that implemented **MyLanguageLabs**.
- **MyLanguageLabs** offers the most extensive opportunities for course personalization that enables instructors to modify instruction according to individual needs, teaching style, grading philosophies, and more, which results in a more **engaging experience** for students.

Redesigning courses around MyLanguageLabs has been a success. The curriculum and course requirements are uniform across all sections so students receive a consistent learning experience. Because MyLanguageLabs automates the grading process, instructors report that they have more time to offer students one-on-one assistance. When I examine the data from before and after MyLanguageLabs, it is clear to me what a great success MyLanguageLabs is and how useful it is for our students.

—Jason Fetters, Purdue University

MyLanguageLabs in Action: Proven Performance

ALWAYS LEARNING   PEARSON

LEARN SMARTER

Boost performance with powerful, personalized learning!

Powered by **amplifier** and accessible in MySpanishLab, new Dynamic Study Modules combine leading brain science with big-data adaptivity to engage students, drive proficiency, and improve outcomes like never before.

As the language learning and teaching community moves to digital learning tools, Pearson is supercharging its Spanish content and optimizing its learning offerings with personalized Dynamic Study Modules, powered by **amplifier** and MySpanishLab. And, we're already seeing significant gains. Developed exclusively for *Mosaicos*, each study module offers a differentiated digital solution that consistently improves learning results and increases levels of user confidence and engagement with the course materials.

Language instructors observe that they are able to maximize their effectiveness, both in and out of the classroom, because with they are freed from the onerous task of basic knowledge transfer and empowered to:

> reclaim up to 65% more class time for peer to peer communication in the target language;
> tailor presentation and focused practice to address only the most prevalent student knowledge gaps;
> enable livelier, more engaged classrooms.

How does *amplifire* improve learning?

1 Dynamic Study Modules consist of a comprehensive online learning process that starts with modules of 25 vocabulary and grammar questions that drive deep, contextual knowledge acquisition and understanding.

Based on a Test–Learn–Retest adaptive module, as students respond to each question the tool assesses both knowledge and confidence to identify what students do and don't know. Asking students to indicate their level of confidence engages a different part of the brain than just asking them to answer the question.

3 Dynamic Study Modules cycle students through learning content until they demonstrate mastery of the information by answering all questions confidently and correctly two times in a row.

Once students have reviewed the first set answers and explanations, modules **amplifire** presents them with a new set of questions. The **amplifire** methodology cycles students through an adaptive, repetitive process of test-learn-retest, until they achieve mastery of the material.

2 **amplifire** results, embedded explanations, and review opportunities are extremely comprehensive and ideal for fast learning and long-lasting retention.

After completing the first question set, students are given embedded and detailed explanations for their correct answers, as well as why other answer choices were incorrect. This approach, taken directly from research in cognitive psychology, promotes more accurate knowledge recall. Embedding the learning into the application also saves students valuable study time because they have the learning content at their fingertips!

RESULTS!

Based on GAMING and LEARNER ENGAGEMENT techniques, AMPLIFIRE DYNAMIC STUDY MODULES take basic knowledge transfer out of the classroom and improve performance.

Improved student performance and long-term retention of the material ensures students are not only better prepared for their exams, but also for their future classes and careers.

Sixth Edition

mosaicos

SPANISH AS A WORLD LANGUAGE

Volume 1

MATILDE OLIVELLA DE CASTELLS (LATE)

Emerita, California State University, Los Angeles

ELIZABETH E. GUZMÁN

University of Iowa

PALOMA LAPUERTA

Central Connecticut State University

JUDITH E. LISKIN–GASPARRO

University of Iowa

PEARSON

Boston   Columbus   Indianapolis   New York   San Francisco   Upper Saddle River
Amsterdam   Cape Town   Dubai   London   Madrid   Milan   Munich   Paris   Montréal   Toronto
Delhi   Mexico City   São Paulo   Sydney   Hong Kong   Seoul   Singapore   Taipei   Tokyo

Senior Acquisitions Editor: Tiziana Aime
Senior Digital Product Manager: Samantha Alducin
Development Editor: Scott Gravina, Celia Meana
MyLanguageLabs Development Editor: Bill Bliss
Director of Program Management: Lisa Iarkowski
Team Lead Program Management: Amber Mackey
Program Manager: Nancy Stevenson
Team Lead Project Managers: Melissa Feimer
Media Coordinator: Regina Rivera
Project Manager: Lynne Breitfeller
Project Manager: Jenna Gray, PreMediaGlobal

Front Cover Design: Black Sun
Cover Image: Maxim Tupikov / Shutterstock
Senior Art Director: Kathryn Foot
Operations Manager: Mary Fischer
Operations Specialist: Roy Roickering
Editorial and Marketing Assistant: Millie Chapman
Editor in Chief: Bob Hemmer
Director of Market Development: Kristine Suárez
World Languages Consultants: Yesha Brill, Mellissa Yokell,
    Denise Miller

This book was set in 10/13 Serifa Std.

Credits and acknowledgments borrowed from other sources and reproduced, with permission, in this textbook appear on appropriate page within text (or on pages CR-1 to CR-3).

Library of Congress Cataloging-in-Publication Data
Mosaicos : Spanish as a world language / Matilde Olivella de Castells (Late), Emerita, California State University, Los Angeles, Elizabeth E. Guzmán,
    University of Iowa, Paloma Lapuerta, Central Connecticut State University, Judith E. Liskin-Gasparro, University of Iowa. — sixth Edition.
    pages cm
Text is in English and Spanish.
Includes index.
ISBN-13: 978-0-205-25540-5 (alk. paper)
ISBN-10: 0-205-25540-X (alk. paper)
1. Spanish language—Textbooks for foreign speakers—English. I. Castells, Matilde Olivella de. II. Guzmán, Elizabeth E. III. Lapuerta, Paloma.
    IV. Liskin-Gasparro, Judith E.
PC4129.E5M69 2013
468.2'421—dc23

2013042619

10 9 8 7 6 5 4 3 2 1

Volume 1 ISBN - 10:   0-205-99937-9
Volume 1 ISBN - 13: 978-0-205-99937-8

BRIEF CONTENTS

SCOPE & SEQUENCE

Capítulo	Learning Outcomes	Culture
Preliminar Bienvenidos 2	• Introduce yourself, greet others, and say good-bye • Identify people and classroom objects and tell where they are in the classroom • Listen to and respond to classroom expressions and requests • Spell names and addresses and share phone numbers • Express dates, and tell time, and comment on the weather • Share information about the Spanish language and where it is spoken	**Enfoque cultural:** *El mundo hispano* 3
1 ¿Qué estudias? 30	• Talk about studies, campus, and academic life • Describe daily routines and activities • Specify gender and number • Express location and states of being • Ask and answer questions • Talk about Spain in terms of products, practices, and perspectives • Share information about student life in Hispanic countries and compare cultural similarities	**Enfoque cultural:** *España* 31 **Mosaico cultural:** *La vida universitaria en el mundo hispano* 41
2 ¿Quiénes son tus amigos? 64	• Describe people, places, and things • Express origin and possession • Talk about where and when events take place • Describe what someone or something is like • Express emotions and conditions • Identify what belongs to you and others • Discuss the people, things, and activities you and others like and dislike • Present information about Hispanic influences in the United States	**Enfoque cultural:** *Estados Unidos* 65 **Mosaico cultural:** *Los estereotipos y la cultura hispana* 75

Capítulo	Learning Outcomes	Culture
3 ¿Qué hacen para divertirse? 100	• Describe free-time activities and food • Plan your daily activities and express intentions • Identify prices and dates • State what and whom you know • Talk about places to visit in Peru • Share information about free-time activities in Hispanic countries and identify cultural similarities	**Enfoque cultural:** *Perú 101* **Mosaico cultural:** *Los hispanos y la vida social 110*
4 ¿Cómo es tu familia? 136	• Talk about family members and their daily routines • Express opinions, plans, preferences, and feelings • Express obligation • Express how long something has been going on • Talk about Colombia in terms of its products, practices, and perspectives • Share information about families and family life in Hispanic countries and compare cultural similarities	**Enfoque cultural:** *Colombia 137* **Mosaico cultural:** *Las familias de la televisión 146*
5 ¿Dónde vives? 170	• Talk about housing, the home, and household activities • Express ongoing actions • Describe physical and emotional states • Avoid repetition in speaking and writing • Point out and identify people and things • Compare cultural and geographic information of Nicaragua, El Salvador, and Honduras	**Enfoque cultural:** *Nicaragua, El Salvador y Honduras 171* **Mosaico cultural:** *Las viviendas en centros urbanos 181*

Capítulo	Learning Outcomes	Culture
12 ¿Te gusta viajar? 414	• Talk about travel arrangements and preferences • Express possession and clarify what belongs to you and to others • Express affirmation and negation • Express doubt and uncertainty • Talk about travel experiences • Share information about the social and economic impact of the Panama Canal	**Enfoque cultural:** *Costa Rica y Panamá* 415 **Mosaico cultural:** *El mochilero* 425
13 ¿Qué es arte para ti? 448	• Talk about art and culture • Express doubt and uncertainty • Hypothesize about the future • Describe states and conditions • Talk about Bolivia and Paraguay in terms of products, practices, and perspectives • Share information about art and culture in Hispanic countries and identify cultural similarities	**Enfoque cultural:** *Bolivia y Paraguay* 449 **Mosaico cultural:** *El grafiti y la identidad urbana* 460
14 ¿Cómo vivimos los cambios sociales? 478	• Discuss demographics and social conditions • Indicate conditions, goals, and purposes • Express conjecture • Talk about the past from a past perspective • Share information about social change, gender roles, and migration in Hispanic countries and identify cultural similarities	**Enfoque cultural:** *Chile* 479 **Mosaico cultural:** *La migración interna en el mundo hispano* 487
15 ¿Qué nos trae el futuro? 510	• Talk about advances in science and technology • Express wishes and recommendations in the past • Hypothesize and share information about the present and the future • Express unexpected occurrences • Talk about Puerto Rico in terms of its advances in science and technology	**Enfoque cultural:** *Puerto Rico* 511 **Mosaico cultural:** *La investigación tecnológica en Latinoamérica* 520

NEW to *Mosaicos,* Sixth Edition

Students and instructors will benefit from a wealth of new content and features in this edition. Detailed, contextualized descriptions are provided in the features walk-through that follows.

- **amplifire Dynamic Study Modules,** available in MySpanishLab, are designed to improve learning and long-term retention of vocabulary and grammar via a learning tool developed from the latest research in neuroscience and cognitive psychology on how we learn best. Students master critical course concepts online with **amplifire,** resulting in a livelier classroom experience centered on meaningful communication.

- ***¡Cineastas en acción!,*** a new video program created especially for **Mosaicos, sixth edition,** brings together five young filmmakers from different Spanish-speaking countries to attend a summer program at the Los Angeles Film Institute. As part of the program, each will produce documentaries on Hispanic culture in the United States or abroad while competing for a prestigious scholarship for best documentary. Who will win? Students using the **Mosaicos** program will decide!

  And, of course, our five young filmmakers will not only learn about making documentaries, but will also learn about each other, and create new bonds as they experience the diversity of Hispanic cultures in Los Angeles.

- Each chapter begins with a robust and interesting two-page cultural section—***Enfoque cultural***—which introduces students to the country of focus and starts the cultural integration that continues throughout the chapter.

- Midway through the chapter, ***Mosaico cultural*** provides a journalistic, thematic cultural presentation. The focus is not on a specific country, but rather on the chapter's theme and how it is reflected in different Spanish-speaking countries, including Hispanic communities in the United States.

- Relevant and interesting cultural information is presented as the introduction to many activities through brief ***Cultura*** sections. Rather than just a boxed aside, the cultural information presented through text and photographs forms the precursor to the activity, making clear and direct connections between language and culture. Accompanying *Comparaciones, Conexiones,* or *Comunidades* questions encourage meaningful communication and cross-cultural reflection.

- Teacher notes provide **additional cultural information** relevant to specific activities that the instructor may wish to highlight to further enrich the cultural aspect of the activities.

- **Learning Outcomes** are provided at the beginning of the chapter giving students a clear idea of the expected performance goals.

- Care has been taken to ensure that the **ACTFL Performance Descriptors**—Presentational, Interpretive, and Interpersonal—are put to consistent use throughout the chapter. A boxed Teacher's Note at the beginning of each chapter details precisely which activities fulfill the requirements for each mode. Additionally, the **Mosaicos** skills section is organized around the modes.

- **Advance organizers** accompany the ***Situación*** role plays, providing guidance for students to increase their success in communicating. Each grammar module now culminates with one rather than two *Situaciones* activities with careful attention given to the activity's "situation" being realistic and encouraging meaningful communication among students. Additional ***Situación*** activities are available in MySpanishLab and via the *Situaciones* mobile app including rubrics for activities intended to be completed in real time with Pearson's network of native speakers from around the world.

- The **visual aspect** of the vocabulary presentation has been enhanced providing even more contextualization for the new vocabulary.

- Guided **Vocabulary Tutorials** are provided within **MySpanishLab.** Students work through a series of word recognition activities, most of which culminate with a pronunciation activity in which students compare their pronunciation to that of a native speaker.

- **Pronunciation presentation and practice** is provided for each chapter within MySpanishLab with accompanying text and audio followed by activities.

- Each vocabulary section now begins with an input-based comprehension check. The first vocabulary presentation is followed by an audio-based activity, ***Escucha y confirma***. ***Para confirmar*** follows the second two vocabulary presentations, providing students with the first step towards achieving comprehension.

- A new form-focused activity, ***¿Comprendes?***, follows the presentation of each grammatical structure. This quick, form-focused activity provides students with the opportunity to test themselves in order to ensure they have understood the form of the structure before moving on. ***¿Comprendes?*** activities are also available to be completed online in MySpanishLab.

- ***En directo*** boxes, which provide colloquial expressions for specific activities making speech more native-like, now include **audio** so that students can listen to the expressions used in realistic conversational contexts.

- The ***Mosaicos*** skills section has been edited to make it more manageable for students. Some of the readings for the *Lee* section have been updated, ensuring consistently high-interest readings at the appropriate level. Additionally, the texts featured in the *Lee* section of chapters 13–15 are now pieces of **authentic literature** including stories and a poem.

- ***Comprueba lo que sabes,*** found in MySpanishLab is interactive and encourages students to self-check their mastery of chapter content. Additional practice and games that reinforce chapter vocabulary and grammar is available online.

- **Annotated Scope and Sequence** The authors share their thinking through annotations in the Scope and Sequence of the Annotated Instructor's Edition, explaining the rationale of the grammar scope and sequence.

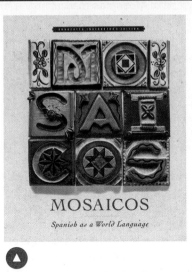

It has been twenty years since **Mosaicos** first appeared in 1994, ushering in a new and evolved vision of how the elements that comprise basic language instruction could be combined in a highly communicative, culturally based language program. Its vision was complete and synthetic, both in the integrity of each element as well as the gathering of these elements into an integrated, connected whole. This vision of wholeness was transformed to become a sound and compelling approach, reflecting the nature of language and how it is learned. The **Mosaicos** title was carefully chosen to reflect the principles upon which it was founded and the manner in which it was structured.

The most basic elements of this approach were the following:

- A **guided communicative approach** based on solid methodological principles combined with years of empirical classroom experience, creating an informed and sensible pedagogy that works not only in theory, but also in practice.
- Learning **language in context** with a **focus on meaning.**
- The **integration of culture** as an essential part of language and of the experience of learning it.
- A **synthetic and focused approach** to listening, speaking, reading, and writing.
- The interweaving throughout the program of these elements.

The innovative and evolved approach taken in **Mosaicos** set a new standard for language programs and changed basic language publishing. Most important, **Mosaicos** has continued to evolve in response to current standards of language teaching, the recommendations of our many reviewers and their experiences in the classroom, as well as the new technologies that transform the potential for achieving more and better communication in the classroom. The new sixth edition of **Mosaicos** is more solid and more integrated than ever before, creating for students a multifaceted experience of the intricate mosaic of the Spanish language and its cultures.

Over the past twenty years, many new and reimagined Beginning Spanish programs have appeared, but **Mosaicos,** sixth edition continues to offer a unique approach for this reason:

Mosaicos *offers instructors the truly communicative, deeply culture-focused approach they seek while providing the guidance and tools students need to be successful using a program with highly communicative goals. With Mosaicos, there is no need to compromise.*

This inclusiveness of **Mosaicos, sixth edition** extends to the broad range of students often found in many Spanish-language classrooms. Accommodating the needs and abilities of all students, from struggling learners to gifted ones, without compromising either group, is a perpetual dilemma for instructors. **Mosaicos, sixth edition** provides a highly communicative program with an articulated focus on culture, built in such a way that all students receive the guided learning support they need to succeed and become accomplished learners as they benefit from the rich program and opportunities for communication. Even the struggling student's individual possibilities for learning and communication are not shortchanged; the **Mosaicos, sixth edition** program offers the opportunity for achieving more than these students may have thought possible, allowing them to fulfill their true potential.

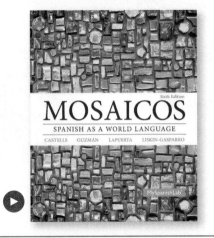

HOW DOES MOSAICOS DO THIS?

Integrated Culture | Context | Communication and Guidance | Four-Skills Synthesis

These words have appeared in many programs, but we believe the sixth edition of **Mosaicos** meticulously elaborates those simple words into a beautifully conceived, tightly woven, highly articulated program.

CULTURE

Up front and center, and everywhere in between!

All language is enveloped by and imbued with culture—it is the very substance of language. Culture is found both at the forefront and embedded throughout every chapter in **Mosaicos, sixth edition.** From its first edition, the authors of **Mosaicos** emphasized the link between culture and language and, in response to the broad and emphatic desire from our many users and reviewers, the new sixth edition has taken this coverage to new levels. Let's look at the many ways in which culture is integrated throughout the new **Mosaicos, sixth edition** program by looking at examples from Chapter 4.

NEW! *Enfoque cultural:* Each chapter begins with a robust and interesting two-page cultural section that

introduces students to the country of focus, giving students a real sense of the vibrancy and uniqueness of the Hispanic cultures. The cultural presentation has been significantly increased at the beginning of the chapter for two reasons. First, many students lack cultural knowledge of the countries in focus, including their geographic location, and thus benefit from this orientation before delving into the chapter. Second, leaving the main cultural presentation for the end of the chapter (as many programs do) makes culture look like an afterthought that is separate from the language itself.

Maps provide geographic location and shared borders with surrounding countries, along with visuals of some cultural and geographic features.

A **work of art** from the country in focus is provided, along with cultural information about the work, and it is enhanced online with a fully **Interactive Art Tour** in MySpanishLab. These tours, developed by experts in language and culture, feature Spanish narrations, offer an in-depth look at the work of art, and enable students to zoom in on details they couldn't otherwise see. At the same time, the tours provide further cultural information.

The **Interactive Globe**, located in the *Enfoque cultural* sections and found in MySpanishLab, allows students to further explore the country of focus and the cultural theme of each chapter through *Vistas culturales* videos and popular newspapers and magazines.

NEW! *¿Qué te parece?* Far from a dry list of statistics, these interesting and memorable cultural facts, serve to pique students' interest and begin to give shape to the individual countries.

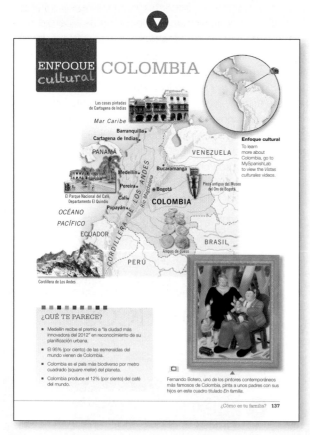

NEW! A full page is devoted to a country-focused, cultural photomontage with captioned readings, giving students a sense of the richness and the accomplishments of the country's culture and facilitates a discussion around culture. Language is carefully controlled, which ensures that students can comfortably comprehend the content. Vocabulary and grammar from previous chapters are recycled, but no new structures are introduced. Any new, non-active vocabulary is either a cognate or is glossed. The photographs also provide context with visual clues.

El carnaval de Barranquilla se celebra cada año cuatro días antes de la Cuaresma (*Lent*). Atrae a personas de todas partes que desean disfrutar de las tradiciones, la música y el baile colombianos.

ENFOQUE cultural

El escritor colombiano y ganador del Premio Nobel de Literatura, Gabriel García Márquez, cuenta con grandes éxitos literarios, entre ellos, su obra maestra, *Cien años de soledad* (*One Hundred Years of Solitude*).

Dieciocho millones de bombillos multicolores iluminan el paseo del río Medellín. Este espectáculo de luces dura (*lasts*) desde el 1 de diciembre hasta el 7 de enero.

Bogotá, la capital de Colombia, está situada en el centro del país, a 2.600 metros sobre el nivel del mar. Es una ciudad moderna, y a la vez tradicional.

¿CUÁNTO SABES?

Completa estas oraciones (*sentences*) con la información correcta.

1. Ecuador, _____ y Brasil están al sur de Colombia.
2. Las casas pintadas de diferentes colores son típicas en la ciudad de _____.
3. _____ es un pintor colombiano.
4. El 95% de las _____ del mundo y el 12% del _____ vienen de Colombia.
5. En Barranquilla se celebra _____ con música y baile en las calles.

138   Capítulo 4

MOSAICO — **Las familias de la televisión**

A l igual que en Estados Unidos y en muchos países del mundo, la familia ocupa un lugar importante en los programas televisivos. La telenovela *Los Reyes* es una de las más famosas de la televisión colombiana. Esta serie es sobre una familia de clase media que tiene que trabajar mucho para tener una vida tranquila. Los diálogos de esta telenovela son realistas y las situaciones también.

Los Reyes es una crítica social, habla de los conflictos de clase y de los problemas de la sociedad colombiana. Sin embargo, usa a la familia como núcleo de esa discusión. La serie muestra que Colombia es un país moderno y complejo.

Naturalmente, estos conflictos no son exclusivos de Colombia.

▲ La familia ve otro episodio divertido de la serie *Los Reyes*.

En México, Argentina y España, este tipo de programa es también muy popular. En España, por ejemplo, la serie *Los Serrano* cuenta la historia de Diego Serrano, un viudo (*widower*) con tres hijos. La historia se complica cuando

Diego se casa con Lucía, madre divorciada con dos hijas. Las dos familias tienen que adaptarse para convivir juntas. Al final, como es el caso en muchas familias, la convivencia requiere paciencia y comprensión entre todos los miembros.

▼ El elenco (*cast*) de la serie *Los Serrano*

Compara

1. ¿Qué familias famosas hay en la televisión de tu país? ¿Cuál es tu favorita?
2. Escoge a una familia de una serie televisiva que te gusta. Describe a esta familia.
3. Compara la familia de la serie televisiva con tu propia familia. ¿Qué tienen en común? ¿Qué diferencias hay entre ellas?

146   Capítulo 4

NEW! Chapter theme, learning outcomes, and culture all come together in **Mosaico cultural**. Midway through the chapter (between the vocabulary and grammar sections), **Mosaico cultural** provides a journalistic, thematic, cultural presentation. The focus here is not on a specific country but rather on different cultural aspects of the Hispanic world, including Latinos in the United States, which are relevant to the chapter theme. The communicative *Compara* questions that follow the readings provide the opportunity for cross-cultural reflection.

NEW! ¿Cuánto sabes? Brief questions on the two chapter-opening cultural pages serve as a classroom warm-up and help ensure that students are accountable and that they read for meaning.

¿CUÁNTO SABES?

Completa estas oraciones (*sentences*) con la información correcta.

1. Ecuador, _____ y Brasil están al sur de Colombia.
2. Las casas pintadas de diferentes colores son típicas en la ciudad de _____.
3. _____ es un pintor colombiano.
4. El 95% de las _____ del mundo y el 12% del _____ vienen de Colombia.
5. En Barranquilla se celebra _____ con música y baile en las calles.

NEW! *Cultura* Relevant and interesting cultural information is presented when appropriate as the introduction to an activity. The cultural input through text and photographs forms the first step to doing the activity, making the clear and direct connection between language and culture. Accompanying *Comparaciones, Conexiones,* or *Comunidades* questions encourage meaningful communication and cross-cultural reflection.

Cultura

La familia real española

Spain is the only Spanish-speaking country that is a parliamentary system with a constitutional monarchy. The Spanish Royal Family consists of King Juan Carlos, Queen Sofía, and their children Prince Felipe, Infanta Elena and Infanta Cristina. The monarchy is part of the Bourbon Dynasty and has been in Spain since the year 1700.

Conexiones. ¿Sabes qué otros países tienen una monarquía hoy? Busca información en Internet sobre una de ellas y describe a los miembros de su familia para presentar en clase.

4-5

¿Quién es y cómo es?

PREPARACIÓN. Escojan (*Choose*) un miembro de una familia famosa (los Obama, los Jackson, los Kennedy, los Kardashian, etc.) y preparen su árbol familiar.

INTERCAMBIOS. Túrnense (*Take turns*) para describir el árbol familiar de esta persona.

MODELO EL PRÍNCIPE FELIPE

E1: *Es el hijo de los Reyes de España. Su esposa es Letizia. Tienen dos hijas.*

E2: *Sus hijas se llaman Leonor y Sofía. Elena y Cristina son las hermanas mayores del Príncipe Felipe.*

4-6

El arte de preguntar. PREPARACIÓN. Túrnense para preparar las preguntas a estas respuestas.

MODELO Mi madre se llama Dolores.
¿Cómo se llama tu madre?

1. Tengo dos hermanos.
2. Vivo con mi madre y mi padrastro.
3. Tengo dos abuelas y un abuelo.
4. Mis abuelos no viven con nosotros.
5. Tengo muchos primos.
6. Tengo una media hermana, pero no vive con nosotros.

INTERCAMBIOS. Ahora háganse (*ask each other*) preguntas para obtener información sobre la familia de su compañero/a. Después, compartan (*share*) esta información con la clase.

Cultura

Los apellidos

In Hispanic culture, people officially use two surnames, the first is their father's and the second is their mother's. For example, in Pablo's family, his father's name is Jaime Méndez and his mother's name is Elena Sánchez. Pablo's official name, then, is Pablo Méndez Sánchez.

Comparaciones. ¿Cuántos nombres y apellidos tienes? En la cultura hispana, ¿cuál sería (*would be*) tu nombre oficial?

4-7

Mi familia. Busca fotos de tus familiares en tu celular o en Facebook. Luego, muéstrale las fotos a tu compañero/a y describe a tus familiares.

1. nombre y apellido
2. relación familiar
3. personalidad
4. actividades que haces con la persona

4-27

Un viaje (*trip*) a Colombia. PREPARACIÓN. Tu familia va a viajar a Colombia. Selecciona la mejor recomendación para cada persona. Después añade (*add*) algo que quieres hacer tú y explica por qué.

1. _____ Mi hermana quiere visitar un lugar religioso muy original.
2. _____ A mis padres les gustaría ver joyas (*jewels*) precolombinas.
3. _____ Mi prima quiere escuchar música colombiana.
4. _____ Mis abuelos prefieren las actividades al aire libre.

a. Tiene que asistir a un concierto de Los Príncipes del Vallenato.
b. Tiene que ir a la Catedral de Sal.
c. Tienen que ir al Museo del Oro.
d. Tienen que conocer el Parque Ecológico El Portal.

INTERCAMBIOS. Busca información en Internet y prepara una breve descripción de uno de los lugares, grupos o eventos siguientes. Incluye la ubicación (*location*) y las actividades asociadas con el lugar, el grupo o los eventos. Luego, comparte la información con la clase.

1. Los Príncipes del Vallenato
2. la Catedral de Sal
3. el Museo del Oro
4. el Parque Arqueológico de San Agustín

Culture Integrated within Activities: Chapter-relevant culture is often integrated within the activities. In this example, the activities for learning to "express obligation with *tener que* + infinitive" are related to the culture of Colombia.

VIDEO

cineasta 1. com. Persona que se dedica al cine, especialmente como director.

¡Cineastas en acción!: *Where people and cultures come together!*

The Cast
All aspiring documentary filmmakers

Esteban [Costa Rica]

Artistic, free-spirited surfer

Yolanda [Mexico]

Vegan. Green. Hipster.

Esteban's good looks catch her eye, but Federico tries to touch her heart.

Vanesa [Spain]

Madrileña. Trasnochadora. Full of fun and high spirits. Who cannot love fashionista Vanesa?

Federico [Argentina]

Meat lover. A little macho and full of himself. Can he win over vegan Yolanda who finds him just plain annoying?

Héctor [Peru]

The nice guy and everyone's friend.

THE LOCATION

The Los Angeles Film Institute

Our protagonists' rendezvous point: Blanca's house, their home for the summer

The city of Los Angeles and a myriad of sites throughout the Hispanic world

THE SET-UP

Our five aspiring young filmmakers attend the Los Angeles Film Institute's summer program on documentary filmmaking. Each explores, learns, and then documents the wealth of Hispanic culture in the United States and abroad as part of their course work. Each has also brought previously shot footage from Spanish-speaking countries around the world. Lots of cultural exchange goes on among these new friends as they share aspects of their native cultures and personal experiences through video.

Put five eclectic young filmmakers together and of course some drama will ensue—friendships, rivalries, and maybe even some romance. Watch the dramas unfold!

However, our friendly *amigos* are in competition with each other for a prestigious scholarship—spending the next academic year at the Institute—awarded to the student who produces the best work over the course of the summer. Who decides who deserves to win the coveted *beca*? Students using the **Mosaicos, sixth edition** program will decide!

Technology also opens up further cultural exchange. The filmmakers are able to virtually share their various projects using tablets and smartphones. In addition, when Vanesa's cousin contacts her on Skype from Guatemala, they hop onto her Facebook page to view her photo album of Guatemala while she narrates her experiences working there. *¡El mundo se convierte en un pañuelo!*

THE PEDAGOGY

The central theme of each video segment expands on the overarching theme of each **Mosaicos, sixth edition** chapter. In the chapter *¿Qué hacen para divertirse?*, we'll visit a Peruvian restaurant in Los Angeles where the chef shares her recipe for *pescado encebollado*. We learn through Federico's eyes what his neighborhood and house in Buenos Aires look like in the chapter *¿Dónde vives?*. In *¿Qué te gusta comprar?,* we'll view a Latino fashion show in Los Angeles and in *¿Cuáles son tus tradiciones?,* we get a close-up look at the exuberance of the La Mercé festival in Barcelona. Tapas culture in Spain, gay marriage in Argentina, surfing in Perú—just a few of the many worlds our friends explore and share!

- Dialogues reinforce each chapter's vocabulary and grammar.

- In-text activities in the **En acción** section of the chapter provide pre-, during-, and post-viewing activities (continuing the process approach of the **Mosaicos** four-skills section).

- Instructors can—at their discretion and reflecting their own methodology—choose whether Spanish captions are available to students. A variety of different types of auto-graded interactive activities are provided within MySpanishLab that assess listening comprehension and cultural knowledge.

- Additional culturally-based video activities are found in MySpanishLab.

CONTEXT
Vocabulary and grammar where they belong—in communicative and cultural context!

In addition to presenting language in the context of culture, one of the hallmarks of **Mosaicos** has always been the presentation of vocabulary and grammar in context through a communicatively rich format.

Vocabulario en contexto

New vocabulary is presented in contexts that reflect the chapter theme. Vocabulary is chunked into three modules per chapter so students can learn and practice a manageable amount. Language samples, photos, line drawings, and realia are used to present new material, rather than word lists and translations. Vocabulary is then consistently **recycled in new contexts,** within and across the chapters, blending it with new words and structures.

Boldface type is used within the language samples to highlight key words and phrases that students will need to learn to use actively. Audio icons remind students that recorded versions of the language samples are available online or on CD. A convenient list of these words and phrases with their translation is provided at the end of the chapter with accompanying audio.

NEW! Learning Outcomes clearly listed at the beginning of the chapter give students a clear idea of their goals for this section.

Strategically placed *Lengua* boxes provide students with succinct information right at the point of need to support self-expression.

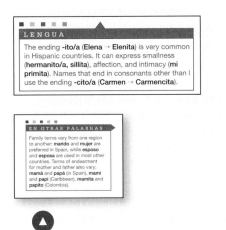

En otras palabras boxes give examples of regional variations of the language.

NEW! Online Vocabulary Tutorials. Guided online vocabulary tutorials offer students opportunities to work through a series of word recognition activities that help them tie words to images. Most tutorials culminate with a pronunciation activity where students compare their pronunciation to that of a native speaker.

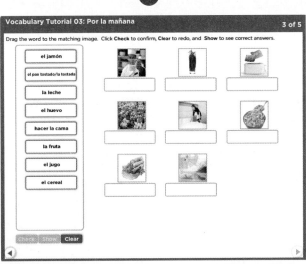

NEW! Pronunciation Presentation and Practice. Within MySpanishLab, a pronunciation topic is presented with accompanying text and audio, followed by three sets of activity types: *Identificación, Las palabras que faltan, Repetición*. In the Annotated Instructor's Edition, notes indicate the specific pronunciation topic covered in that chapter.

Funciones y formas

In *Mosaicos,* **sixth edition,** grammar is presented as a means to effective communication, **moving from meaning to form** and providing an understanding that is both functional and structural. Students are first presented with new structures in meaningful contexts through visuals and brief language samples. The new structures are highlighted in boldface type.

NEW! Audio is provided in MySpanishLab for all of the language samples.

A short, comprehension-based *Piénsalo* activity follows each language sample. These activities form part of the presentation of grammar in context. Students use comprehension and reasoning skills to figure out the answers, by focusing on the connection between meaning (*función*) and the new grammatical structure (*forma*).

Charts and bulleted explanations—clear, concise, and easy to understand—are designed to be studied at home or used for reference in class.

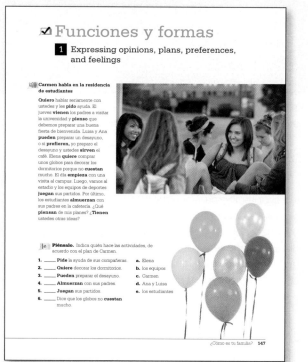

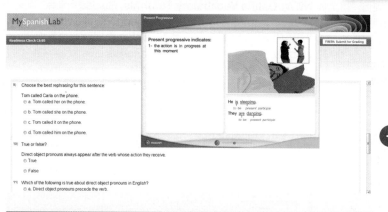

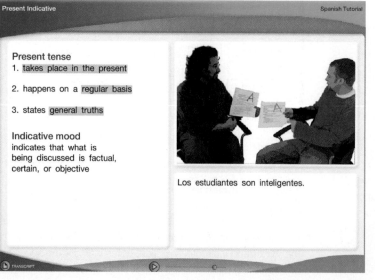

Online English Grammar Readiness Checks and Tutorials: Online English Grammar Readiness Checks assess students' understanding of the English Grammar topics needed to successfully understand the Spanish ones in the chapter and provide personalized remediation via animated English Grammar Tutorials in MySpanishLab. Understanding English grammar terminology greatly facilitates learning of the corresponding Spanish concepts. Instructors no longer need to spend valuable class time talking about the language of language . . . they can instead use the language in meaningful ways.

Online Spanish Grammar Tutorials: Online interactive grammar tutorials in MySpanishLab offer narrated explanations and illustrated examples to help students further comprehend the concepts they are learning. The tutorial ends with an auto-scored comprehension check.

These multiple and complementary means of grammar presentation provide students with different portals for understanding, while serving different learning styles and ensuring that students grasp the concepts.

COMMUNICATION AND GUIDANCE

Providing students the guidance they need to express themselves with confidence!

Just as language and culture are inseparable in **Mosaicos, sixth edition,** communication and the guidance provided to foster communication are inseparable as well. Since both the vocabulary and grammar sections contribute unique aspects to the guidance provided, we will look at each one.

With **Mosaicos, sixth edition,** almost all of the activities provided in the textbook are communicative in nature. Discrete point practice is primarily provided online through MySpanishLab or in the printed Student Activities Manual. Classroom time is devoted to communicative practice.

The progression within each activity set moves the student along gradually from comprehension to open-ended expression. This carefully stepped progression ensures students are guided through the process and not rushed to produce before they are ready.

COMMUNICATING AND PRACTICING WITH VOCABULARY

NEW! *Escucha y confirma:*
A listening activity follows the first of the three vocabulary presentations per chapter. This input-based comprehension check gives students listening practice while allowing them to assess their understanding of the vocabulary and determine if they are ready to move on to additional vocabulary practice in meaningful contexts.

4-1 |e 🔊

Escucha y confirma. Listen to the following questions about Pablo's family and select the correct response based on his family tree.

	A	**B**
1.	su abuelo	su padre
2.	su prima	su hermana
3.	su hijo	su nieto
4.	Elena	María
5.	Jorge	Jaime

NEW! *Para confirmar:* The first activity of the second two vocabulary presentations is always an input-based comprehension check allowing students to ensure their grasp of the vocabulary before moving on to additional vocabulary practice in meaningful contexts.

NEW! Brief **Cultura** presentations introduce selected vocabulary activities to raise awareness of the cultural contexts in which language is used. Accompanying *Comparaciones, Conexiones,* or *Comunidades* questions encourage meaningful communication and cross-cultural reflection.

The activity sequence fosters the use of new and previously learned vocabulary in natural, thematically relevant contexts. Activities foster personalization as students are encouraged to talk about what is known to them, themselves, and the people they know and gradually increase in expectation of output as students become comfortable using the new vocabulary. The vast majority of the activities are done in pairs or groups so that students spend their classroom time in conversation.

COMMUNICATING AND PRACTICING WITH GRAMMAR

NEW! *¿Comprendes?* A new form-focused activity follows the grammar presentation. Students can do the activity in class with the instructor or as graded online homework before coming to class as all *¿Comprendes?* activities are auto-graded and include immediate feedback when completed within MySpanishLab. In these quick, form-focused activities students check that they are able to produce the new grammatical forms before moving to the contextualized and communicative activities.

|e **¿COMPRENDES?**

Usa la información en paréntesis para completar la respuesta a la siguiente pregunta:

¿Cuánto tiempo hace que estas personas estudian español?

1. (tres semanas)
_____ Juan y Daniel estudian español.
2. (un semestre)
_____ nosotros estudiamos español.
3. (un año)_____ tú estudias español.
4. (tres días)
_____ mi amigo estudia español.

MySpanishLab
Learn more using Amplifire Dynamic Study Modules, Grammar Tutorials, and Extra Practice activities.

The continuing activity sequence moves students gradually from meaningful, form-focused activities towards production of open-ended, personalized communication. The activities focus attention on the communicative purpose of the linguistic structures while invoking culturally relevant contexts. All activities require students to process meaning as well as form so that they develop skill in using their linguistic knowledge to gather information, answer questions, and resolve problems. For example, even the form-focused activities require students to process meaning, not just fill in the blank with the correct response, making the connection between meaning and form. For good reason, the grammar section is called *Funciones y formas*—a hallmark of the *Mosaicos* approach.

Instructor annotations offer suggestions on how to personalize and expand the activities, guide students through multi-stage activities, and encourage students to engage in metalinguistic processing.

NEW! Brief **Cultura** presentations introduce selected grammar activities to raise awareness of the cultural contexts in which language is used. Accompanying *Comparaciones, Conexiones,* or *Comunidades* questions encourage meaningful communication and cross-cultural reflection.

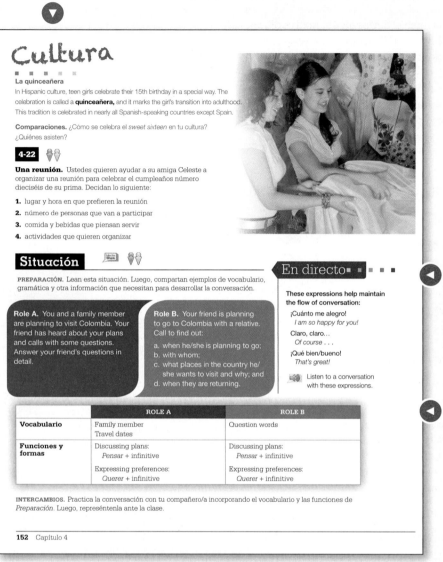

NEW! The *En directo* boxes, which provide colloquial expressions for the activity, now include **audio** so that students can listen to the expressions used in meaningful conversational context.

NEW! *Situación* **Advance Organizers.** The encompassing goal of these activities has always been embraced by our users. To provide students with guidance to increase their success in communicating through open-ended role plays, the authors have provided advance organizers for the *Situación* activities. Each student prepares by listing specifics for the indicated topics of vocabulary, grammar, and culture (where appropriate) that will facilitate their conversation with their classmate.

NEW! *Situaciones app.* Additional *Situación* role-play activities are available in MySpanishLab and via a mobile app that can be easily accessed on tablets and smartphones.

Situación. Another of the hallmarks of **Mosaicos** has always been the culminating role-play activities for each grammar section. Students have the opportunity to converse in realistic contexts by putting together everything they have learned. These open-ended communicative activities prompt students to integrate relevant grammatical structures, vocabulary, and culture with contexts drawn from the chapter theme. Students also have the opportunity to complete activities and communicate "live" with native speakers around the world.

NEW! Each grammar module now culminates with one rather than two *Situación* activities with careful attention to creating realistic situations for the students to enact.

FOUR-SKILLS SYNTHESIS

Bringing it ALL together!

Mosaicos* section:** Not only are listening, speaking, reading, and writing practiced throughout the chapters of *Mosaicos,* **sixth edition** but the final culminating section of each chapter—*Mosaicos*—is devoted to the development and practice of each of these communication skills in a highly focused manner. True to the synthetic nature of this section, the chapter's thematic content and vocabulary are brought together with its linguistic structures and cultural focus. Hence the name, *Mosaicos,* whereby students have the opportunity to bring it ***all together into a coherent whole.

To enhance the development of these skills, **guidance** is provided for each section. First, specific **strategies** are presented for each of the four skills. The strategies build on each other within and across the chapters. Activities are designed so that students systematically practice implementing the strategies presented. Second, a **process approach**, with pre-, during-, and post-activities, is applied for all four skills through the *Preparación* and *Un paso más* steps. The cumulative effect of the fifteen *Mosaicos* sections throughout the text will greatly increase students' abilities to effectively listen, speak, read, and write.

NEW! *Comprueba* boxes provide a self-check guide for students to help them determine if they have covered the main points accurately and sufficiently.

NEW! Each set of activities is now organized around the three ACTFL Performance Descriptors of the three Modes of Communication: Presentational, Interpretive, and Interpersonal. This organization maximizes learning as three parts of a single goal: communication. By consistently using all three interrelated modes, students' opportunity to use the language in relation to the theme is multiplied. Instructor annotations indicate the mode for each activity.

NEW! Based on pre-revision survey feedback from our users, some readings for the Lee section have been

updated, ensuring consistently **high-interest readings at the appropriate level.** Additionally, the last three chapters, 13–15, now introduce students to **authentic literature,** enriching the program while giving those students who go on to the intermediate level an introduction to reading and interpreting literature.

If students need more practice with any of the four skills, **additional practice** is provided for each skill within the Student Activities Manual, available in print or in Pearson's award-winning online learning and assessment MySpanishLab platform.

CHAPTER SELF-ASSESSMENT

A check to ensure that all the pieces are firmly in place!

Within the MySpanishLab online learning and assessment system, at the end of each chapter, students can check their mastery of chapter content through further practice in a variety of activities, resources, and games that reinforce chapter vocabulary, grammar, and culture in different ways. Examples of available resources are:

- **NEW! amplifire Online Dynamic Study Modules** are designed to improve learning and long-term retention of vocabulary and grammar. With **amplifire** study modules, students not only master critical concepts, but they **study faster, learn better, and remember longer.** Based on the latest research in neuroscience and cognitive psychology on how we learn best, learners cycle through a process of test/learn/retest until they achieve mastery of the content. The result is a personalized, adaptive approach—tailored to individual students' needs.

amplifire is the only assessment available that is able to quickly and effectively pinpoint knowledge gaps and areas of misinformation—where learners were confident but incorrect about their answer choices. Instructors can use the results to determine what information the learners retained and where misinformation and gaps still exist, and adjust their curricula accordingly.

- **Vocabulary Flashcards** with audio recordings by a native speaker help students review words and quiz themselves on the active vocabulary. Flashcards can be accessed via mobile devices for practice on the go.
- **NEW! Games** are a painless, enjoyable, and effective way to practice new skills. Games vary from *Concentration* (flip cards to match words to visuals), to *Soccer* (provide the appropriate word in a context), to a *Quiz Show* game in which students choose the appropriate response in a multiple-choice format. Questions are contextualized and move beyond simple form-based exercises to more meaningful, engaging activities.
- **Oral Practice:** Provides two oral activities. Students record their response to the activity and submit it for instructor grading.
- **NEW!** The **Practice Test with Study Plan** is an auto-scored, full-length test that reviews chapter vocabulary and grammar. Students are given a study plan based on their performance. The study plan refers them to explanations in the eText, extra practice activities, and tutorials to help them review concepts where they need additional practice.

Informed by National Standards

The National Standards for Foreign Language Learning: Preparing for the 21st Century, whose five goal areas (Communication, Cultures, Connections, Comparisons, and Communities) have served as an organizing principle for language instruction for more than a decade, inform the pedagogy of the sixth edition of **Mosaicos.** Marginal notes throughout the Annotated Instructor's Edition draw attention to the way specific activities and other elements of the program help students develop proficiency in the five goal areas. A number of strategies have been implemented to achieve success.

Communication. Students are prompted to engage in meaningful conversations throughout the text, providing and obtaining information, expressing their opinions and preferences, and sharing their experiences. Readings and listening activities invite them to interpret language on a variety of topics, while *presentaciones* and writing assignments call on them to present information and ideas in both written and oral modes. The **ACTFL Performance Descriptors of the three Modes of Communication**—Presentational, Interpretive, and Interpersonal—are used consistently throughout the chapters and are the organizing principle for the *Mosaicos* skills' section. By consistently using all three modes, students' opportunity to use the language in relation to the theme is multiplied.

Cultures. Many features of the **Mosaicos** program give students an understanding of the relationship between culture and language: The **Enfoque cultural** opening spread; the maps, the art, and the accompanying Art Tour; the **Mosaico cultural** section; the cultural vignettes in the **¡Cineastas en acción!** video; the *Cultura* sections; and the culture integrated within the activities.

Connections. Ample opportunities are provided for students to makes connections with other disciplines through realia, readings, the **Enfoque cultural** section, the **Mosaico cultural** section, the *Conexiones* questions which accompany the *Cultura* sections, the diverse cultural vignettes of the **¡Cineastas en acción!** video, and the conversation activities throughout the text. Students gain information and insight into the distinctive viewpoints of Spanish speakers and their culture.

Comparisons. *Lengua* and *En otras palabras* boxes, the *Compara* questions in each **Mosaico cultural** section, and the *Comparaciones* questions in the *Cultura* sections— all provide students with points of comparison between English and Spanish (and among the varieties of Spanish spoken in different parts of the world). Readings and activities frequently juxtapose U.S. and Hispanic cultural products, practices, and perspectives.

Communities. Students are encouraged to extend their learning through guided research on the Internet and/or other sources, and many of the topics explored in **Mosaicos** can stimulate exploration, personal enjoyment, and enrichment beyond the confines of formal language instruction. *Comunidades* questions which accompany many of the *Cultura* sections encourage reaching out to the community and cross-cultural reflection.

The Complete *Mosaicos* Program

Mosaicos is a complete teaching and learning program that includes a variety of resources for students and instructors, including an innovative offering of online resources.

FOR THE STUDENT

Student Text (ISBN 10: 0-205-25540-X)

The *Mosaicos,* **sixth edition** Student Text is available in a complete, hardbound version, consisting of a preliminary chapter followed by Chapters 1 through 15. The program is also available as three paperback volumes rather than the single hardcover version. Volume 1 of the paperback series contains the preliminary chapter plus Chapters 1 to 5; Volume 2, Chapters 5 to 10; and Volume 3, Chapters 10 to 15. All three volumes include the complete front and back matter.

Student Activities Manual (ISBN 10: 0-205-24796-2)

The Student Activities Manual (SAM), thoroughly revised for this edition, includes workbook activities together with audio- and video-based activities, all designed to provide extensive practice of the vocabulary, grammar, culture, and skills introduced in each chapter. The organization of these materials parallels that of the student text and include a *Repaso* section at the end that provides additional activities designed to help students review the material of the chapter as well as to prepare for tests.

The online Student Activities Manual found in MySpanishLab now features premium content which includes a variety of interactive activities not available in print.

Answer Key to Accompany Student Activities Manual (ISBN 10: 0-205-25544-2)

An Answer Key to the Student Activities Manual is available separately, giving instructors the option of allowing students to check their homework. The Answer Key now includes answers to all SAM activities.

Audio CDs to Accompany Student Text (ISBN 10: 0-205-25542-6)

A set of audio CDs contains recordings of the *Vocabulario en contexto* and *Funciones y formas* language samples, the *Mosaico cultural* reading passages, and the audio

material for the *Escucha y confirma* listening activities included in the student text. These recordings are also available online.

Audio CDs to Accompany Student Activities Manual (ISBN 10: 0-205-25541-8)

A second set of audio CDs contains audio material for the listening activities in the Student Activities Manual. These recordings are also available online.

Video on DVD (ISBN 10: 0-205-25545-0)

¡Cineastas en acción! is a newly shot video filmed to accompany the sixth edition of *Mosaicos.* Vocabulary and grammar structures of each chapter are used in realistic situations while gaining a deeper understanding of Hispanic cultures.

Pre-viewing, viewing, and post-viewing activities are found in the *¡Cineastas en acción!* sections of the textbook and the Student Activities Manual. The video is available for student purchase on DVD, and it is also available within MySpanishLab.

MySpanishLab with Pearson eText, Access Card, for *Mosaicos*: Spanish as a World Language (multi-semester access) (ISBN 10: 0-205-99724-4)

MySpanishLab, part of our MyLanguageLabs suite of products, is an online homework, tutorial, and assessment product designed to improve results by helping students quickly master concepts, and by providing educators with a robust set of tools for easily gauging and addressing the performance of individuals and classrooms.
MyLanguageLabs has helped almost one million students successfully learn a language by providing them everything they need: full eText, online activities, instant feedback, **amplifire** dynamic study modules, and an engaging collection of language-specific learning tools, all in one online program. For more information, including case studies that illustrate how MyLanguageLabs improves results, visit www.mylanguagelabs.com.

FOR THE INSTRUCTOR

Annotated Instructor's Edition (ISBN 10: 0-205-25543-4)

The Annotated Instructor's Edition contains an abundance of marginal annotations designed especially for novice instructors, instructors who are new to the **Mosaicos** program, or instructors who have limited time for class preparation. The format allows ample space for annotations alongside full-size pages of the student text. Marginal annotations suggest warm-up and expansion exercises and activities and provide teaching tips, additional cultural information, and audioscripts for the in-text listening activities. Answers to discrete-point activities are printed in blue type for the instructor's convenience.

Instructor's Resource Manual (available online)

The Instructor's Resource Manual (IRM) contains complete lesson plans for all chapters, integrated syllabi for regular and hybrid courses, as well as helpful suggestions for new and experienced instructors alike. It also provides videoscripts for all episodes of the **¡Cineastas en acción!** video, audioscripts for listening activities in the Student Activities Manual, and a complete guide to all **Mosaicos** supplements. The Instructor's Resource Manual is available to instructors online at the **Mosaicos** Instructor Resource Center and in MySpanishLab.

Supplementary Activities (available online)

Available in MySpanishLab, the Supplementary Activities ancillary consists of a range of engaging activities that complement the vocabulary and grammar themes of each chapter. It offers instructors additional materials that can serve to energize and enrich their students' classroom experience.

Testing Program (available online)

The Testing Program has been thoroughly revised and expanded for this edition. The testing content correlates with the vocabulary, grammar, culture, and skills material presented in the student text. For each chapter of the text, a bank of testing activities is provided in modular form; instructors can select and combine modules to create customized tests tailored to the needs of their classes. Two complete, ready-to-use tests are also provided for each chapter. The testing modules are available to instructors online in MySpanishLab for those who wish to create computerized tests (MyTest) or in the **Mosaicos** Instructor Resource Center as downloadable Word documents.

Testing Audio CD (ISBN 10: 0-205-25549-3)

A special set of audio CDs, available to instructors only, contains recordings corresponding to the listening comprehension portions of the Testing Program.

PowerPoint™ Presentations (ISBN 10: 0-205-99712-0)

A PowerPoint™ Presentation is available for each chapter of the text. These dynamic, visually engaging presentations allow instructors to enliven class sessions and reinforce key concepts. The presentations are available to instructors online in MySpanishLab or in the **Mosaicos** Instructor Resource Center.

Situaciones adicionales (available online)

The downloadable *Situaciones adicionales* provide instructors with additional opportunities for reinforcing and assessing students' speaking skills. The activities are also available via the *Situaciones* mobile app.

Instructor Resource Center

Several of the instructor supplements listed above—the Instructor's Resource Manual, the Testing Program, the PowerPoint™ Presentations,—are available for download at the access-protected **Mosaicos** Instructor Resource Center (www.pearsonhighered.com/mosaicos). An access code will be provided at no charge to instructors once their faculty status has been verified.

ONLINE RESOURCES

MySpanishLab with Pearson eText—Access Card—for *Mosaicos*: Spanish as a World Language

MySpanishLab, part of our MyLanguageLabs suite of products, is an online homework, tutorial, and assessment product designed to improve results by helping students quickly master concepts, and by providing educators with a robust set of tools for easily gauging and addressing the performance of individuals and classrooms. **MyLanguageLabs** has helped almost one million students successfully learn a language by providing them everything they need: full eText, online activities, instant feedback, **amplifire** dynamic study modules, and an engaging collection of language-specific learning tools, all in one online program. For more information, including case studies that illustrate how MyLanguageLabs improves results, visit www.mylanguagelabs.com.

COMPANION WEBSITE

The open-access Companion Website (www.pearsonhighered.com/mosaicos) includes audio to accompany listening activities and sample language from the textbook and audio to accompany the listening activities in the Student Activities Manual.

Acknowledgments

Mosaicos is the result of a collaborative effort among the authors, our publisher, and our colleagues. In particular, the cultural content of the sixth edition has been enhanced by the work of the contributors who created content and activities for the program: María Lourdes Casas, Óscar Martín, Frances Matos-Shultz, Sergio Salazar, Kristine Suárez, Lilián Uribe, and U. Theresa Zmurkewycz. We also extend our thanks to Alicia Muñoz Sánchez and Raúl J. Vázquez-López, who wrote ancillary materials. We are also indebted to the members of the Spanish teaching community for their time, candor, and insightful suggestions as they reviewed drafts of the sixth edition of **Mosaicos.** Their critiques and recommendations helped us to sharpen our pedagogical focus and improve the overall quality of the program. We gratefully acknowledge the contributions of the following reviewers:

Sissy Alloway,
Morehead State University

Debra Ames,
Valparaiso University

Ashlee S. Balena,
University of North Carolina at Wilmington

Fleming L. Bell,
Valdosta State University

Talia Bugel,
Indiana University-Purdue University, Fort Wayne

Stephen Buttes,
Indiana University-Purdue University, Fort Wayne

Sara Casler,
Sierra College

Jens Clegg,
Indiana University-Purdue University Fort Wayne

Hilda Coronado,
Glendale Community College

Lisa DeWaard,
Clemson University

Neva Duffy,
Chicago State University

Ari Gutman,
Auburn University

Crista Johnson,
University of Delaware

Keith Johnson,
California State University, Fresno

Maribel Manzari,
Washington & Jefferson College

Bryan Miley,
Glendale Community College

John Andrew Morrow,
Ivy Tech Community College

Margarita Orro,
Miami Dade College, North Campus

Claudia Ospina,
Wake Forest University

Leon Palombo,
Miami Dade College, North Campus

Yelgy Parada,
Los Angeles City College

Kristina Primorac,
University of Michigan

Terri Rice,
University of South Alabama

Lee J. Rincón,
Moraine Valley Community College

Pamela Rink,
Tulsa Community College

Angelo J. Rodriguez,
Kutztown University of Pennsylvania

Felipe E. Rojas,
Chicago State University

Anita Saalfeld,
University of Nebraska at Omaha

Michael Sawyer,
University of Central Missouri

Rachel Showstack,
Wichita State University

Gayle Vierma,
University of Southern California

Maida Watson,
Florida International University

Amanda Wilcox,
Auburn University

Kelley L. Young,
University of Missouri-Kansas City

Hilma-Nelly Zamora-Breckenridge,
Valparaiso University

U. Theresa Zmurkewycz,
Saint Joseph's University

Mosaicos Advisory Board

Silvia Arroyo,
Mississippi State University

Donna Binkowski,
Southern Methodist University

Joelle Bonamy,
Columbus State University

Robert Cameron,
College of Charleston

Susana Castillo-Rodríguez,
University of New Hampshire

Juliet Falce-Robinson,
University of California, Los Angeles

Ronna Feit,
Nassau Community College, SUNY

Chris Foley,
Liberty University

Leah Fonder-Solano,
University of Southern Mississippi

Muriel Gallego,
Ohio University

Kathryn Grovergrys,
Madison Area Technical College

Marie Guiribitey,
Florida International University

Todd Hernández,
Marquette University

Yun Sil Jeon,
Coastal Carolina University

Lauri Kahn,
Suffolk County Community College

Rob Martinsen,
Brigham Young University

Teresa McCann,
Prairie State College

Eugenia Muñoz,
Viriginia Commonwealth University

Michelle Orecchio,
University of Michigan

Susana García Prudencio,
Pennsylvania State University

Bethany Sanio,
University of Nebraska, Lincoln

Virginia Shen,
Chicago State University

Julie Sykes,
University of Oregon

Kelley L. Young,
University of Missouri - Kansas City

Gabriela C. Zapata,
University of Southern California

Nancy Zimmerman,
Kutztown University

We are also grateful for the guidance of Celia Meana and Scott Gravina, the Developmental Editors, for all of their work, suggestions, attention to detail, and dedication to the text. Their support and efficiency helped us achieve the final product. We are very grateful to the many other members of the Pearson World Languages team who provided guidance, support, and fine attention to detail at all stages of the production process: Samantha Alducin, Senior Digital Product Manager, and Regina Rivera, Media Editor, for helping us produce the new MySpanishLab program, the new video, audio programs, and Companion Website. Thanks to Jonathan Ortiz and Millie Chapman, Editorial Assistants, for their hard work and efficiency in managing the reviews and attending to many editorial details.

We are very grateful to our World Languages Consultants, Denise Miller, Yesha Brill, and Mellissa Yokell, for their creativity and efforts in coordinating marketing campaigns and promotion for this edition. Thanks, too, to our program and project management team, Nancy Stevenson and Lynne Breitfeller, who guided *Mosaicos, sixth edition,* through the many stages of production; to our partners at PreMediaGlobal, especially Jenna Gray, for her careful and professional production services and to the PreMediaGlobal design team for the gorgeous interior. A special thank you to Kathryn Foot, Senior Art Director and designer Michael Black of Black Sun for their creative work on the cover. Finally, we would like to express our sincere thanks to Steve Debow, Senior Vice President for World Languages, Bob Hemmer, Editor in Chief, Tiziana Aime, Senior Acquisitions Editor, and Kristine Suárez, Director of Market Development, for their guidance and support through every aspect of this new edition.

About the Authors

Elizabeth with her husband in Petra, Jordan

ELIZABETH E. GUZMÁN

I did my graduate studies in Spanish Applied Linguistics at the University of Pittsburgh.

One of my proudest teaching moments was... when my former students have shown me what a difference I can make in my students through my love of teaching.

My favorite vacation spots in the Hispanic world are... the lake regions of my native Chile and Peru.

I can't live without... my laptop and Pandora radio.

My favorite feature in Mosaicos is... that it opens the doors to the fascinating Spanish-speaking world, its people, and its diverse cultures.

My favorite activities are... traveling, gardening, and listening to music.

The people closest to my heart are... my family, my friends, and the people who value freedom and justice as much as I do.

What makes me happy is... knowing that my work transcends me.

The people I admire are... those from whom I can learn something.

My favorite classroom is... one in which students and I become part of one community working toward common goals.

PALOMA LAPUERTA

My Ph.D. is from... Université de Genève, Switzerland, but I did my "licenciatura" in Universidad de Salamanca, Spain.

My research area is... Spanish Language and Peninsular Literature.

One of my proudest teaching moments was... when I noticed that everybody was having a good time... and learning!

My favorite vacation spot in the Hispanic world is... I have two: Castellón, Spain, which is by the sea, and Pereira, Colombia, which is near the Andes.

I can't live without my... Moleskine®.

My favorite feature in Mosaicos is... that it takes you to places beyond the textbook.

The movie I have seen most often is... *Volver*, by Pedro Almodóvar.

My favorite activity is... to travel.

The site that I found most beautiful was... Machu Picchu.

The landscape I found most impressive was... Namibia.

Paloma in Istanbul, Turkey

Judy with student Jia and her first apple pie

JUDITH E. LISKIN-GASPARRO

My Ph.D. is from... the University of Texas–Austin

My research area is... classroom-based second language acquisition.

One of my proudest teaching moments was... when my doctoral student won the ACTFL-MLJ Birkmaier Award for Doctoral Dissertation Research. There have been four proudest moments, because four of my SLA students have won this award since 2007.

My favorite vacation spot in the Hispanic world is... For its mystery and sheer beauty, Machu Picchu. For the lifestyle and amazing *tortillas de patatas*, San Sebastián.

I can't live without my... laptop.

My favorite feature in Mosaicos is... its clickability (my made-up word). It invites students and instructors to challenge linear patterns of learning.

My public talent is... baking cookies—all kinds, and for all occasions. I also give pie workshops.

My secret talent is... making up cool games to play with toddlers.

I am thrilled when... people think I am a native speaker of Spanish.

mosaicos

Preliminar

Bienvenidos

¡Hola! pan hasta
soy los gastos
el trabajo español
saludos muy la madre
el estudiante

LEARNING OUTCOMES

By the end of the chapter, you will be able to:

- introduce yourself, greet others, and say good-bye
- identify people and classroom objects and tell where they are in the classroom
- listen to and respond to classroom expressions and requests
- spell names and addresses and share phone numbers
- express dates, tell time, and comment on the weather
- share information about the Spanish language and where it is spoken

Estados Unidos 44,4
Cuba 11,2
República Dominicana 10,1
México 103,5
Puerto Rico 3,8
Guatemala 9,2
El Salvador 6,1
Honduras 7,9
Nicaragua 5
Venezuela 28
Costa Rica 4,3
Colombia 43,3
Panamá 2,6
Ecuador 13,2
Perú 23,7
Bolivia 4,3
Paraguay 4
Chile 15,5
Uruguay 3,2
Argentina 39,6
España 41,8
Filipinas 3
Guinea Ecuatorial 1

Personas que hablan español (en millones) ▶

Enfoque cultural

To learn more about the Spanish-speaking world, go to MySpanishLab to view the *Vistas culturales* videos.

¿QUÉ TE PARECE?

- Spanish is a highly phonetic language, which means that in most cases if you can spell a word, you can pronounce it.

- Minor differences exist between the Spanish in Latin America and the Spanish in Spain but not enough to get in the way of communication.

- Historically, Latin and Arabic have had the biggest influence on the Spanish language. Today, Spanish has adopted hundreds of words relating to technology and pop culture from English.

- Since 1904, there have been eleven Nobel Prizes for Literature in Spanish.

- It is projected that by 2050, the United States will become the largest Spanish-speaking country in the world.

▲ Bienvenidos al mundo hispano.

El mundo hispano es muy grande y diverso:

◀ desde el río Grande al norte de México,

hasta Tierra del Fuego al sur de Argentina; ▶

▲ desde la ciudad de Barcelona en el Mediterráneo, al este de España,

▲ hasta las islas Galápagos en el Pacífico, al oeste de Ecuador.

Vamos a explorar este mundo y aprender (*learn*) más.

¿CUÁNTO SABES?

Use the information in the map, the photos and captions to determine whether each statement is true (**Cierto**) or false (**Falso**).

1. _____ Más de (*More than*) 350 millones de personas hablan español en el mundo.

2. _____ El español se habla en 23 países (*countries*).

3. _____ El río Grande separa México de España.

4. _____ Las islas Galápagos están en el mar Mediterráneo.

5. _____ En Estados Unidos hablan español más personas que (*more than*) en Argentina.

ENFOQUE *cultural*

Vocabulario en contexto

Making introductions and talking about the classroom

 Las presentaciones

ANTONIO: **Me llamo** Antonio Mendoza. **Y tú, ¿cómo te llamas?**

BENITO: Me llamo Benito Sánchez.

ANTONIO: **Mucho gusto.**

BENITO: **Igualmente.**

LAURA: María, **mi amigo** José.

MARÍA: Mucho gusto.

JOSÉ: **Encantado.**

PROFESOR: **¿Cómo se llama usted?**

ISABEL: Me llamo Isabel Contreras.

PROFESOR: Mucho gusto.

- Spanish has more than one word meaning *you*. Use **tú** when talking to someone on a first-name basis (a child, close friend, or relative).

- Use **usted** when talking to someone you address in a respectful or formal manner; for example, **doctor/doctora; profesor/profesora; señor/señora.** Also use **usted** to address people you do not know well.

- People of college age or younger normally use **tú** when speaking to each other.

- **Mucho gusto** is used by both men and women when they are meeting someone for the first time. A man may also say **encantado,** and a woman, **encantada.**

- You may respond to **mucho gusto** with either **encantado/a** or **igualmente.**

PRÁCTICA

P-1 **Presentaciones. PREPARACIÓN.** With a partner complete the following conversation with the appropriate expressions from the list.

| Encantado | Igualmente | mi amigo Pedro | Mucho gusto |

ALICIA: Me llamo Alicia. Y tú, ¿cómo te llamas?

ISABEL: Isabel Pérez. _____.

ALICIA: _____.

ALICIA: Isabel, _____.

ISABEL: Mucho gusto.

PEDRO: _____.

INTERCAMBIOS. Move around the classroom, introducing yourself to several classmates and introducing classmates to each other.

P-2

Escucha y confirma. PREPARACIÓN. Before you listen to four brief conversations in which people greet each other, complete the following chart with the pronoun you think you would use in each case. Compare your answers with those of a classmate and explain why you chose **tú** or **usted.**

ESCUCHA. As you listen to the four conversations, mark (✓) the appropriate column to indicate whether the greetings are formal (with **usted**) or informal (with **tú**).

WHEN TALKING TO YOUR . . .	TÚ	USTED
1. brother or sister		
2. doctor		
3. coach		
4. parent		

FORMAL	INFORMAL
1.	
2.	
3.	
4.	

■ ■ ■ ■ ■

LENGUA

When you talk to people, you address them with various degrees of formality, depending on how well you know the person and the context of the conversation. For example, when you talk to a professor, you probably use more formal language than when you talk to classmates or friends. In Spanish, one way to mark this difference is by using **tú** (informal) and **usted** (formal).

Los saludos y las despedidas

🔊 **SEÑOR GÓMEZ:** **Buenos días, señorita** Rivas.

SEÑORITA RIVAS: Buenos días. **¿Cómo está usted, señor** Gómez?

SEÑOR GÓMEZ: **Bien, gracias,** ¿y usted?

SEÑORITA RIVAS: **Muy** bien, gracias.

🔊 **MARTA:** **¡Hola,** Inés! **¿Qué tal? ¿Cómo estás?**

INÉS: **Regular,** ¿y tú?

MARTA: **Bastante** bien, gracias. Bueno, **hasta mañana.**

INÉS: **Chao.**

🔊 **SEÑORA MOYA:** **Buenas tardes,** Clara. ¿Cómo estás?

CLARA: Bien, gracias. Y usted, ¿cómo está, **señora?**

SEÑORA MOYA: **Mal,** Clara, mal.

CLARA: ¡Qué lástima!

🔊 **Los saludos**

- Use **buenos días** until lunchtime.
- Use **buenas tardes** from noon until nightfall. After nightfall, use **buenas noches** (*good evening, good night*).
- **¿Qué tal?** is less formal than **buenos días, buenas tardes,** etc.
- Use **está** with **usted** and **estás** with **tú.**

Las despedidas

Use the following expressions to say good-bye:

adiós	*good-bye*
chao	*good-bye*
hasta luego	*see you later*
hasta mañana	*see you tomorrow*
hasta pronto	*see you soon*

■ **Adiós** is generally used when you do not expect to see the other person for a while. It is also used as a greeting when people pass each other but have no time to stop and talk.

■ **Chao** (also spelled **chau**) is an informal way of saying good-bye and when passing on the street, similar to **adiós**. It is popular in South America.

Expresiones de cortesía

Here are other expressions of courtesy:

por favor	*please*
gracias	*thanks, thank you*
de nada	*you're welcome*
lo siento	*I'm sorry (to hear that)*
con permiso	*pardon me, excuse me*
perdón	*pardon me, excuse me*

■ **Con permiso** and **perdón** may be used before the fact, as when asking a person to allow you to go by or when trying to get someone's attention. Only **perdón** is used after the fact, as when you have stepped on someone's foot or have interrupted a conversation.

PRÁCTICA

P-3

Para confirmar. Alternate greetings (**buenos días, buenas tardes, buenas noches**) with your classmate according to the time given.

1. 9:00 A.M.

2. 11:00 P.M.

3. 4:00 P.M.

4. 8:00 A.M.

5. 1:00 P.M.

6. 10:00 P.M.

P-4

Despedidas. With a classmate, create short two-line exchanges for the following situations.

 MODELO You run into a good friend on campus.

> E1: *Adiós.*
>
> E2: *Chao.*

1. You'll see your friend tomorrow.

2. You arrange to meet your classmate at the library in ten minutes.

3. Your roommate is leaving for a semester abroad.

P-5

¿Perdón o con permiso? Would you use **perdón** or **con permiso** in these situations? Decide with a classmate which is more appropriate. Then create a similar situation to act out for the class.

1.

2.

3.

4.

5.

P-6

Despedidas y expresiones de cortesía. With a classmate, decide which expression is best for each situation. Then create another situation and act it out.

Adiós.	Gracias.
Por favor.	De nada.
Hasta luego.	¡Qué lástima!
Lo siento.	

1. Someone thanks you.
2. You say good-bye to a friend you will see later this evening.
3. You ask if you can borrow a classmate's notes.
4. You hear that your friend is sick.
5. You receive a present from your cousin.
6. …

Cultura

■ ■ ■ ■ ■

When saying *hello* or *good-bye* and when being introduced, Spanish-speaking men and women almost always shake hands, embrace, or kiss each other on the cheek. Girls and women most often kiss each other on the cheek, as do men and women who are close friends or acquaintances. In Spain they kiss on both cheeks. Men who are close friends normally embrace and pat each other on the back while in Argentina, it is common for them to kiss each other on the cheek.

Comunidades. What are common greetings in your culture? Do you greet your family and your friends in the same way?

P-7

Encuentros (*Encounters*). Create short conversations with the following people, whom you meet on the street. Then switch roles.

1. tu (*your*) amigo Miguel
2. tu profesor/a
3. tu amiga Isabel
4. tu doctor/a

❖ ¿Qué hay en el salón de clase?

un reloj

una pantalla

una pizarra

un televisor

un profesor

un marcador/un rotulador

un borrador

un toca DVD

un libro

una mesa

una computadora

una tableta

un cesto

una silla

un estudiante

un bolígrafo

una calculadora

una estudiante

un lápiz

un cuaderno

una computadora portátil

una mochila

un escritorio

PRÁCTICA

P-8

Para confirmar. With a partner, identify the items on this table and then tell him/her which of the items you have.

MODELO E1: *Tengo una mochila.*
E2: *Tengo…*

a. _____

b. _____

c. _____

d. _____

e. _____

f. _____

g. _____

h. _____

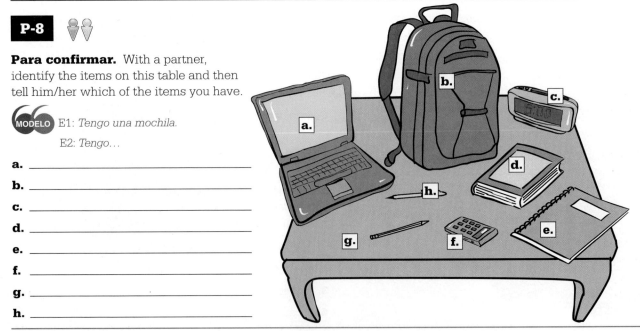

P-9

Para la clase de español.
Write down a list of the things you need for this class. You and your partner should then compare your lists.

P-10

¿Qué hay en el salón de clase? Use the clues below to complete the crossword puzzle in Spanish. Working with a partner, compare your responses, then look around the room and take turns telling each other what objects you see.

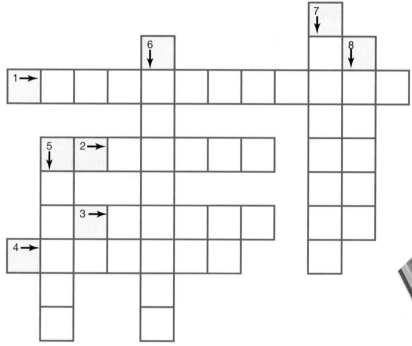

1. It is essential for your math problems.
2. Without it, you cannot write.
3. Waste material goes here.
4. You need them to study.
5. You sit on it.
6. You write your notes on it.
7. You pack and carry your books in it every morning.
8. It tells the time.

◆ Los meses del año y los días de la semana

Los meses del año

enero	*January*
febrero	*February*
marzo	*March*
abril	*April*
mayo	*May*
junio	*June*
julio	*July*
agosto	*August*
septiembre	*September*
octubre	*October*
noviembre	*November*
diciembre	*December*

Los días de la semana

lunes	*Monday*
martes	*Tuesday*
miércoles	*Wednesday*
jueves	*Thursday*
viernes	*Friday*
sábado	*Saturday*
domingo	*Sunday*

Days of the week and months of the year are not generally capitalized in Spanish, but sometimes they are capitalized in advertisements and invitations.

- Monday (**lunes**) is normally considered the first day of the week.
- To ask what day it is, use **¿Qué día es hoy?** Answer with **Hoy es...**
- To ask about today's date, use **¿Qué fecha es?** or **¿Cuál es la fecha?** Respond with **Hoy es el 14 de octubre.**
- To give a date for an event, say **La fiesta es el 5 de mayo.**
- Express *on + a day of the week* as follows:

el lunes	*on Monday*
los lunes	*on Mondays*
el domingo	*on Sunday*
los domingos	*on Sundays*

- Cardinal numbers are used with dates (e.g., **el dos, el tres**), except for the first day of the month, which is **el primero.** In Spain the first day is also referred to as **el uno.**
- Hoy es **el primero** de julio.

ENERO CALENDARIO

lunes	martes	miércoles	jueves	viernes	sábado	domingo
		AÑO NUEVO 1	2	3	4	5
6 LOS SANTOS REYES	7	8	9	10	11	12
13	14	15	16	17	18	19
20	21	22	23	24	25	26
27	28	29	30	31		

PRÁCTICA

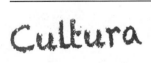

■ ■ ■ ■ ■

El calendario hispano

In Spanish-speaking countries, the first day of the week on a calendar is Monday. Sunday appears at the end of the week and it is generally marked by red numbers. Many calendars bear the saint's name for each day.

Comparaciones. What dates are typically highlighted on your calendar?

P-11

Para confirmar. Using the calendar, take turns asking: **¿Qué día de la semana es...?** Then tell your partner your favorite day of the week.

1. el 2	**5.** el 10
2. el 5	**6.** el 13
3. el 22	**7.** el 28
4. el 18	**8.** el…

P-12

Preguntas. Take turns asking and answering these questions.

1. ¿Qué día es hoy?

2. Hoy es… ¿Qué día es mañana?

3. Hoy es el… de… ¿Qué fecha es mañana?

4. ¿Hay clase de español los domingos? ¿Y los sábados?

5. ¿Qué días hay clase de español?

> **LENGUA**
>
> When dates are written using only numerals, the day normally precedes the month: *11/8 =* **el 11 de agosto.**

P-13

Fechas importantes. Take turns asking your partner the dates on which these events take place.

MODELO la reunión de estudiantes (10/9)

E1: *¿Cuándo es la reunión de estudiantes?*

E2: *(Es) el 10 de septiembre.*

1. el concierto de Juanes (12/11)

2. el aniversario de Carlos y María (14/4)

3. el banquete (1/3)

4. la graduación (22/5)

5. la fiesta de bienvenida (24/8)

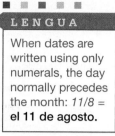

P-14

El cumpleaños (*birthday*).
Find out when your classmates' birthdays are. Write their names and birthdays in the appropriate spaces in the table.

MODELO E1: *¿Cuándo es tu cumpleaños?*

E2: *(Es) el 3 de mayo.*

> **LENGUA**
>
> You may have noticed that the word **tú** (meaning *you*) has a written accent mark, and that the word **tu** (meaning *your*) does not. In this book, boxes similar to this one will help you focus on when to use accent marks. You will find all the rules for accentuation in Appendix 1.

CUMPLEAÑOS			
enero	febrero	marzo	abril
mayo	junio	julio	agosto
septiembre	octubre	noviembre	diciembre

◆ El tiempo

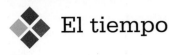

Hoy hace sol. Hace buen tiempo.

Hoy llueve. Hace mal tiempo.

■ Use **¿Qué tiempo hace?** to inquire about the weather. To answer, you may use the following expressions that start with **hace:**

Hace buen tiempo. *The weather is good.*

Hace mal tiempo. *The weather is bad.*

■ To express that it is sunny or that it is raining use the following:

Hace sol.   *It is sunny.*

Llueve./Está lloviendo. *It is raining.*

PRÁCTICA

Cultura

■ ■ ■ ■ ■

El tiempo y los hemisferios

Seasons in the northern and southern hemispheres are inverted. That is, when it is winter in the United States, it is summer in Argentina. This applies to the school year as well. In Argentina for example, the academic year starts in March and ends in December, right before Christmas. The Christmas holidays are often spent on the beach or outdoors.

Conexiones. Why do you think the academic year is arranged in that way in the southern hemisphere? Would it be a good idea to change this arrangement?

P-15

¿Qué tiempo hace hoy? Take turns with your partner asking about the weather in these cities. Then ask about the weather in your city.

 MODELO Miami:

 E1: *¿Qué tiempo hace en Miami?*

 E2: *En Miami hace buen tiempo. Hace sol.*

1. Madrid: ☀
2. Quito: ☁
3. Lima: ☁
4. Ciudad de México: ☀
5. Bogotá: ☁
6. Nueva York: ☀
7. (your city:)

Expresiones útiles en la clase

▲ La tarea, por favor.

▲ Ve a la pizarra.

▲ Contesta.

▲ Repite.

▲ Levanta la mano.

▲ Escribe.

▲ Lee.

■ When asking two or more people to do something, the verb forms are **ve → vayan, contesta → contesten, repite → repitan.**

■ Although you may not use all of these expressions, it is useful to recognize them and to know how to respond. Other expressions that you may hear or say in the classroom include the following:

Expressions in plural

¿Comprenden?	*Do you understand?*
¿Tienen preguntas?	*Do you have any questions?*
Contesten, por favor.	*Please answer.*
Vayan a la pizarra.	*Go to the board.*
Túrnense.	*Take turns.*
Hablen (sobre…)	*Talk (about …)*

Expressions with *tú*

¿Comprendes?	*Do you understand?*
¿Tienes preguntas?	*Do you have any questions?*
Contesta, por favor.	*Please answer.*
Ve a la pizarra.	*Go to the board.*
Dile a tu compañero/a…	*Tell your partner …*

Other useful expressions

Más despacio, por favor.	*More slowly, please.*
Más alto, por favor.	*Louder, please.*
¿En qué página?	*On what page?*
¿Cómo se dice… en español?	*How do you say … in Spanish?*
Otra vez.	*Again.*
Presente.	*Here.*
No comprendo.	*I don't understand.*
No sé.	*I don't know.*

PRÁCTICA

P-16

Las expresiones útiles. Match the following expressions with their pictures and compare your answers with those of a classmate. Then take turns telling your partner three things he/she needs to do and your partner will act them out.

1. _____ Ve a la pizarra.

2. _____ Abre el libro.

3. _____ Pregúntale a tu compañero.

4. _____ Repite.

5. _____ Siéntate.

6. _____ Lee.

a.

b.

c.

d.

e.

f.

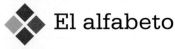

El alfabeto

a	a	**j**	jota	**r**	erre
b	be	**k**	ka	**s**	ese
c	ce	**l**	ele	**t**	te
d	de	**m**	eme	**u**	u
e	e	**n**	ene	**v**	uve
f	efe	**ñ**	eñe	**w**	uve doble
g	ge	**o**	o	**x**	equis
h	hache	**p**	pe	**y**	ye, i griega
i	i	**q**	cu	**z**	zeta

■ The Spanish alphabet includes **ñ,** a letter that does not exist in English. Its sound is similar to the pronunciation of *ni* and *ny* in the English words *onion* and *canyon.*

■ The letters **ch** and **ll** were considered independent letters in the Spanish alphabet until 1994.

■ The letters **k** and **w** appear mainly in words of foreign origin.

PRÁCTICA

P-17

Para confirmar. Take turns spelling the name of the street where you live in Spanish. Then check if your partner wrote it correctly.

P-18

Los nombres. You are at the admissions office of a university in a Spanish-speaking country. Spell your first or last name for the clerk. Take turns.

MODELO E1: *¿Cómo se llama usted?*

E2: *Me llamo Jill Robinson.*

E1: *¿Cómo se escribe Robinson?*

E2: *erre-o-be-i-ene-ese-o-ene*

☑ Funciones y formas

1 Identifying and describing people

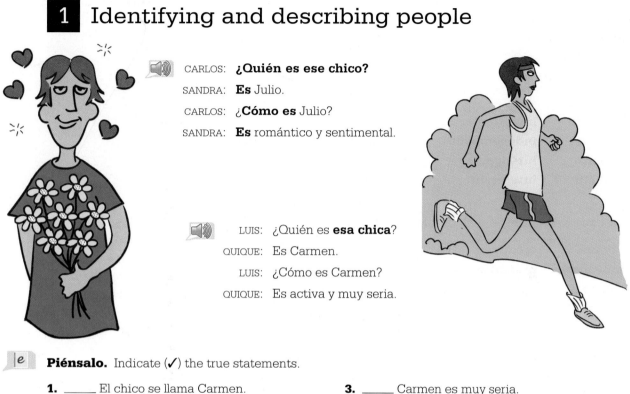

CARLOS: **¿Quién es ese chico?**

SANDRA: **Es** Julio.

CARLOS: **¿Cómo es** Julio?

SANDRA: **Es** romántico y sentimental.

LUIS: ¿Quién es **esa chica**?

QUIQUE: Es Carmen.

LUIS: ¿Cómo es Carmen?

QUIQUE: Es activa y muy seria.

Piénsalo. Indicate (✓) the true statements.

1. _____ El chico se llama Carmen.

2. _____ Julio es romántico.

3. _____ Carmen es muy seria.

4. _____ Carmen no es activa.

Singular forms of *ser*

The verb **ser** is used to identify and describe.

Esa chica **es** Carmen.	*That girl is Carmen.*
Es activa y muy seria.	*She is active and very serious.*
Rodolfo **es** su amigo.	*Rodolfo is her friend.*
Es atractivo.	*He is attractive.*

Here are the forms of **ser** you will use in this chapter.

SER (*to be*)			
yo	**soy**	*I*	*am*
tú	**eres**	*you*	*are*
Ud.	**es**	*you*	*are*
él, ella	**es**	*he, she*	*is*

To make a sentence negative, place **no** before the appropriate form of **ser.** When responding negatively to a question, say **no** twice.

Ella es inteligente. → Ella **no** es inteligente.

¿Es rebelde?　　　→ **No, no** es rebelde.

Cognates

Cognates (*Cognados*) are words from two languages that have the same origin and are similar in form and meaning. Since English and Spanish have many cognates, you will discover that you already recognize many Spanish words. Here are some cognates that you may use to describe people.

The following cognates use the same form to describe a man or a woman.

arrogante	**importante**	**optimista**	**popular**
eficiente	**independiente**	**paciente**	**responsable**
elegante	**inteligente**	**perfeccionista**	**sentimental**
idealista	**interesante**	**pesimista**	**tradicional**

The following cognates have two forms. The **-o** form is used to describe a male, and the **-a** form to describe a female.

activo/a	**creativo/a**	**introvertido/a**	**romántico/a**
ambicioso/a	**dinámico/a**	**moderno/a**	**serio/a**
atlético/a	**extrovertido/a**	**nervioso/a**	**sincero/a**
atractivo/a	**generoso/a**	**pasivo/a**	**tímido/a**
cómico/a	**impulsivo/a**	**religioso/a**	**tranquilo/a**

Some words appear to be cognates but do not have the same meaning in both languages. These are called false cognates. **Lectura** (*Reading*) and **éxito** (*success*) are examples. You will find other examples in future chapters.

 ¿COMPRENDES?

Describe the following people using the appropriate form of **ser**.

1. Yo _____ inteligente.
2. Usted _____ interesante.
3. Él _____ cómico.
4. Isabel _____ atlética.
5. Tú _____ paciente.
6. Carlos _____ sincero.

MySpanishLab

Learn more using Amplifire Dynamic Study Modules, Grammar Tutorials, and Extra Practice activities.

PRÁCTICA

P-19

Yo soy... Ask your partner about his/her personality. Use the cognates provided or others that you know.

MODELO E1: *¿Eres pesimista?*
        E2: *No, no soy pesimista.*
        E1: *¿Cómo eres?*
        E2: *Soy activo, optimista y creativo.*

generoso/a	optimista
independiente	responsable
inteligente	tímido/a
nervioso/a	

P-20

Descripciones. Ask each other about your classmates. Describe them by using cognates.

MODELO E1: *¿Cómo es...?*
        E2: *Es...*

2 Locating people and things

🔊 ¿**Dónde está** la profesora?

¿Está **sobre** la mesa? No.

¿Está **debajo de** la mesa? No.

¿Está **entre** Juan y María? No.

¿Está **al lado de** María? No.

¿Está **enfrente de** María? Sí, la profesora está **enfrente de** María.

e **Piénsalo.** For each pair, select the sentence that is true according to the drawing.

1. _____ El cuaderno está al lado de la mesa.

_____ El cuaderno está debajo de la mesa.

2. _____ La puerta está detrás de la profesora.

_____ La puerta está delante de la profesora.

3. _____ Mercedes está enfrente de María.

_____ Mercedes está al lado de María.

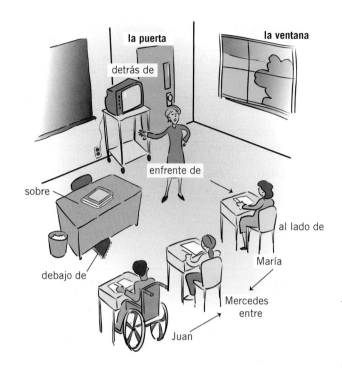

la puerta
la ventana
detrás de
enfrente de
sobre
al lado de
María
debajo de
Mercedes
entre
Juan

Estar + location

To express location the verb **estar** is used:

El libro **está** sobre la mesa.	*The book is on the desk.*
María **está** en la clase.	*Maria is in the classroom.*

To ask about the location of a person or an object, use **dónde + está.**

¿**Dónde está** la profesora?	*Where is the professor?*
Está en la clase.	*She is in class.*
¿**Dónde está** el libro?	*Where is the book?*
Está sobre la mesa.	*It is on the table.*

Here are some expressions that describe location:

al lado de	*next to*
debajo de	*under*
detrás de	*behind*
enfrente de	*in front of, facing*
entre	*between*
sobre	*on, on top of*

e **¿COMPRENDES?**

Complete the following sentence with the appropriate option based on the position of people in the drawing.

1. _____ La profesora está…
2. _____ Juan está…
3. _____ El libro está…
4. _____ Mercedes está…

a. al lado de Mercedes.
b. enfrente de María.
c. entre Juan y María.
d. sobre el escritorio.

MySpanishLab

Learn more using Amplifire Dynamic Study Modules, Grammar Tutorials, and Extra Practice activities.

PRÁCTICA

 P-21

Personas y lugares. **PREPARACIÓN.** Take turns telling your partner the location of three people or objects in the classroom scene.

el profesor Fernández

ESCUCHA. Listen to the statements about the location of people and objects in the classroom scene. Indicate (✓) whether each statement is true (**Cierto**) or false (**Falso**). Compare your answers with those of a classmate.

	CIERTO	FALSO			CIERTO	FALSO
1.				4.		
2.				5.		
3.				6.		

Miguel Elisa Marcos

P-22

En la clase. Look at the student name tags in Professor Gallegos's class below. Ask your partner where Juan, Pedro, Cristina, Mercedes, and Roberto are sitting and he/she will ask you about María, Susana, Carlos, and Profesor Gallegos.

MODELO E1: *¿Dónde está Roberto?*

E2: *Está al lado de Mercedes.*

P-23

¿Dónde está? Take turns asking where several items in your classroom are. Answer by giving their position in relation to a person or another object.

MODELO E1: *¿Dónde está el libro?*

E2: *Está sobre el escritorio.*

P-24

¿Quién es? Based on what your partner says regarding the location of another student, guess who the student is.

MODELO E1: *Está al lado de Juan. ¿Quién es?*

E2: *Es María.*

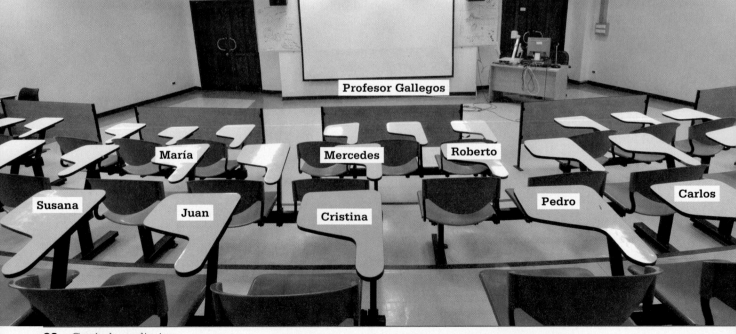

Profesor Gallegos

María   Mercedes   Roberto

Susana   Juan   Cristina   Pedro   Carlos

3 Using numbers

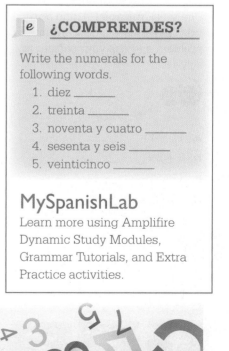

🔊 Los números 0 a 99

0 **cero**	11 **once**	22 **veintidós**
1 **uno**	12 **doce**	23 **veintitrés**
2 **dos**	13 **trece**	30 **treinta**
3 **tres**	14 **catorce**	31 **treinta y uno**
4 **cuatro**	15 **quince**	40 **cuarenta**
5 **cinco**	16 **dieciséis**	50 **cincuenta**
6 **seis**	17 **diecisiete**	60 **sesenta**
7 **siete**	18 **dieciocho**	70 **setenta**
8 **ocho**	19 **diecinueve**	80 **ochenta**
9 **nueve**	20 **veinte**	90 **noventa**
10 **diez**	21 **veintiuno**	100 *cien*

e **Piénsalo.** Match the word to the correct number.

1. _____ dieciocho   **a.** 60
2. _____ veintiuno   **b.** 9
3. _____ treinta y uno   **c.** 21
4. _____ sesenta   **d.** 31
5. _____ nueve   **e.** 18

Numbers 0 to 99

Numbers from sixteen through twenty-nine are usually written as one word. Note the spelling changes and the written accent on some forms.

    18: **dieciocho**   22: **veintidós**

Beginning with thirty-one, numbers are written as three words.

    31: **treinta y uno**   45: **cuarenta y cinco**

The number *one* has three forms in Spanish: **uno, un,** and **una.** Use **uno** when counting: **uno, dos, tres...** Use **un** or **una** before nouns.

  un borrador
  una mochila
  veintiún libros
  veintiuna mochilas

Use **hay** for both *there is* and *there are.*

  Hay un libro sobre la mesa.   *There is one book on the table.*
  Hay dos libros sobre la mesa.   *There are two books on the table.*

e ¿COMPRENDES?

Write the numerals for the following words.
1. diez _____
2. treinta _____
3. noventa y cuatro _____
4. sesenta y seis _____
5. veinticinco _____

MySpanishLab

Learn more using Amplifire Dynamic Study Modules, Grammar Tutorials, and Extra Practice activities.

PRÁCTICA

P-25

¿Qué número es? Your instructor will read a number from each group. Circle the number you hear. Then compare your responses with those of your partner and tell him/her your favorite number.

a.	(8)	4	3	5
b.	12	9	(16)	6
c.	37	(59)	41	26
d.	54	38	(76)	95
e.	83	(62)	(72)	49
f.	47	14	(91)	56

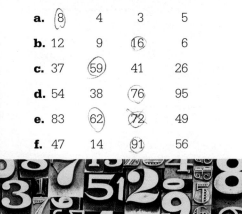

P-27

Problemas. Take turns solving the following arithmetic problems. Use **y** (+), **menos** (−), and **son** (=). Then create a new arithmetic problem and ask your partner to solve it.

MODELO 12 − 5 =

Doce menos cinco son siete.

a. 11 + 4 = _____

b. 8 + 2 = _____

c. 13 + 3 = _____

d. 20 − 6 = _____

e. 39 + 50 = _____

f. 80 − 1 = _____

g. 50 − 25 = _____

h. 26 + 40 = _____

i. … _____

P-26

Para la oficina. You and your partner have to check a shipment of equipment and supplies delivered to the Spanish department. Take turns asking your partner how many of each there are. Then ask each other about the items without a number and respond with your own amount.

MODELO 4 relojes E1: *¿Cuántos relojes hay?*
E2: *Hay 4 relojes.*

- 10 teléfonos
- 12 escritorios
- 20 cestos
- 95 bolígrafos
- 70 rotuladores
- 34 libros
- … diccionarios
- … cuadernos

Cultura

In Spanish-speaking countries, the name of the street precedes the house or building number. Sometimes a comma is placed before the number.

Calle (*Street*) Bolívar, 132   Avenida (*Avenue*) de Gracia, 18

Telephone numbers are generally not stated as individual numbers, but in groups of two, depending on how the numbers are written or on the number of digits, which varies from country to country.

12–24–67: **doce, veinticuatro, sesenta y siete**

2–43–89–07: **dos, cuarenta y tres, ochenta y nueve, cero siete**

Comunidades. How do you say or write a street address in your language? How do you say a phone number?

P-28

Los números de teléfono y las direcciones (*addresses*). Take turns asking each other the phone numbers and addresses of the people listed in the following directory. Then ask your partner for his/her address and phone number (real or imaginary).

Cárdenas Alfaro, Joaquín	General Páez 40	423–4837
Cárdenas Villanueva, Sara	Avenida Bolívar 7	956–1709
Castelar Torres, Adelaida	Paseo del Prado 85	218–3642
Castellanos Rey, Carlos	Colón 62	654–6416
Castelli Rivero, Victoria	Chamberí 3	615–7359
Castillo Montoya, Rafael	Santa Cruz 73	956–3382

MODELO Castellanos Rey, Carlos

E1: *¿Cuál es la dirección de Carlos Castellanos Rey?*

E2: *Calle Colón, número 62.*

E1: *¿Cuál es su número de teléfono?*

E2: *(Es el) 6–54–64–16.*

4 Expressing time in Spanish

▲ Es la una.

▲ Son las once.

▲ Son las siete y diez.

▲ Son las ocho y media.

▲ Son las dos menos diez.
Es la una y cincuenta.

e **Piénsalo.** Match the following times.

1. _____ Las dos y cinco.   **a.** 1:30

2. _____ Las tres.   **b.** 3:50

3. _____ La una y media.   **c.** 3:00

4. _____ Las cuatro menos diez.   **d.** 2:05

Telling time

Use **¿Qué hora es?** to inquire about the time. To tell time, use **Es la...** and **Son las...** with the other hours.

Es la una.	*It is one o'clock.*
Son las tres.	*It is three o'clock.*

To express the quarter hour, use **y cuarto** or **y quince.** To express the half hour, use **y media** or **y treinta.**

Es la una **y media.**	*It is one-thirty.*
Es la una **y treinta.**	
Son las dos **y cuarto.**	*It is two-fifteen.*
Son las dos **y quince.**	

To express time after the half hour, subtract minutes from the next hour, using **menos** for analog clocks. It is becoming more common, especially with digital clocks, to use **y + minutos.**

Son las cuatro **menos** diez.	*It is ten to four.*
Son las tres **y cincuenta.**	*It is three fifty.*

Add **en punto** for the exact time and **más o menos** for approximate time.

Es la una **en punto.**	*It is one o'clock on the dot/sharp.*
Son las cinco menos cuarto, **más o menos.**	*It is about a quarter to five.*

For A.M. and P.M., use the following:

de la mañana	(from midnight to noon)
de la tarde	(from noon to nightfall)
de la noche	(from nightfall to midnight)

|e ¿COMPRENDES?

Give the time in numerals.
1. Son las tres y cinco _____.
2. Son las seis y cuarenta y cinco _____.
3. Es la una y cuarto _____.
4. Son las once en punto _____.
5. Son las cinco menos veinte _____.

MySpanishLab

Learn more using Amplifire Dynamic Study Modules, Grammar Tutorials, and Extra Practice activities.

PRÁCTICA

P-29

¿Qué hora es en...? Take turns telling your partner what time it is in the following cities. Then draw another time clock and ask your partner to give you the time.

México, P.M.

San Juan, A.M.

Buenos Aires, P.M.

Madrid, P.M.

Cultura

In Spanish-speaking countries, events such as concerts, shows, classes, and professional meetings generally begin on time. Medical appointments are also kept at the scheduled hour. However, informal social functions, such as parties and private gatherings, do not usually begin at the announced time. In fact, guests are expected to arrive at least 30 minutes after the appointed time. When in doubt, you may ask **¿En punto?** to find out whether you should be punctual.

Comparaciones. What is the convention in your culture regarding the time you should get to someone's house for a social gathering? Is it polite to arrive right on time, or should you arrive later? In what other situations are you expected to be punctual?

P-30

El horario de María. Take turns asking and answering questions about María's schedule. Then write down your own Monday schedule, omitting the time each class meets. Exchange schedules with your partner, and find out what time each of his/her classes starts.

MODELO E1: *¿A qué hora es la clase de español?*

E2: *Es a las nueve.*

LUNES	
9:00	la clase de español
10:00	la clase de matemáticas
11:00	la clase de psicología
12:00	el laboratorio
1:00	el almuerzo
2:30	la clase de física
5:00	la clase de tenis

LENGUA

To ask the time at which an event takes place or something happens, use **¿A qué hora es...?** To answer, use **Es a la(s)...** or simply **A la(s)...**

¿A qué hora es la clase de español? *At what time is Spanish class?*
(Es) a las nueve y media. *It is at 9:30.*

En este capítulo...

Comprueba lo que sabes

Go to *MySpanishLab* to review what
you have learned in this chapter.
Practice with the following:

| Flashcards | Games | Oral Practice | Practice Test / Study Plan |
| Amplifire Dynamic Study Modules | Tutorials | Videos | Extra Practice |

🔊 Vocabulario

LAS PRESENTACIONES
Introductions

¿Cómo se llama usted?   *What's your name?* (formal)

¿Cómo te llamas?   *What's your name?* (familiar)

Encantado/a.   *Pleased/nice to meet you.*

Igualmente.   *Likewise.*

Me llamo...   *My name is ...*

Mucho gusto.   *Pleased/nice to meet you.*

LOS SALUDOS
Greetings

bastante   *rather*

bien   *well*

buenas tardes/buenas noches   *good afternoon/good evening, good night*

buenos días   *good morning*

¿Cómo está?   *How are you?* (formal)

¿Cómo estás?   *How are you?* (informal)

hola   *hi, hello*

mal   *bad*

muy   *very*

regular   *fair*

¿Qué tal?   *What's up? What's new?* (informal)

LAS DESPEDIDAS
Leavetaking

adiós   *good-bye*

chao/chau   *good-bye*

hasta luego   *see you later*

hasta mañana   *see you tomorrow*

hasta pronto   *see you soon*

EN EL SALÓN DE CLASE
In the classroom

el bolígrafo   *ballpoint pen*

el borrador   *eraser*

la calculadora   *calculator*

el cesto   *wastebasket*

la computadora   *computer*

la computadora portátil   *laptop*

el cuaderno   *notebook*

el toca DVD   *DVD player*

el escritorio   *desk*

el lápiz   *pencil*

el libro   *book*

el marcador/el rotulador   *marker*

la mesa   *table*

la mochila   *backpack*

la pantalla   *screen*

la pizarra   *chalkboard*

la puerta   *door*

el reloj   *clock*

la silla   *chair*

la tableta   *tablet*

el televisor   *television set*

la ventana   *window*

EXPRESIONES DE CORTESÍA
Courtesy expressions

con permiso   *pardon me, excuse me*

de nada   *you're welcome*

gracias   *thanks*

lo siento   *I'm sorry (to hear that)*

perdón   *pardon me, excuse me*

por favor   *please*

LAS PERSONAS
People

el amigo/la amiga   *friend*

el chico/la chica   *boy/girl*

el doctor/la doctora   *doctor*

él   *he*

ella   *she*

el/la estudiante   *student*

el profesor/la profesora   *professor, teacher*

el señor (Sr.)   *Mr.*

la señora (Sra.)   *Ms., Mrs.*

la señorita (Srta.)   *Ms, Miss*

tú   *you* (familiar)

usted   *you* (formal)

yo   *I*

LEARN — Assess yourself at the end of the chapter

At the end of each chapter MySpanishLab features ample opportunity for you to assess if you have achieved the learning outcomes presented at the beginning of each chapter. Go to MySpanishLab to access these practice resources:

- An **Audio-enhanced Vocabulary Flashcard** tool that can be exported to your mobile phone.
- **Games:** *Concentración* (Concentration), *Un partido de fútbol* (soccer-inspired hangman), and *Un concurso* (Quiz Show), which test your knowledge of the chapter's vocabulary and structures.
- **Oral Practice:** Record your answers to the **Oral Practice** comprehensive speaking activities to practice the vocabulary and grammar from the chapter.
- A comprehensive **Practice Test** that generates a personalized Study Plan with support materials.
- **Amplifire Dynamic Study Modules** that will help you better retain the information you learn.

See page 20 for cognates.
See page 23 for numbers.
See page 26 for telling time.

LA POSICIÓN
Position

al lado (de)   *next to*
debajo (de)   *under*
detrás (de)   *behind*
enfrente (de)   *in front of*
entre   *between, among*
sobre   *on, above*

EL TIEMPO

Hace buen/mal tiempo.
   The weather is good/bad.
Hace sol.   *It's sunny.*
Llueve./Está lloviendo.
   It's raining.
¿Qué tiempo hace?
   What's the weather like?

VERBOS
Verbs

eres   *you are* (familiar)
es   *you are* (formal), *he/she is*
está   *he/she is, you are* (formal)
estás   *you are* (familiar)
hay   *there is, there are*
soy   *I am*

EXPRESIONES ÚTILES EN LA CLASE

¿Cómo se dice... en español?   *How do you say ... in Spanish?*
¿Comprenden?/¿Comprendes?   *Do you understand?*
Contesten, por favor./Contesta, por favor.   *Please answer.*
¿En qué página?   *On what page?*
Dile a tu compañero/a...   *Tell your partner...*
Escribe.   *Write.*
Hablen (sobre...)   *Talk (about ...)*
Lee.   *Read.*
Levanta la mano.   *Raise your hand.*
Más alto, por favor.   *Louder, please.*
Más despacio/lento, por favor.   *More slowly, please.*
No comprendo.   *I don't understand.*
No sé.   *I don't know.*
Otra vez.   *Again.*
Presente.   *Here (present).*
Repite./Repitan.   *Repeat.*
Túrnense.   *Take turns.*
La tarea, por favor.   *Homework please.*
¿Tienen preguntas?/¿Tienes preguntas?   *Do you have any questions?*
Vayan a la pizarra./Ve a la pizarra.   *Go to the board.*

PALABRAS Y EXPRESIONES ÚTILES
Useful words and expressions

a   *at, to*
el año   *year*
¿Cómo es?   *What is he/she/it like?*
el día   *day*
¿Dónde está...?   *Where is ... ?*
el/la   *the*
en   *in*
ese/a   *that* (adjective)
el/la   *the*
hoy   *today*
la mañana   *morning*
mañana   *tomorrow*
más o menos   *more or less*
el mes   *month*
mi(s)   *my*
¿Quién es...?   *Who is ... ?*
la semana   *week*
sí   *yes*
tu(s)   *your* (familiar)
un/una   *a, an*
y   *and*

LOS MESES DEL AÑO
Months of the year

enero   *January*
febrero   *February*
marzo   *March*
abril   *April*
mayo   *May*
junio   *June*
julio   *July*
agosto   *August*
septiembre   *September*
octubre   *October*
noviembre   *November*
diciembre   *December*

LOS DÍAS DE LA SEMANA
Days of the week

lunes   *Monday*
martes   *Tuesday*
miércoles   *Wednesday*
jueves   *Thursday*
viernes   *Friday*
sábado   *Saturday*
domingo   *Sunday*

1

¿Qué estudias?

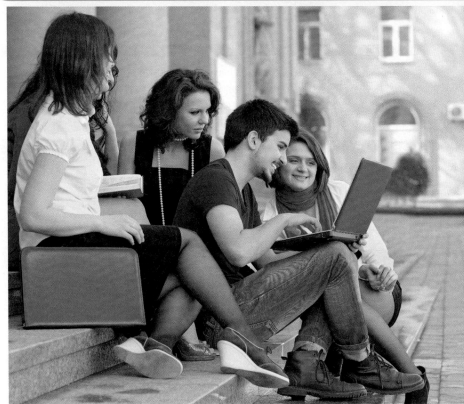

LEARNING
OUTCOMES
You will be able to:

- talk about studies, campus, and academic life
- describe daily routines and activities
- specify gender and number
- express location and states of being
- ask and answer questions
- talk about Spain in terms of products, practices, and perspectives
- share information about student life in Hispanic countries and compare cultural similarities

Museo Guggenheim

FRANCIA

Santiago de Compostela

Bilbao

ESPAÑA

OCÉANO ATLÁNTICO

PORTUGAL

Universidad de Salamanca

Barcelona

Salamanca

Segovia

Paella valenciana

Madrid ✲

Valencia

Plaza de toros

Mar Mediterráneo

Córdoba

Sevilla

Granada

La Alhambra

Enfoque cultural

To learn more about Spain, go to MySpanishLab to view the *Vistas culturales* videos.

◀ Un fresco del siglo XVI en la Universidad de Salamanca

¿QUÉ TE PARECE?

- Muchos turistas visitan España; es el cuarto (4°) país más visitado del mundo.

- El fútbol es muy popular en España; España es el campeón de la Copa Mundial (2010) y Real Madrid ha ganado la Copa de Europa nueve (9) veces.

- En España se hablan castellano (español), catalán, gallego y euskera (vasco).

- España produce mucho vino; es el tercer (3er) productor de vino en el mundo.

- España forma parte de la Unión Europea.

◀ La influencia musulmana es evidente en la Mezquita–catedral de Córdoba.

El acueducto de Segovia es un monumento romano del siglo I. Tiene 760 metros de largo. ▼

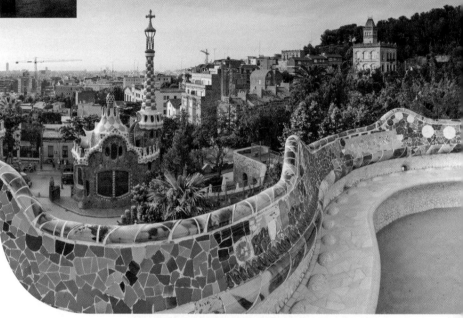

Málaga es una ciudad moderna y antigua. La Plaza de Toros es parte de la tradición española. El Museo Picasso de Málaga se funda en el año 2003.

▼

▲ Antoni Gaudí, el arquitecto modernista, diseña el Parc Güell, uno de los parques más grandes de Europa. El parque está en Barcelona. Gaudí recicla productos de cerámica para la decoración del parque.

¿CUÁNTO SABES?

Match the following items based on the information from the map, text, and photos.

1. _____ la capital de España
2. _____ el arquitecto del Parc Güell
3. _____ construcción romana
4. _____ producto importante
5. _____ ejemplo de la influencia musulmana
6. _____ un artista importante de Málaga

a. acueducto de Segovia
b. Picasso
c. vino
d. Madrid
e. Antoni Gaudí
f. Mezquita–catedral de Córdoba

Vocabulario en contexto

Talking about students, their studies, and their activities

Los estudiantes y los cursos

Me llamo Rosa Pereda. **Estudio sociología** en la **Facultad de Humanidades** de la **Universidad** de Salamanca. Mis clases son muy temprano. **Llego** a la universidad a las ocho y media. Este semestre mis cursos son **economía, ciencias políticas, psicología, antropología** y **estadística.** Mi clase **favorita** es economía. La clase de estadística es **difícil, pero** el profesor es muy **bueno.** La clase de psicología es **fácil** y muy **interesante.** Por las tardes **trabajo** en una **oficina.**

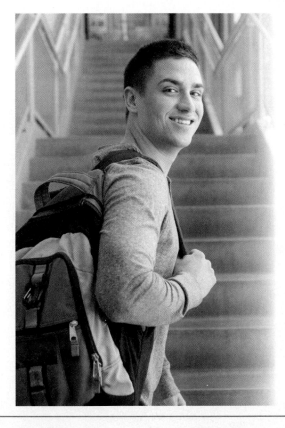

Este chico es mi amigo. Se llama David Thomas. Es **norteamericano** y estudia _Also_ español en mi universidad. **También** estudia **literatura, historia** y **geografía.** David es un chico muy responsable y **estudioso.** Generalmente llega a la universidad a las diez. **Practica** español **todos los días** con sus **compañeros** de clase, sus profesores y sus amigos de la universidad. Por la tarde, **escribe** sus **tareas** en la computadora, estudia en el **laboratorio** con uno de sus compañeros y **escucha** música o **mira** programas en español en la televisión.

Know Bold

PRÁCTICA

 **1-1**

Escucha y confirma. Listen to the statements about Rosa and David, then answer **sí** or **no** based on what you have read.

1. **a.** sí   **b.** no
2. **a.** sí   **b.** no
3. **a.** sí   **b.** no
4. **a.** sí   **b.** no
5. **a.** sí   **b.** no
6. **a.** sí   **b.** no

1-2

¿Qué sabes de los estudiantes? Decide if the following information refers to Rosa (**R**) or David (**D**).

1. _____ Llega temprano a la universidad.
2. _____ Practica español en el laboratorio.
3. _____ Estudia geografía.
4. _____ Escucha música por la tarde.
5. _____ Su clase favorita es economía.
6. _____ Escribe tareas en la computadora.

1-3

Preguntas. Take turns asking and answering the following questions.

1. ¿Quién es Rosa Pereda?
2. ¿Qué estudia Rosa?
3. ¿Cuál es su clase favorita?
4. ¿Cómo se llama el amigo de Rosa?
5. ¿Dónde estudian los estudiantes?
6. ¿Quién practica español en el laboratorio?

1-4

¿Qué sabes de tu compañero/a? Use **¿Cuál es...?** to ask each other the following information.

 MODELO E1: *¿Cuál es...?*
                      E2: *Es...*

1. tu nombre completo
2. el nombre de tu universidad
3. tu clase más (*most*) difícil
4. tu clase más fácil
5. el nombre de tu profesor favorito/profesora favorita

1-5

Más información. To learn more about your partner, take turns asking him/her the following questions.

1. ¿De dónde eres?
2. ¿A qué hora llegas a la universidad?
3. ¿Dónde está la universidad?
4. ¿Cómo es la universidad?
5. ¿Cómo es tu profesor favorito/profesora favorita?

La universidad

Carlos y Carmen hablan de sus clases.

CARLOS: Hola, Carmen. ¿Cómo estás?

CARMEN: Hola, Carlos. **¿Cómo te va?**

CARLOS: Bueno… bastante bien, pero tengo problemas con mi clase de **informática.**

CARMEN: ¿Quién es tu profesor?

CARLOS: Se llama Pedro Hernández. Es inteligente y dedicado, pero la clase es **aburrida** y **saco malas notas.**

CARMEN: ¡Vaya! Lo siento. ¿Estudias suficiente?

CARLOS: Estudio mucho.

CARMEN: **¡Qué lástima!** Mis cinco clases son **excelentes.** Y tú, **¿cuántas clases tienes?**

CARLOS: **Tengo solo** cuatro.

CARMEN: ¡Uy! Son las once. Tengo un **examen** de economía **ahora.** Hasta luego.

CARLOS: Hasta pronto. **¡Buena suerte!**

Mapa de la universidad

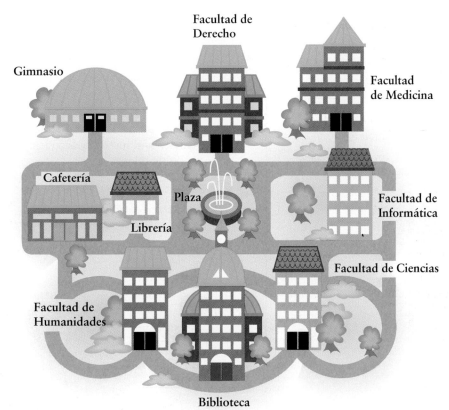

Facultad de Derecho

Gimnasio

Facultad de Medicina

Cafetería

Plaza

Facultad de Informática

Librería

Facultad de Humanidades

Facultad de Ciencias

Biblioteca

PRÁCTICA

Cultura

The famous novel *Don Quijote de la Mancha,* by the Spanish novelist and playwright Miguel de Cervantes Saavedra (1547–1616), is one of the most important works of literature. It is a parody of the tales of chivalry. The main character is Alonso Quijano, an older man who has read so many of those tales that he believes himself to be a heroic knight. He dubs himself "Don Quijote de la Mancha" and sets off to fight injustice.

Conexiones. Name a famous literary character in your culture. In your opinion, who is the most famous writer in your language?

1-6 ⟨e⟩

Para confirmar. Match the words with the appropriate class.

1. _____ *Don Quijote* (Cervantes)
2. _____ números
3. _____ mapa digital
4. _____ animales
5. _____ Freud
6. _____ Napoleón

a. geografía
b. biología
c. literatura
d. historia
e. matemáticas
f. psicología

1-7 ⟨e⟩

¿Qué clases toman? Write the subjects next to the school where they are offered.

Historia medieval	Química I
Administración electrónica	Creación de páginas web
Fisiología II	Derecho romano
Biología	Anatomía humana
Filosofía clásica	Laboratorio de física
Literatura latinoamericana	Criminología

FACULTAD DE CIENCIAS	
FACULTAD DE HUMANIDADES	
FACULTAD DE DERECHO	
FACULTAD DE MEDICINA	
FACULTAD DE INFORMÁTICA	

1-8 ⟨e⟩

¿En qué facultad estudian? PREPARACIÓN. Match the names of the university students pictured with the school where they study.

1. _____ Juan
2. _____ Carmen
3. _____ Lorena
4. _____ Álvaro

a. Facultad de Medicina
b. Facultad de Informática
c. Facultad de Humanidades
d. Facultad de Ciencias

INTERCAMBIOS. Exchange information with a classmate and indicate two classes that each student is probably taking.

 MODELO

E1: ¿Dónde estudia Carmen?
E2: Carmen estudia en la Facultad de… Probablemente tiene clases de… y de…

CARMEN

JUAN   LORENA   ÁLVARO

 LITERATURA

1-9

Mis clases. PREPARACIÓN. Make a list of your classes. Indicate the days and time each class meets and whether it is easy or difficult, interesting or boring. A list of some common courses follows.

Algunas materias o asignaturas:

Artes plásticas	Contabilidad	Historia del arte
Astronomía	Economía	Informática
Bioquímica	Estadística	Negocios
Cálculo	Filosofía	Seminario de…
Comunicaciones	Física	Sociología

CLASE	DÍAS	HORA	¿CÓMO ES?

INTERCAMBIOS. Tell your partner about your classes. Take turns completing the following ideas.

1. Mis clases comienzan (*start*) a la(s)…
2. Mi clase favorita es…
3. El profesor/La profesora se llama…
4. La clase es muy…
5. Practico español en…
6. En mi clase de español hay…

■ ■ ■ ■ ■
EN OTRAS PALABRAS

Words related to computers and computing are often borrowed from English (e.g., **software, e-mail**), and they vary from country to country. As you have already learned, one word for *computer* is **la computadora,** used mainly in Latin America, along with **el computador.** Computer is **el ordenador** in Spain. *Computer science* is **la informática** in Spain and **la computación** in some countries in Latin America.

1-10

Las clases de mis compañeros/as. PREPARACIÓN. Use the following questions to interview your partner. Then switch roles.

1. ¿Qué estudias este semestre?
2. ¿Cuántas clases tienes?
3. ¿Cuál es tu clase favorita?
4. ¿Qué día y a qué hora es tu clase favorita?
5. ¿Cómo es tu clase de español? ¿Es fácil o difícil? ¿Es interesante o aburrida?
6. ¿Sacas buenas notas?
7. ¿Tienes muchos exámenes?

INTERCAMBIOS. Introduce your partner to another classmate and state one piece of interesting information about him/her. Your classmate will ask your partner about his/her classes.

 MODELO E1: *Él es Pedro. Estudia ciencias políticas y tiene cuatro clases este semestre.*

E2: *Mucho gusto. ¿…?*

◆ Las actividades de los estudiantes

 En la biblioteca

Unos **alumnos** estudian en la biblioteca. **Toman apuntes** y trabajan en sus tareas. A veces **buscan** palabras en el **diccionario.** Frecuentemente **conversan** sobre sus clases.

 Los fines de semana

Los estudiantes **toman algo** en un **café.**

Miran televisión en **casa.**

Bailan en una **discoteca** con amigos.

Ignacio **camina** en la **playa.**

Luciana **monta** en bicicleta.

 En la librería

ESTUDIANTE: **Necesito comprar** un diccionario para mi clase de literatura española.

DEPENDIENTE: **¿Grande** o **pequeño?**

ESTUDIANTE: Grande, y completamente en español.

DEPENDIENTE: **Este** diccionario es muy **bueno.**

ESTUDIANTE: **¿Cuánto cuesta?**

DEPENDIENTE: Cuarenta y ocho **euros.**

PRÁCTICA

1-11

Para confirmar. Complete the following sentences with the correct option to indicate what students do. Then ask your partner about his/her activities.

MODELO E1: *Los estudiantes buscan palabras en el diccionario. ¿Y tú?*

E2: *Yo, en Internet.*

1. Los estudiantes _____ en la biblioteca.

   a. toman café   **c.** hablan

   b. estudian

2. Miran televisión en _____.

   a. la biblioteca   **c.** casa

   b. la playa

3. Montan en bicicleta _____.

   a. los fines de semana   **c.** en una discoteca

   b. en el café

4. Practican deportes como el básquetbol en _____.

   a. el laboratorio   **c.** la Facultad de Artes

   b. el gimnasio

1-12

Otra conversación. PREPARACIÓN. Read the conversation between a student and a clerk. Then complete the sentences.

ESTUDIANTE: Necesito comprar un diccionario para mi clase de literatura española.

DEPENDIENTE: Aquí hay un diccionario muy bueno.

ESTUDIANTE: ¿Cuánto cuesta?

DEPENDIENTE: Cuarenta y ocho euros.

1. El estudiante necesita… _____.

2. Es un diccionario… _____.

3. Es para su clase de… _____.

4. El diccionario cuesta… _____.

INTERCAMBIOS. With a partner, change the conversation to role play a similar situation.

1-13

¿Cuánto cuesta? During your semester in Spain, you go to the university bookstore. Take turns with a partner asking how much the pictured items cost and responding as the salesclerk.

MODELO ESTUDIANTE: *¿Cuánto cuesta el diccionario?*

DEPENDIENTE/A: *Cuesta cuarenta y siete euros.*

Cultura

■ ■ ■ ■ ■

Since 2002, the euro has been the official monetary unit of the Eurozone, which includes France, Germany, Greece, Ireland, Italy, and Spain, among others. The euro currency sign is € and the banking code is EUR.

Comunidades. What are the advantages and disadvantages of several countries sharing the same currency?

Entrevista (_Interview_). Ask where and when your classmate does each of the following activities. Then share your findings with the class.

 MODELO practicar básquetbol

E1: _¿Dónde practicas básquetbol?, ¿y cuándo?_

E2: _Practico básquetbol en el gimnasio por la tarde._

ACTIVIDAD	DÓNDE	CUÁNDO
1. estudiar para un examen difícil		
2. mirar televisión		
3. tomar café		
4. conversar con tus amigos		
5. escuchar música		
6. comprar unos libros para tus clases		

Las actividades de tus compañeros.

PREPARACIÓN. Go around the classroom and interview three people. Take notes to report back to the class.

1. ¿Qué haces (_do you do_) los fines de semana?

2. ¿Dónde miras tu programa de televisión favorito?

3. ¿Qué compras en la librería?

4. ¿Dónde estudias normalmente?

5. ¿Trabajas los fines de semana? ¿Dónde trabajas?

INTERCAMBIOS. Now share with the class two pieces of information you got from your classmates.

 MODELO _María estudia normalmente en casa._
No trabaja los fines de semana.

¿Qué hacen? (_What do they do?_)

PREPARACIÓN. You will hear three people talking about their activities during the week and on weekends. Before you listen, list your own activities in the chart. Ask your partner if he/she does the same things. What do you have in common?

 ESCUCHA. Now pay attention to the general idea of what is said in the conversation. Then write the number of the speaker (1, 2, 3) next to each topic.

_____ los estudios
_____ el tiempo libre (_free time_)
_____ el trabajo

MIS ACTIVIDADES DIARIAS (_DAILY_)	MIS ACTIVIDADES DEL FIN DE SEMANA

¿Cómo es tu universidad? ¿Tiene un campus grande? ¿Hay residencias para los estudiantes? Hay muchas diferencias entre la vida de los estudiantes universitarios en los países hispanos y en Estados Unidos. Normalmente, las universidades de España y Latinoamérica no tienen un campus sino que (*but rather*) tienen diferentes edificios o facultades en la ciudad.

▲ **Universidad de Oviedo, España**

▲ **Universidad de Viña del Mar, Chile**

Compara

1. ¿Qué aspectos son similares entre tu universidad y las universidades del mundo hispano?

2. ¿Qué aspectos son diferentes?

3. ¿Qué actividades extracurriculares hay para los estudiantes en tu universidad?

Las residencias de estudiantes no son comunes en el mundo hispano. Muchas veces, los jóvenes viven en la casa de sus padres o alquilan (*rent*) una habitación en casa de una familia cerca de la universidad. Otros jóvenes buscan apartamentos con otros estudiantes.

Otra diferencia importante son las actividades extracurriculares como los deportes y las organizaciones estudiantiles. La universidad hispana no tiene fraternidades. En general, la vida deportiva no es tan importante como en las universidades de Estados Unidos. Los estudiantes practican los deportes en su tiempo libre.

Por supuesto (*of course*), existen diferencias entre las universidades según el país. Por ejemplo, en las universidades latinoamericanas, las relaciones con los profesores son más formales que en Estados Unidos. Sin embargo (*Nevertheless*), en España las relaciones son mucho más informales. Los estudiantes usan el "tú" cuando hablan con los profesores y usan el nombre de los profesores, ¡no el apellido!

▼ **Universidad de Guanajuato, México**

✅ Funciones y formas

1 Talking about academic life and daily occurrences

REPORTERO: Hola, buenos días, soy Pablo Brito del canal 6. ¿Su nombre, por favor?

SARA: Yo soy Sara González y ella es Marta Figueroa.

REPORTERO: ¿Tienen ustedes una vida muy activa?

MARTA: Sí, nosotras somos (*are*) atletas. **Practicamos** muchos deportes (*sports*). Sara **participa** en maratones y **practica** tenis. Yo **practico** fútbol y baloncesto.

SARA: Y los fines de semana **montamos** en bicicleta.

REPORTERO: ¡Qué interesante! Muchas gracias.

Piénsalo. Indicate which statements are true (**Cierto**) or false (**Falso**), based on the reporter's interview with Sara and Marta.

1. _____ Pablo es un reportero de radio.

2. _____ Marta y Sara **practican** muchos deportes.

3. _____ Marta **participa** en maratones.

4. _____ Marta **practica** fútbol.

5. _____ Sara **practica** baloncesto.

6. _____ Sara y Marta **montan** en bicicleta.

Present tense of regular *-ar* verbs

To talk about actions, feelings, and states of being, you need to use verbs. In both English and Spanish, the infinitive is the base form of the verb that appears in vocabulary lists and dictionaries. In English, infinitives are preceded by *to: to speak*. Infinitives in Spanish belong to one of three groups, depending on whether they end in **-ar, -er,** or **-ir.** Verbs ending in **-ar** are presented here, and verbs ending in **-er** and **-ir** are presented in the next section.

HABLAR (*to speak*)			
yo	habl**o**	nosotros/as	habl**amos**
tú	habl**as**	vosotros/as	habl**áis**
él, ella, Ud.	habl**a**	ellos, ellas, Uds.	habl**an**

- Use the present tense to express what you and others generally or habitually do or do not do. You may also use the present tense to express an ongoing action. Context will tell you which meaning is intended.

Ana **trabaja** en la oficina. *Ana works in the office.*
Ana is working in the office.

Luis **practica** el piano todos los días. *Luis practices the piano every day.*

- Here are some expressions you may find useful when talking about the frequency of actions.

siempre	*always*	**muchas veces**	*often*
todos los días/meses	*every day/ month*	**a veces**	*sometimes*
todas las semanas	*every week*	**nunca**	*never*

- Here are some common **-ar** verbs and expressions.

bailar	*to dance*	**mirar**	*to look (at)*
buscar	*to look for*	**montar (en bicicleta)**	*to ride (a bicycle)*
caminar	*to walk*	**necesitar**	*to need*
comprar	*to buy*	**participar**	*to participate*
conversar	*to talk*	**practicar**	*to practice*
escuchar	*to listen (to)*	**sacar buenas/ malas notas**	*to get good/ bad grades*
estudiar	*to study*	**tomar apuntes/ notas**	*to take notes*
llegar	*to arrive*	**trabajar**	*to work*

|e **¿COMPRENDES?**

These activities appear after each grammar presentation. Complete them in class or online to see if you have understood the gramatical structure and have learned the forms.

Insert the person or persons to whom the statements below most likely apply: **yo, tú, usted, ella, nosotros, los estudiantes.**

1. _____ compran libros para las clases que toman.
2. _____ necesitamos computadoras para estudiar en línea.
3. _____, señorita, necesita comprar bolígrafos para tomar apuntes.
4. Y _____, ¿qué necesitas para el proyecto de química?
5. _____ compro memoria USB en la librería de la universidad.
6. _____ necesita hablar de sus problemas de horario con la administración.

MySpanishLab

Learn more using Amplifire Dynamic Study Modules, Grammar Tutorials, and Extra Practice activities.

PRÁCTICA

1-17

Preferencias. PREPARACIÓN. Rank these activities from 1 to 9, according to your preferences (1 = most interesting, 9 = least interesting).

_____ bailar en una discoteca

_____ mirar televisión en casa

_____ estudiar otras culturas

_____ comprar DVD y CD

_____ caminar en la playa

_____ montar en bicicleta cuando hace sol

_____ escuchar música rock

_____ conversar con los amigos por mensajes de texto

_____ bajar (*download*) música de Internet

INTERCAMBIOS. Now compare your answers with those of a classmate. Follow the model.

 MODELO E1: *Para mí, bailar en una discoteca es la actividad número 1. ¿Y para ti?*

E2: *Para mí, caminar en la playa es número 1.*

1-18

Mi rutina. PREPARACIÓN. Indicate (✓) the activities that are part of your routine at school.

1. _____ Llego a la universidad a las nueve de la mañana.

2. _____ Llamo a mis amigos por teléfono.

3. _____ Nunca tomo notas en las clases.

4. _____ Hablo con mis compañeros en Facebook.

5. _____ Estudio en la biblioteca por la mañana.

6. _____ Trabajo en mis tareas todas las noches.

7. _____ Miro dramas policiacos en la televisión.

8. _____ A veces practico un deporte con mis amigos/as.

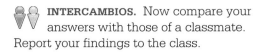 **INTERCAMBIOS.** Now compare your answers with those of a classmate. Report your findings to the class.

MODELO *Daniel y yo somos parecidos (similar). Miramos dramas policiacos en la televisión.*

Ben y yo somos diferentes. Yo estudio por la mañana; él estudia por la tarde.

1-19

A preguntar. PREPARACIÓN. Find four different classmates, each of whom does one of the following activities. Write each name on the appropriate line. The *En directo* expressions will help you.

MODELO mirar televisión por la tarde

   E1: *¡Oye! ¿Miras televisión por la tarde?*

   E2: *No, no miro televisión por la tarde. Miro televisión por la noche.*

INTERCAMBIOS. Now report to the class your findings about your classmates' activities.

PERSONA	ACTIVIDAD
_____	estudiar español todos los días
_____	llegar a clase a las 9:30 de la mañana
_____	escuchar música en español
_____	trabajar en una oficina por la tarde

En directo ▪ ▪ ▪ ▪ ▪

To get someone's attention:

   ¡Oye! *Hey! (to someone your age or younger)*

   Oiga, por favor. *Excuse me. (to someone older than you or someone you do not know)*

To interrupt to ask a question:

   Perdón, tengo una pregunta. *Sorry, I have a question.*

To agree to answer:

   Con mucho gusto. *It would be a pleasure.*

Listen to a conversation with these expressions.

1-20

Mis actividades. PREPARACIÓN. Indicate (✓) how often you do the following activities:

ACTIVIDADES	A VECES	MUCHAS VECES	SIEMPRE	NUNCA
estudiar con amigos				
usar Internet para hacer investigación				
montar en bicicleta los fines de semana				
mirar videos en YouTube				
bailar los sábados				
tomar café				

INTERCAMBIOS. Now tell each other how often you do these activities, and then ask your partner where he/she does them.

MODELO E1: *Yo estudio con mis amigos a veces. ¿Y tú?*

   E2: *Yo siempre estudio con mis amigos.*

   E1: *¿Dónde estudian ustedes?*

   E2: *Estudiamos en la biblioteca.*

Cultura

■ ■ ■ ■

A popular social activity in Spain is **ir de tapas** (to go out for *tapas*). **Tapas** are small portions of different dishes that are served in most bars with wine or beer. They range from a piece of bread with an anchovy to elaborate appetizers. People usually walk from bar to bar tasting different tapas.

Comparaciones. Do you know of other cultures in which small portions are shared among friends or family in restaurants or bars?

 I-21

Un día típico en la vida de Luisa. Take turns describing what Luisa does on a typical day. Then select two of the times to tell your partner what you do at those times.

MODELO *Luisa llega a la oficina a las nueve menos diez.*

1.

2.

3.

4.

Situación

Media Share

PREPARACIÓN. Read the following situation with your partner. Then brainstorm the vocabulary, structures, and other information you will need for both roles in the conversation.

Role A. Besides studying, your new friend works. Ask:

a. where he/she works;
b. the days of the week and the hours he/she works; and
c. if the job (**trabajo**) is interesting/boring/difficult/easy.

Then answer your friend's questions about your job.

Role B. Answer your friend's questions about your job. Then ask similar questions about his/her job (**trabajo**).

	ROLE A	ROLE B
Vocabulario	Routine work activities	Routine work activities
	Places	Places
	Days of the week and time	Days of the week and time
	Adjectives to describe one's work	Adjectives to describe one's work
	Question words	Question words
Funciones y formas	Asking and answering questions	Asking and answering questions
	Giving an opinion	Giving an opinion
	Present tense of *ser*	Present tense of *ser*
	Present tense	Present tense

INTERCAMBIOS. Using the information in *Preparación,* act out the conversation with your partner.

2 Talking about academic life and daily occurrences

REPORTERO: Hola, buenas tardes. Estoy entrevistando a jóvenes estudiantes. ¿Qué hacen ustedes durante el día?

PEDRO: Antonio estudia ciencias en la universidad. **Asiste** a sus clases y luego **corre** al laboratorio, donde trabaja todos los días. Habla con el profesor y **aprende** (*learns*) mucho. Los estudiantes de ciencias **leen** mucho, **escriben** trabajos de investigación y sacan buenas notas. Yo soy un estudiante de arquitectura, y mis compañeros y yo **leemos** y **escribimos** mucho también. Yo casi (*almost*) **vivo** (*live*) en la biblioteca cuando estudio para los exámenes.

Piénsalo. Indicate which statements are true (**Cierto**) or false (**Falso**), based on the reporter's interview with Pedro.

1. _____ Antonio estudia arquitectura.

2. _____ Antonio trabaja en el laboratorio y **aprende** mucho.

3. _____ Los estudiantes **leen** y **escriben** mucho.

4. _____ Antonio no **asiste** (*attends*) a sus clases porque trabaja mucho.

5. _____ Los estudiantes de ciencias sacan buenas notas.

6. _____ Pedro estudia arquitectura.

7. _____ Pedro casi **vive** en el laboratorio.

Present tense of regular *-er* and *-ir* verbs

■ You have learned in this chapter that the present tense is used to express activities and ongoing actions. You have also learned the present tense forms for verbs whose infinitives end in **-ar.** Now you will learn those forms for verbs whose infinitives end in **-er** and **-ir.**

APRENDER (*to learn*)		
yo aprend**o**	nosotros/as	aprend**emos**
tú aprend**es**	vosotros/as	aprend**éis**
él, ella, Ud. aprend**e**	ellos, ellas, Uds.	aprend**en**

■ Note that **-er** and **-ir** verbs have the same endings, except for the **nosotros/as** and **vosotros/as** forms.

VIVIR (*to live*)		
yo viv**o**	nosotros/as	viv**imos**
tú viv**es**	vosotros/as	viv**ís**
él, ella, Ud. viv**e**	ellos, ellas, Uds.	viv**en**

- Other common **-er** and **-ir** verbs are:

comer	to eat	**responder**	to respond
comprender	to understand	**asistir**	to attend
correr	to run	**escribir**	to write
leer	to read		

- The verb **ver** has an irregular **yo** form:

VER (*to see*)			
yo	v**eo**	nosotros/as	v**emos**
tú	v**es**	vosotros/as	v**eis**
él, ella, Ud.	v**e**	ellos, ellas, Uds.	v**en**

Veo películas los fines de semana.   *I see movies on weekends.*

- Use **deber** + *infinitive* to express that you should/must/ought to do something.

Los atletas **deben beber** mucha agua.   *Athletes should drink a lot of water.*

| *e* | ¿COMPRENDES? |

Provide the forms of **comer** and **escribir** to complete the following ideas.

1. Los estudiantes _____ con sus amigos en un restaurante en el campus todos los días.
2. Yo _____ en casa porque cuesta dinero comer en los restaurantes.
3. Y tú, ¿ _____ tu almuerzo (*lunch*) en casa o en la cafetería de la universidad?
4. La profesora _____ los exámenes en su computadora portátil.
5. Mis amigos y yo _____ la tarea de español en la computadora.

MySpanishLab

Learn more using Amplifire Dynamic Study Modules, Grammar Tutorials, and Extra Practice activities.

PRÁCTICA

1-22

Mi profesor/a modelo. PREPARACIÓN. Indicate (✓) which of the following activities are part of the routine of an ideal instructor inside and outside the classroom.

	SÍ	NO
1. Lee el periódico (*newspaper*) en clase.	_____	_____
2. Escucha los problemas de los estudiantes.	_____	_____
3. Bebe café y come en la clase.	_____	_____
4. Escribe buenos ejemplos en la pizarra.	_____	_____
5. Nunca prepara sus clases.	_____	_____
6. Siempre asiste a clase.	_____	_____
7. Responde a las preguntas de los estudiantes.	_____	_____
8. Habla con los estudiantes en su oficina.	_____	_____

INTERCAMBIOS. Compare your answers with those of a classmate. Together write two more activities typical of an ideal instructor.

1-23

Para pasarlo bien (*To have a good time*).

PREPARACIÓN. Indicate (✓) which of the following activities you do to have a good time.

1. _____ Leo libros en español todas las semanas.

2. _____ Escribo mensajes de texto.

3. _____ Practico deportes con los amigos.

4. _____ Asisto a clase a las ocho de la mañana.

5. _____ Corro en el gimnasio y en el parque.

6. _____ Veo películas y programas de televisión en casa.

7. _____ Charlo con mis amigos y con mi familia por Skype.

8. _____ Bebo solo Coca-Cola en las fiestas.

 INTERCAMBIOS. Compare your answers with those of a classmate. Then exchange information with another pair about the activities you all do to have a good time. Use the expressions in *En directo*.

MODELO E1: *Nosotros bailamos en discotecas para pasarlo bien. ¿Y ustedes?*

E2: *Bebemos café y conversamos con los amigos.*

1-24

Lugares y actividades. Ask what your classmate does in the following places. He/She will respond with one of the activities listed. Then ask what your classmate does not do in those places.

MODELO en la clase

E1: *¿Qué haces en la clase?*

E2: *Veo películas en español.*

E1: *¿Qué no haces en la clase?*

E2: *No leo mensajes de texto.*

LUGARES	ACTIVIDADES
en la playa	beber cerveza
en un café	caminar
en una discoteca	bailar salsa
en una fiesta	mirar televisión
en el cine	leer el periódico (*newspaper*)
en la casa	ver películas de horror
en un restaurante	escribir mensajes de texto
en la biblioteca	comer un sándwich y tomar un café

1-25

A preguntar. PREPARACIÓN. Find four different classmates, each of whom does one of the following activities. Write each name on the appropriate line.

MODELO ver videos en la computadora

E1: *¿Ves videos en la computadora?*

E2: *Sí, veo videos en la computadora.*

PERSONA	ACTIVIDAD
_____	asistir a conciertos de música rock
_____	beber café todos los días
_____	vivir en casa con tu familia
_____	escribir mensajes de texto por la noche

INTERCAMBIOS. Now report to the class your findings about your classmates' activities.

1-26

¿Qué deben hacer? Take turns giving advice to the people in the following situations. Then create your own situation and your partner will give you advice.

MODELO Maricela desea sacar buenas notas.
Debe estudiar todos los días.

1. Carlos desea aprender sobre cine español.
2. Luisa y Jorge beben muchos refrescos.
3. Los estudiantes desean comer tapas.
4. Óscar desea aprender a bailar.
5. Carolina desea preparar tacos y enchiladas.
6. …

Situación

PREPARACIÓN. Read the following situation with your partner. Then brainstorm the vocabulary, structures, and other information you will need for both roles in the conversation.

Role A. You see a classmate at a coffee shop with a laptop and books spread out on the table. Ask if he/she:

a. drinks coffee in the coffee shop every day;
b. how often **(con qué frecuencia)** he/she studies there; and
c. whether he/she reads the newspapers **(los periódicos)** there.

Role B. You are sitting at a table with your laptop and books at your favorite coffee shop. A classmate walks over, greets you, and starts a conversation. Answer your classmate's questions about what you usually do there.

	ROLE A	ROLE B
Vocabulario	Greetings After class activities Question words	Greetings After class activities
Funciones y formas	Asking questions Present tense Addressing someone your age	Answering questions Present tense Addressing someone your age

INTERCAMBIOS. Using the information in *Preparación*, act out the conversation with your partner.

3 Specifying gender and number

MANUEL: Hola, Rocío. Tengo **un** plan. ¿Estudiamos español en **la** universidad esta tarde? Necesitamos **un** diccionario para **la** tarea.

ROCÍO: ¡Buena idea! ¿En **la** biblioteca? **El** profesor de español es bueno, pero es **una** clase difícil. ¿Invitamos a Marcos?

MANUEL: Fenomenal. Usamos **la** pizarra y **el** escritorio **del** salón 12 de **la** biblioteca.

Piénsalo. Match the words with the correct article. Use the conversation and the endings of the nouns as clues.

1. _____ clase   **a.** el

2. _____ diccionario de español   **b.** la

3. _____ pizarra   **c.** un

4. _____ escritorio   **d.** una

5. _____ universidad

Articles and nouns

Gender

■ Nouns are words that name a person, place, or thing. In English all nouns use the same definite article, *the*, and all singular nouns use the indefinite articles *a* and *an*. Spanish nouns, whether they refer to people or to things, have either masculine or feminine gender. Masculine singular nouns use **el** or **un** and feminine singular nouns use **la** or **una.**

■ The terms *masculine* and *feminine* are used in a grammatical sense and have nothing to do with biological gender.

	Masculine	Feminine	
Singular Definite Articles	**el**	**la**	*the*
Singular Indefinite Articles	**un**	**una**	*a/an*

■ Generally, nouns that end in **-o** are masculine and require **el** or **un,** and those that end in **-a** are feminine and require **la** or **una.**

el/un libr**o**   **el/un** cuadern**o**   **el/un** diccionari**o**

la/una mes**a**   **la/una** sill**a**   **la/una** ventan**a**

■ Nouns that end in **-dad, -ción, -sión** are feminine and require **la** or **una.**

la/una universi**dad**   **la/una** lec**ción**   **la/una** televi**sión**

- Nouns that end in **-ma** are generally masculine.

  el/un progra**ma**   **el/un** proble**ma**

  el/un dra**ma**   **el/un** poe**ma**

- In general, nouns that refer to males are masculine, and nouns that refer to females are feminine. Masculine nouns ending in **-o** change the **-o** to **-a** for the feminine; those ending in a consonant add **-a** for the feminine.

  el/un amig**o**   **la/una** amig**a**

  el/un profeso**r**   **la/una** profesor**a**

- Nouns ending in **-ante** and **-ente** may be feminine or masculine. Gender is signaled by the article (**el/la estudiante**).

- Use definite articles with titles when you are talking about someone. Do not use definite articles when addressing someone directly.

  La señorita Andrade es **la** secretaria en el Departamento de Lenguas Europeas. **El** profesor Campos es **el** director del departamento.

  Ms. Andrade is the secretary in the Department of European Languages. Professor Campos is the chair of the department.

  Todos los días, **el** profesor Campos dice "Buenos días, señorita Andrade".

  Every day, Professor Campos says "Good morning, Ms. Andrade."

  Ella contesta: "Buenos días, profesor Campos".

  She responds, "Good morning, Professor Campos."

Number

	Masculine	Feminine	
Plural Definite Articles	**los**	**las**	*the*
Plural Indefinite Articles	**unos**	**unas**	*some*

- Add **-s** to form the plural of nouns that end in a vowel. Add **-es** to nouns ending in a consonant.

  la sill**a** → las silla**s**   el cuadern**o** → los cuaderno**s**

  la actividad**d** → las actividad**es**   el seño**r** → los señor**es**

- Nouns that end in **-z** change the **z** to **c** before **-es.**

  el lápi**z** → los lápi**ces**

- To refer to a mixed group, use masculine plural forms.

  los chic**os**   *the boys and girls*

|e ¿COMPRENDES?

Provide the correct definite article and indefinite article as indicated for the following nouns.

Definite articles: **el, la, los, las**   Indefinite articles: **un, una, unos, unas**

1. _____ compañera
2. _____ escritorio
3. _____ clases
4. _____ profesores
5. _____ mochila

6. _____ mesa
7. _____ señor
8. _____ universidades
9. _____ relojes
10. _____ mapa

MySpanishLab

Learn more using Amplifire Dynamic Study Modules, Grammar Tutorials, and Extra Practice activities.

PRÁCTICA

1-27

Conversaciones incompletas. PREPARACIÓN. Complete the conversations. Then, compare answers with a classmate.

1. Supply the definite articles (**el, la, los, las**).

   the (object) ← → *The (male)*
   → *the (female)*

   En la universidad

   E1: ¿Dónde está María?

   E2: Está en _la_ clase de _la_ profesora Sánchez.

   E1: ¡Qué lástima! Necesito hablar con ella. Es urgente. ¿A qué hora llega?

   E2: Llega a _las_ dos, más o menos.

2. Supply the indefinite articles (**un, una, unos, unas**).

   En la librería

   E1: Necesito comprar _unos_ lápices.

   E2: Y yo necesito _un_ cuaderno. ¿Qué más compro?

   E1: Para el curso de español, _unos_ profesores usan _un_ diccionario electrónico.

INTERCAMBIOS. With a partner, select one of the conversations to create and act out a similar situation.

1-28

¿Qué necesitan? Take turns saying what these classmates need. Then tell your partner what you should do and he/she will tell you what you need.

MODELO E1: *Alicia debe buscar unas palabras.*
E2: *Necesita un diccionario.*

1. Mónica debe tomar apuntes en la clase de historia.

2. Carlos y Ana deben hacer la tarea de matemáticas.

3. Alfredo debe estudiar para el examen de geografía.

4. Isabel debe escribir una composición para su clase de inglés.

5. Blanca y Lucía deben buscar las capitales de Sudamérica.

6. David debe marcar las partes importantes del libro de texto.

7. Yo debo…

Situación

PREPARACIÓN. Read the following situation with your partner. Then brainstorm the vocabulary, structures, and other information you will need for both roles in the conversation.

Role A. You have missed the first day of class. Ask a classmate:

a. what time the class meets;
b. who the professor is; and
c. what you need for the class.

Role B. Tell your classmate:

a. the time the class meets;
b. the name of the professor and what he/she is like; and
c. at least three items that your classmate needs for the class.

	ROLE A	ROLE B
Vocabulario	Time Question words	Time Class materials Words to describe a person
Funciones y formas	Asking questions Thanking someone Getting the attention of an acquaintance	Answering questions Telling the time Describing someone Definite and indefinite articles Reacting to what someone says

INTERCAMBIOS. Using the information in *Preparación,* act out the conversation with your partner.

4 Expressing location and states of being

ELISA: ¿Humberto? Te habla Elisa.

HUMBERTO: ¡Elisa! ¡Qué sorpresa! ¿Dónde **estás?**

ELISA: **Estoy** en el aeropuerto de Barajas, en Madrid. ¿Y tú?

HUMBERTO: Mi padre y yo **estamos** de vacaciones en Nueva York. En este momento, mi padre **está** en la tienda Best Buy. ¿Y cómo **están** todos en tu familia?

ELISA: Todos **estamos** muy bien. ¡Qué bueno escucharte! Lo siento, Humberto, pero el vuelo (*flight*) sale (*leaves*) pronto. Hablamos más mañana. Adiós.

Piénsalo. Indicate whether each statement is true (**Cierto**) or false (**Falso**), based on the conversation.

1. _____ Humberto **está** en el aeropuerto.

2. _____ Elisa **está** de vacaciones en Nueva York.

3. _____ Humberto **está** en una ciudad grande con una persona de su familia.

4. _____ La tienda Best Buy de esta conversación **está** en Madrid.

5. _____ Elisa y Humberto **están** contentos de hablar por teléfono.

Present tense of *estar*

- You have already been using some forms of **estar.** Here are all the present tense forms of this verb.

ESTAR (*to be*)			
yo	**estoy**	nosotros/as	**estamos**
tú	**estás**	vosotros/as	**estáis**
Ud., él, ella	**está**	Uds., ellos, ellas	**están**

- Use **estar** to express the location of persons or objects.

¿Dónde **está** Humberto?   *Where is Humberto?*

Está en Nueva York.   *He is in New York.*

- Use **estar** to talk about states of health or being.

¿Cómo **está** la familia de Elisa?   *How is Elisa's family?*

Está muy bien.   *They are very well.*

¿COMPRENDES?

Complete the sentences with the correct forms of **estar.**

1. El profesor _____ en la oficina.
2. Nosotros _____ bien.
3. Yo _____ en el gimnasio.
4. ¿Cómo _____ ustedes?
5. Mis amigos _____ en la biblioteca.
6. Mi compañero _____ bien también.

MySpanishLab

Learn more using Amplifire Dynamic Study Modules, Grammar Tutorials, and Extra Practice activities.

PRÁCTICA

1-29

En la cafetería. Complete the conversation between Roberto and Carlos, using the correct forms of **estar**. Then indicate in parentheses if **estar** signals location (**L**) or a state of being (**S**). Compare answers with a classmate and create a similar conversation.

ROBERTO: Hola, Carlos. ¿Qué tal? ¿Cómo _estás_ ?

CARLOS: _Estoy_ muy bien. ¿Y tú?

ROBERTO: Muy bien, muy bien. ¿Y cómo _está_ tu hermana (*sister*) Ana?

CARLOS: Bien, gracias. Ella y mamá _están_ en España ahora.

ROBERTO: ¡Qué suerte! Y nosotros _estamos_ en la universidad, ¡y en la semana de exámenes!

1-30

Horas y lugares favoritos. **PREPARACIÓN.** Choose two different times of day and ask your partner where he/she usually is at that time.

 MODELO E1: *¿Dónde estás generalmente a las 10:00 de la mañana?*
E2: *Estoy en…*
E1: *¿Y dónde estás a la 1:00 de la tarde?*

INTERCAMBIOS. Compare your responses with those of your partner. Identify the similarities and/or differences in your schedules.

1-31

Conversación. Ask a classmate where any of the people in these drawings are and what they are doing. Then draw where you would like to be and your partner will say where you are and what you do there.

MODELO María Luisa
E1: *¿Dónde está María Luisa?*
E2: *Está en la biblioteca.*
E1: *¿Qué hace?*
E2: *Estudia.*

Berta Lorena

María Luisa

Marcelo

Eduardo

Carlos El Dr. Núñez

Yo

Situación

Media Share

PREPARACIÓN. Read the following situation with your partner. Then brainstorm the vocabulary, structures, and other information you will need for both roles in the conversation.

Role A. You are a new student at the university, and you do not know where some of these buildings are located. Introduce yourself to a classmate and ask where the following buildings are:

a. la biblioteca
b. la cafetería
c. la Facultad de Ciencias
d. la Facultad de Humanidades

Role B. You meet a new student on campus. Answer his/her questions about the location of certain buildings.

	ROLE A	ROLE B
Vocabulario	Places on campus Question words	Places on campus Words to express location
Funciones y formas	Introducing oneself Using *estar* to talk about location	Reacting to what you hear Answering questions Giving information about location

INTERCAMBIOS. Using the information in *Preparación,* act out the conversation with your partner.

5 Asking and answering questions

Andrea Pérez conversa con su consejera (*advisor*) en la Universidad de Salamanca. La consejera debe rellenar (*fill out*) algunos formularios con información sobre Andrea. Aquí están algunas de las preguntas de la consejera, y en la columna de la derecha, las respuestas de Andrea.

Consejera	Andrea
¿**Cómo** se llama tu residencia estudiantil?	Se llama Residencia Oviedo.
¿**Dónde** está?	Está en la calle San Narciso.
¿**Cuándo** son tus clases?	Por la mañana y por la tarde.
¿**Cuánto** cuesta tu pase de autobús al mes?	Aproximadamente 35 euros.
¿**Quién** es tu compañera de cuarto?	Cristina Zapatero.
¿**Por qué** deseas (*want to*) estudiar psicología?	Para ayudar (*help*) a otras personas.

Piénsalo. Match Andrea's responses with other questions her advisor asked her.

1. __C__ Es el profesor Agustín Reyes Torres.
2. __D__ Se llama Cristina Zapatero.
3. __A__ En la Residencia Oviedo.
4. __E__ 400 euros al mes.
5. __B__ Por la tarde.

a. ¿**Dónde** vives?
b. ¿**Cuándo** es tu clase de psicología?
c. ¿**Quién** es tu profesor favorito?
d. ¿**Cómo** se llama tu compañera de cuarto?
e. ¿**Cuánto** cuesta vivir en la residencia?

Interrogative words

■ Interrogative words are used to ask questions or to obtain specific information. You have already been using many of these words.

¿cómo?	*how/what?*	**¿cuál(es)?**	*which?*
¿qué?	*what?*	**¿quién(es)?**	*who?*
¿cuándo?	*when?*	**¿cuánto/a?**	*how much?*
¿por qué?	*why?*	**¿cuántos/as?**	*how many?*
¿dónde?	*where?*	**¿para qué?**	*why?/what for?*

■ If a subject is used in a question, it normally follows the verb.

¿Dónde trabaja **Elsa?**   *Where does Elsa work?*

- Use **por qué** to ask *why* and **porque** to answer *because*.

  ¿Por qué está Pepe en la biblioteca?   *Why is Pepe at the library?*

  Porque necesita estudiar.   *Because he needs to study.*

- Use **qué + ser** when you want to ask for a definition or an explanation.

  ¿Qué es la sardana?   *What is the sardana?*

  Es un baile típico de Cataluña.   *It is a typical dance of Catalonia.*

- Use **cuál(es) + ser** when you want to ask which one(s).

  ¿Cuál es tu mochila?   *Which (one) is your backpack?*

  ¿Cuáles son tus papeles?   *Which (ones) are your papers?*

- Questions that may be answered with **sí** or **no** do not use a question word.

  ¿Trabajan ustedes los sábados?   *Do you work on Saturdays?*

  No, no trabajamos.   *No, we do not.*

- Another way to ask a question is to place an interrogative tag after a statement.

  Tú hablas inglés, **¿verdad?**   *You speak English, don't you?*

  David es norteamericano, **¿no?**   *David is American, isn't he?*

e ¿COMPRENDES?

Complete the following questions with the appropriate interrogative word.

1. ¿ _____ te llamas?
2. ¿ _____ es tu clase favorita?
3. ¿ _____ es la clase, por la mañana o por la tarde?
4. ¿ _____ personas viven en la residencia?
5. ¿ _____ estudias en esta (*this*) universidad?

MySpanishLab

Learn more using Amplifire Dynamic Study Modules, Grammar Tutorials, and Extra Practice activities.

PRÁCTICA

1-32

Preguntas. First look at the cues after each question and then complete each question with **quién, cuándo, cuántos/as, cuál,** or **por qué** as logical. Use your questions to interview two people as you walk around the room.

1. ¿ _____ clases tomas? Tomo…
2. ¿ _____ son tus clases? Por la…
3. ¿ _____ es tu clase favorita? La clase de…
4. ¿ _____ es tu profesor/a favorito/a? El profesor/La profesora…
5. ¿ _____ estudias español? Porque…
6. ¿ _____ estudiantes hay en tu clase de español? Hay…

1-33

Entrevista. Take turns asking each other questions to find out the following information. Use appropriate phrases to express disbelief, interest, etc.

 MODELO razón para estudiar español

> *¿Por qué estudias español?*

1. número de clases que toma este semestre
2. tu clase favorita y razón (por qué)
3. número de alumnos en la clase favorita
4. nombre del profesor favorito/de la profesora favorita
5. lugar donde estudia generalmente y cuántas horas estudia por (*per*) día
6. lugar donde trabaja

Situación

PREPARACIÓN. Read the following situation with your partner. Then prepare examples of the vocabulary, structures, and other information you will need for your role in the conversation.

Role A. It is the beginning of the term, and you need to add a history class. One of your friends is in a class that looks promising. Ask:

a. who the professor is;
b. where the class is;
c. if there is a lot of homework;
d. when the class meets; and
e. how many exams the class has.

Role B. Your friend wants some information about your history class. Reply as specifically as possible to all of his/her questions. Then offer some additional information about the class.

	ROLE A	ROLE B
Vocabulario	Expressions related to school and people at school Question words	Expressions related to school and people at school
Funciones y formas	Asking questions with appropriate interrogative words Thanking someone for information provided	Answering questions with appropriate information Reacting to what you hear

INTERCAMBIOS. Using the information in *Preparación,* act out the conversation with your partner.

EN ACCIÓN ▶

Saludos

1-34 Antes de ver

Los buenos estudiantes. In this video segment, you will be introduced to five college students. Mark (✓) the activities that you associate with a responsible college student.

1. _____ Asiste a clase todos los días.

2. _____ Llega tarde a sus clases.

3. _____ Habla con sus profesores.

4. _____ Usa su teléfono en clase.

5. _____ Levanta la mano y participa.

6. _____ Saca buenas notas.

7. _____ Escucha música en clase.

8. _____ Estudia para los exámenes.

1-35 Mientras ves 🎬 e

Un curso de verano. As you watch the video, indicate whether the following statements refer to Esteban (**E**), Yolanda (**Y**), Federico (**F**), or Vanesa (**V**).

1. _____ Es de Costa Rica.

2. _____ Es de Buenos Aires.

3. _____ Es de México.

4. _____ Es de España.

5. _____ Estudia arte.

6. _____ Baila y escucha música.

7. _____ Hace *surf*.

1-36 Después de ver e

¿De qué hablan? PREPARACIÓN. Mark (✓) the topics that the students discuss in this video segment.

1. _____ la competición por la beca (*scholarship*)

2. _____ los países (*countries*) de origen

3. _____ el profesor de cine

4. _____ los estudios

5. _____ las familias

6. _____ las universidades

INTERCAMBIOS. Take turns describing the two university campuses shown in the video, la UNAM and la Universidad VERITAS. In what ways are they similar or different from your campus?

Mosaicos

ESCUCHA

 1-37

Preparación. You will hear two college students talking about their classes. Before you listen, think about the topics they may talk about and make a list of the things you may expect to hear, based on your experience as a student. Present your ideas to the class.

ESTRATEGIA

Listen for the gist

You can get the gist of what others are saying by relying on what you do understand, your knowledge of the topic, and your expectations of what happens in different types of conversations. You will find these techniques helpful when listening to Spanish.

 **1-38**

Escucha. Listen to the conversation between Ana and Mario and indicate whether each statement is true (**Cierto**) or false (**Falso**).

1. _____ Mario y Ana estudian en la misma (*same*) universidad este semestre.

2. _____ Mario toma clases de ciencias y humanidades.

3. _____ Ana lee en la biblioteca para sus clases.

4. _____ Mario realmente visita otros países en una de sus clases.

5. _____ Ana toma clases por la tarde.

Comprueba

I was able to …

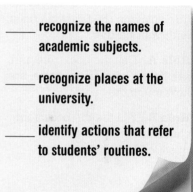

_____ recognize the names of academic subjects.

_____ recognize places at the university.

_____ identify actions that refer to students' routines.

1-39

Un paso más. Ask your classmate what he/she usually does on the following days and times. Then switch roles. Talk to the class about the activities that you and your classmate do during the week. Explain if you do activities at similar or different times.

LUNES	MARTES	MIÉRCOLES	JUEVES	VIERNES
8:00 DE LA MAÑANA	3:00 DE LA TARDE	5:00 DE LA TARDE	9:00 DE LA TARDE	1:00 DE LA TARDE

MODELO E1: *¿Qué clases tienes los lunes a las 8:00?*

E2: *Los lunes a las 8:00 estudio en la biblioteca.*

HABLA

1-40

Preparación. Write the questions answered by the clerk at your campus bookstore.

1. _____ La dirección de la librería es Calle Mayor, número 50.

2. _____ Sí, tengo libros de historia de España en español.

3. _____ Sí, tengo diccionarios en español.

4. _____ El diccionario bilingüe cuesta 40 euros.

1-41

Habla. Read the ad and make a list of five items you need for your classes that you may be able to buy in this bookstore. Then take turns playing the following roles with your partner.

Role A. Call the bookstore and ask if they have those items, and how much they cost.

Role B. You are the bookstore clerk. Answer your client's questions. Ask for details.

En directo ■ ■ ■ ■ ■

To answer the phone in Spain:
¿Diga?/¿Sí?

To greet someone formally:
Buenos días./Buenas tardes.

To ask if he/she has what you need:
Necesito/Busco un/una…/
¿Tiene(n)…?

Listen to a conversation with these expressions.

Comprueba
In my conversation …

_____ I used question words appropriately.

_____ I gave relevant information when answering.

_____ I incorporated chapter vocabulary.

_____ I used verbs accurately.

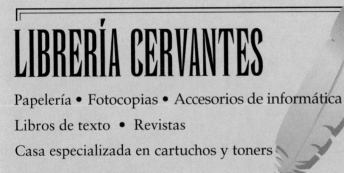

LIBRERÍA CERVANTES

Papelería • Fotocopias • Accesorios de informática

Libros de texto • Revistas

Casa especializada en cartuchos y toners

Plaza Constitución, 3
29005   Málaga
Teléfono 221 19 99

1-42

Un paso más. Write an e-mail to your best friend explaining the things that you need to buy for your classes, where to find them, and how much they cost.

LEE

1-43

Preparación. Discuss with a classmate which courses from the list students in the following majors (**carreras**) should take.

MEDICINA	BELLAS ARTES	FARMACIA	PSICOLOGÍA	FILOLOGÍA

Anatomía

Conflictos sociales

Diseño gráfico

Drogas tóxicas

Estructura del español

Fisiología

Historia de la lengua

Medicinas alternativas

Muralistas mexicanos

ESTRATEGIA

Identify the format of a text

You have lots of reading experience in your first language with different types of texts. Before you start to read a text in Spanish, look at the illustrations, headings, and layout to help you make educated guesses about the content of the text.

1-44

Lee. Choose the word or phrase that best completes each statement, based on the information of the text below.

1. Esta es una…

   a. página de un libro.

   b. página web.

2. El logo indica que esta institución es…

   a. muy nueva.   **b.** muy antigua.

3. Este texto presenta una lista de…

   a. carreras.   **b.** clases.

4. La información de este texto es…

   a. muy específica.

   b. muy general.

5. Esta institución tiene…

   a. una facultad.

   b. más de una facultad.

Comprueba

I was able to …

_____ **make informed guesses.**

_____ **recognize important words.**

_____ **recognize contexts.**

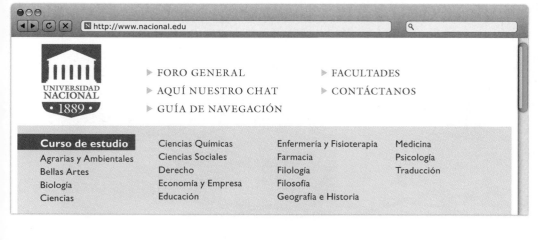

```
● ● ●
◀ ▶ C ✕   N http://www.nacional.edu          🔍
```

UNIVERSIDAD NACIONAL · 1889 ·

▸ FORO GENERAL   ▸ FACULTADES

▸ AQUÍ NUESTRO CHAT   ▸ CONTÁCTANOS

▸ GUÍA DE NAVEGACIÓN

Curso de estudio

Agrarias y Ambientales	Ciencias Químicas	Enfermería y Fisioterapia	Medicina
Bellas Artes	Ciencias Sociales	Farmacia	Psicología
Biología	Derecho	Filología	Traducción
Ciencias	Economía y Empresa	Filosofía	
	Educación	Geografía e Historia	

1-45

Un paso más. Use the Internet to access the Universidad de Salamanca website and explore the **Servicio Central de Idiomas** page. Explain to your classmates: a) what languages you can study in Salamanca; b) what the address of this office is; and c) why you would or wouldn't like to study at this university in Spain. Your classmates should ask you questions.

ESCRIBE

Preparación. For your Spanish class, you have to respond to an e-mail from a university student in Spain. Read the e-mail and write four questions to ask the student about his college life in Spain.

> Hola, me llamo Pedro. Estudio historia en la universidad. Tengo cuatro clases. Por las tardes practico deportes en el gimnasio.
>
> ¡Hasta pronto!
> Pedro

ESTRATEGIA

Brainstorm key ideas before writing

Brainstorming helps you come up with good ideas for your writing. To brainstorm, write down a topic or a concept that you want to write about. Then list words and phrases that come to mind. Once you see your ideas laid out on paper, you can start to organize them for your writing.

1-47

Escribe. Now write the Spanish student an e-mail about life at your college or university. Do the following:

- Introduce yourself.
- Describe your school and your classes.
- Describe your daily routine at school, what you do after classes and on weekends, etc.
- Ask some questions about college life in Spain.

Comprueba

I was able to …

_____ present main ideas clearly with adequate details.

_____ use a wide range of vocabulary words.

_____ use correct gender and number agreement with nouns and adjectives.

_____ conjugate verbs correctly and make them agree with their subjects.

_____ use accurate spelling, capitalization, and punctuation.

1-48

Un paso más. Exchange your e-mail with a classmate. Then respond with a brief note and ask two additional related questions.

En este capítulo...

Comprueba lo que sabes

Go to *MySpanishLab* to review what you have learned in this chapter. Practice with the following:

Flashcards | Games | Oral Practice | Practice Test / Study Plan

Amplifire Dynamic Study Modules | Tutorials | Videos | Extra Practice

🔊 Vocabulario

LAS MATERIAS O ASIGNATURAS
Subjects

la antropología *anthropology*
la arquitectura *architecture*
las ciencias políticas *political science*
la economía *economics*
el español *Spanish*
la estadística *statistics*
la geografía *geography*
la historia *history*
la informática/la computación *computer science*
la literatura *literature*
la psicología *psychology*
la sociología *sociology*

LOS LUGARES
Places

la biblioteca *library*
el café *cafe, coffee shop*
la cafetería *cafeteria*
la casa *house, home*
la discoteca *dance club*
el gimnasio *gymnasium*
el laboratorio *laboratory*
la librería *bookstore*
la oficina *office*
la playa *beach*
la plaza *plaza, square*
la universidad *university*

LAS FACULTADES
Schools, Departments

de Ciencias *of Sciences*
de Derecho *of Law*
de Humanidades *of Humanities*
de Informática *of Computer Science*
de Medicina *of Medicine*

LAS PERSONAS
People

el alumno/la alumna *student*
el compañero/la compañera *partner, classmate*
el dependiente/la dependienta *salesperson*
ellos/ellas *they*
nosotros/nosotras *we*
ustedes *you* (plural)
vosotros/as *you* (plural)

LAS DESCRIPCIONES
Descriptions

aburrido/a *boring*
antiguo/a *old*
bueno/a *good*
difícil *difficult*
estudioso/a *studious*
excelente *excellent*

EXPRESIONES DE FRECUENCIA
Expressions of frequency

a veces *sometimes*
muchas veces *many times*

PALABRAS Y EXPRESIONES ÚTILES
Useful words and expressions

ahora *now*
algo *something*
¡Buena suerte! *Good luck!*
¿Cómo te va? *How is it going?*
con *with*
¿Cuántas clases tienes? *How many classes do you have?*
¿Cuánto cuesta? *How much is it?*

fácil *easy*
favorito/a *favorite*
grande *big*
interesante *interesting*
malo/a *bad*
norteamericano/a *North American*
pequeño/a *small*

nunca *never*
siempre *always*
todas las semanas *every week*
todos los días/meses *every day/month*

el diccionario *dictionary*
este/a *this*
el examen *test*
el euro *euro*
el fin de semana *weekend*
el mapa *map*
para *for, to*
pero *but*
porque *because*
¡Qué lástima! *What a pity!*
solo *only*
también *also*
la tarea *homework*
tengo/tienes *I have/you have*
¿verdad? *right?*

PALABRAS INTERROGATIVAS
Interrogative words

¿cómo? *how?/what?*
¿cuándo? *when?*
¿cuál(es)? *which?*
¿cuánto/a? *how much?*
¿cuántos/as? *how many?*
¿dónde? *where?*
¿para qué? *why?/what for?*
¿por qué? *why?*
¿qué? *what?*
¿quién(es)? *who?*

VERBOS
Verbs

aprender *to learn*
asistir *to attend*
bailar *to dance*
beber *to drink*
buscar *to look for*
caminar *to walk*
comer *to eat*
comprar *to buy*
comprender *to understand*
conversar *to talk, to converse*

correr *to run*
deber *should*
escribir *to write*
escuchar *to listen (to)*
estar *to be*
estudiar *to study*
hablar *to speak*
leer *to read*
llegar *to arrive*
mirar *to look (at)*
montar (en bicicleta) *to ride (a bicycle)*

necesitar *to need*
participar *to participate*
practicar *to practice*
responder *to respond*
sacar buenas/malas notas *to get good/bad grades*
tomar *to take, to drink*
tomar apuntes/notas *to take notes*
trabajar *to work*
ver *to see*
vivir *to live*

2

¿Quiénes son tus amigos?

LEARNING OUTCOMES

You will be able to:

- describe people, places, and things
- express origin and possession
- talk about where and when events take place
- describe what someone or something is like
- express emotions and conditions
- identify what belongs to you and others
- discuss the people, things, and activities you and others like and dislike
- present information about Hispanic influences in the United States

ENFOQUE cultural ESTADOS UNIDOS

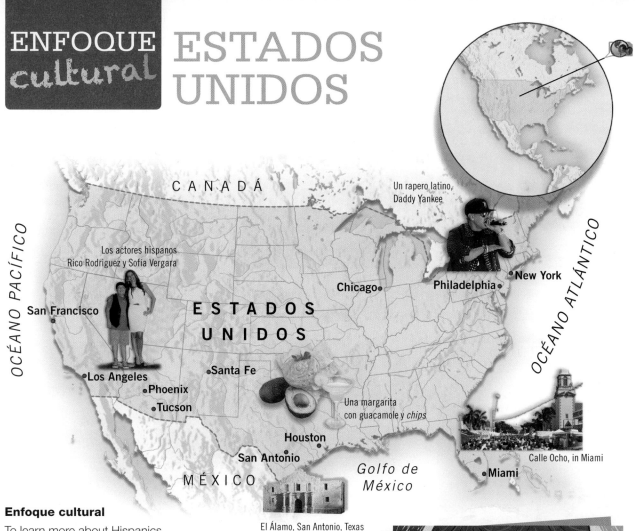

CANADÁ

OCÉANO PACÍFICO

Los actores hispanos
Rico Rodriguez y Sofía Vergara

San Francisco

ESTADOS
UNIDOS

Los Angeles

Phoenix

Tucson

Santa Fe

Houston

San Antonio

MÉXICO

Golfo de
México

Un rapero latino,
Daddy Yankee

Chicago

Philadelphia

New York

OCÉANO ATLÁNTICO

Una margarita
con guacamole y *chips*

Calle Ocho, in Miami

Miami

El Álamo, San Antonio, Texas

Enfoque cultural

To learn more about Hispanics
in the United States, go to
MySpanishLab to view the *Vistas
culturales* videos.

¿QUÉ TE PARECE?

- El español es la segunda lengua del mundo y la más
  estudiada en las universidades de Estados Unidos.

- Muchos estudiantes estudian español para su
  futuro trabajo, para conversar con otras personas y
  para los viajes y vacaciones.

- En 1988 el presidente Reagan declaró el período
  entre el 15 de septiembre y el 15 de octubre el
  Mes de la Hispanidad, días dedicados a celebrar la
  herencia y cultura hispanas en Estados Unidos.

- Los hispanos en Estados Unidos son el grupo
  minoritario más grande del país. El 63% de la
  población hispana es de México.

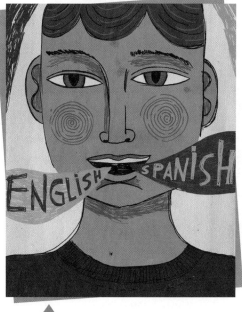

Este cuadro anónimo representa el
mundo bilingüe en el que vive mucha
gente en Estados Unidos.

◀ El barrio Pilsen de Chicago cuenta con numerosos murales inspirados en el movimiento muralista mexicano. Los murales coloridos de Francisco Mendoza representan escenas de la vida diaria de esta comunidad hispana.

Narciso Rodríguez es un diseñador cubanoamericano. Aquí está con la actriz Jessica Alba. Isabel Toledo es otra famosa diseñadora cubanoamericana. Michelle Obama es cliente de los dos.

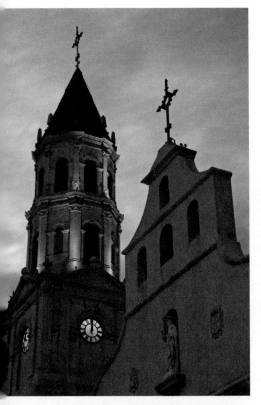

▲ Don Pedro Menéndez de Avilés es el fundador de San Agustín (St. Augustine), en el norte de Florida. Es la ciudad más antigua de Estados Unidos.

▲ Pitbull (Armando Pérez) es cubanoamericano. En esta fotografía recibe el premio Lo Nuestro, presentado por Univisón, la cadena de televisón en español con más audiencia en todo el mundo.

¿CUÁNTO SABES?

Using the map, photos, and accompanying text, provide the following information.

1. Un cantante hispano famoso
   a. Armando Pérez
   b. don Pedro Menéndez de Avilés
   c. Narciso Rodríguez

2. Se celebra las dos últimas semanas de septiembre y las dos primeras de octubre.
   a. el Mes de la Hispanidad
   b. los premios Lo Nuestro
   c. fiesta en la Calle Ocho

3. Una ciudad de los tiempos coloniales
   a. Pilsen
   b. Miami
   c. St. Augustine

4. Patrocinador de los premios Lo Nuestro
   a. Francisco Mendoza
   b. Univisión
   c. el mundo bilingüe

5. El 63%
   a. el porcentaje de estudiantes que estudian español
   b. el porcentaje de personas bilingües en Estados Unidos
   c. el porcentaje de hispanos de Estados Unidos de origen mexicano

Vocabulario en contexto

Describing yourself and others

Mis amigos y yo

¿Quiénes somos?

A

🔊 Me llamo Mario Quintana. Soy de Puerto Rico y **tengo** veintidós **años. Me gusta** escuchar música y mirar televisión. Estudio en una universidad de Nueva York y **deseo** ser profesor de historia. Los chicos en estas fotografías son mis amigos. Ellos también son **hispanos** y estudian en la universidad. **Todos** somos **bilingües.**

B

🔊 Esta chica es Amanda Martone. Es **alta, delgada** y **morena.** Tiene los **ojos** de color café y el **pelo negro** y muy **largo.** Amanda es una chica muy **agradable.** Estudia **mucho** y desea ser economista. Su familia es dominicana, pero vive en Estados Unidos.

D

🔊 Esta chica se llama Ana Villegas. No es alta ni baja. Es **de estatura mediana** y usa **lentes de contacto.** Es **pelirroja** y tiene los ojos **oscuros.** Ana es **callada, trabajadora** y muy inteligente. Sus padres son cubanos.

E

🔊 Esta chica es Marta Chávez Conde. Es española y tiene veintiún años. Es **rubia,** tiene los ojos **azules** y es muy **divertida.** Este año está en Estados Unidos con su familia.

C

🔊 Este chico se llama Ernesto Fernández. Ernesto es moreno y tiene los ojos **castaños** y el pelo **corto.** Es **bajo, fuerte,** muy **conversador** y **simpático. Le gusta usar** la computadora para conversar con sus amigos de aquí y de México.

2-1

Escucha y confirma. Listen to the following people describe their friends. Then, decide whether the statements are true (**Cierto**) or false (**Falso**).

1. _____ Pedro es callado y estudia mucho.
2. _____ Elena es rubia y alta.
3. _____ Juan y Roberto son muy trabajadores.
4. _____ Patricia es hispana y bilingüe.
5. _____ Rosa María es muy divertida.

2-2 e

Asociaciones. Match the descriptions on the left with the person they describe.

1. _____ Tiene el pelo largo.
2. _____ Tiene veintidós años.
3. _____ Es de España.
4. _____ Es bajo y fuerte.
5. _____ Usa lentes de contacto.
6. _____ Habla mucho.
7. _____ Tiene los ojos de color café.
8. _____ Tiene el pelo negro y es muy agradable.
9. _____ Tiene los ojos azules y el pelo rubio. Es muy divertida.
10. _____ Desea ser profesor de historia.

a. Mario Quintana
b. Amanda Martone
c. Ernesto Fernández
d. Ana Villegas
e. Marta Chávez Conde

2-3

¿Quién es? PREPARACIÓN. With a partner, write a list of eight expressions to describe people, including physical appearance (height, hair, eye color, etc.) and personality traits (shy, fun, etc.).

INTERCAMBIOS. Without mentioning his/her name, describe a classmate. The rest of the group will try to guess who this person is.

MODELO E1: *Es delgado y de estatura mediana. Tiene el pelo negro. Es fuerte y callado.*
E2: *¿Es…?*

■ ■ ■ ■ ■ ■

LENGUA

Depending on the region or country, people use **moreno/a** or **negro/a** to refer to African ancestry and skin color or to hair color. The word **trigueño/a** (from **trigo,** wheat) is used to describe light brown skin color. **Corto/a** generally refers to length (**pelo corto**), while **bajo/a** refers to height (**Ella es baja**).

2-4

¿Qué me gusta? Tell your classmate if you like each of the following activities. Then compare your responses.

MODELO estar en casa por la noche
E1: *¿Te gusta estar en casa por la noche?*
E2: *Sí, me gusta.*

■ bailar los sábados por la noche
■ comer en restaurantes italianos
■ escribir mensajes de texto
■ estudiar español
■ practicar tenis/fútbol/béisbol
■ tener animales en casa
■ tomar café por la noche
■ trabajar los fines de semana

2-5

Mi ídolo. Select a well-known person or celebrity and describe him/her to your partner. Your partner will ask questions until he/she guesses the name.

Las descripciones

¿Cómo son estas personas?

triste   alegre

simpático   antipático

trabajador   perezoso

pobre   rica

fuerte   débil

lista   tonto

joven   vieja/mayor

casado   soltero

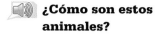

¿Cómo son estos animales?

Este perro es **gordo** y **feo**, pero muy cariñoso.

Esta gata es **bonita** pero está demasiado **delgada**.

Este perro es gordo y feo, pero muy cariñoso. Esta gata es bonita pero está demasiado delgada.

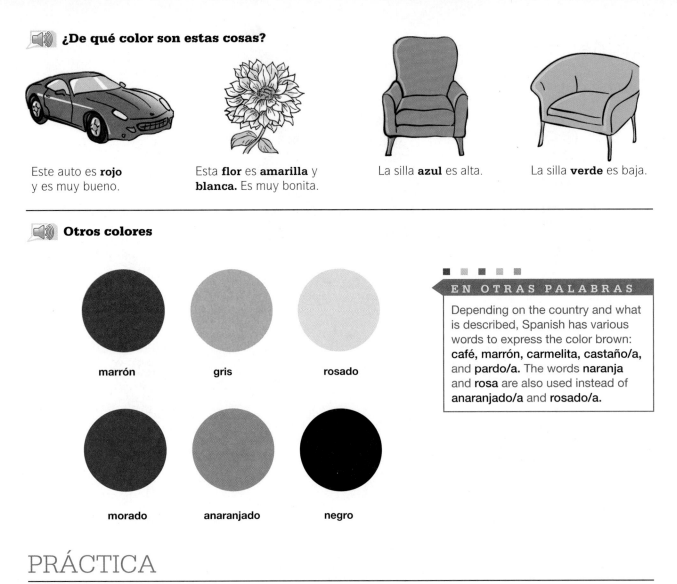

¿De qué color son estas cosas?

Este auto es **rojo** y es muy bueno.

Esta **flor** es **amarilla** y **blanca.** Es muy bonita.

La silla **azul** es alta.

La silla **verde** es baja.

Otros colores

marrón

gris

rosado

morado

anaranjado

negro

EN OTRAS PALABRAS

Depending on the country and what is described, Spanish has various words to express the color brown: **café, marrón, carmelita, castaño/a,** and **pardo/a.** The words **naranja** and **rosa** are also used instead of **anaranjado/a** and **rosado/a.**

PRÁCTICA

2-6

Para confirmar. Complete the following statements about these famous people. Then describe yourself to your partner in two affirmative and two negative statements.

MODELO Shakira no es mayor, es *joven.*

1. __C__ Penélope Cruz no es gorda, es…
2. __A__ Sofía Vergara no es perezosa, es…
3. __F__ Jennifer López no es antipática, es…
4. __B__ Madonna no es tonta, es…
5. __D__ Bill Gates no es pobre, es…
6. __e__ Enrique Iglesias no es feo, es…
7. _____ Yo soy…, no soy…

a. trabajadora
b. lista
c. delgada
d. rico
e. guapo
f. simpática

EN OTRAS PALABRAS

Depending on the region, Spanish speakers may use **bonita, linda,** or **guapa** to refer to a female. **Bien parecido, buen mozo,** and **guapo** usually refer to a male.

2-7

¿De qué color son estas banderas (*flags*)?

PREPARACIÓN. Read each description and then write the name of the country under its flag. Check your answers with a partner.

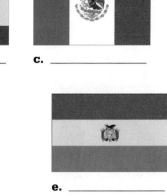

a. _____

b. _____

c. _____

1. La bandera de Bolivia es roja, amarilla y verde.
2. La bandera de Estados Unidos es roja, blanca y azul.
3. La bandera de España es roja y amarilla.
4. La bandera de México es verde, blanca y roja.
5. La bandera de Colombia es amarilla, azul y roja.

d. _____

e. _____

INTERCAMBIOS. Invent a flag of different colors and describe it to your partner. He/She will recreate it based on your description. Limit your colors to the pens, pencils, markers, etc. that you and your partner have available. He/She will recreate it based on your description. Write the name of the colors on the flag if necessary.

2-8

Vamos a describir. Take turns describing the people in these photos. Then describe your best friend to your partner.

Eva

Alicia y Raquel

Alejandro

José Luis

2-9

¿Quién soy? Write a brief description of yourself including at least three physical traits, two personality traits, and two activities you like to do. Do not include your name on the paper.

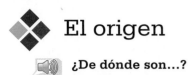

El origen

🔊 **¿De dónde son...?**

▲ Marc Anthony y Pitbull en los Latin Grammys

Marc Anthony y Pitbull (o Armando Pérez) son de Estados Unidos, pero la familia de Marc Anthony es **puertorriqueña** y la familia de Pitbull es **cubana.** Marc Anthony y Pitbull son bilingües; cantan en inglés y en español.

▲ Shakira y Gerard Piqué

Shakira es de Colombia, es **colombiana.** Su **esposo** Gerard Piqué no es colombiano, es **español.** Es futbolista en el equipo de Barcelona.

■ ■ ■ ■ ■

LENGUA

These are other examples of nationalities:

alemán/alemana (*German*), **canadiense, francés/francesa, japonés/japonesa, marroquí, nigeriano/a, polaco/a, portugués/portuguesa.**

PRÁCTICA

2-10

Para confirmar. PREPARACIÓN. Indicate the origin of the following people. Check your answers with a partner.

MODELO Mónica Puig es una famosoa tenista de Puerto Rico. Es *puertorriqueña.*

1. Hanley Ramírez es un jugador de béisbol de República Dominicana. Es _____.

2. Sofía Vergara es una modelo y actriz de Colombia, protagonista de la serie *Modern Family.* Es _____.

3. Rigoberta Menchú es una activista de Guatemala, Premio Nobel de la Paz, 1992. Es _____.

4. El Dr. José Manuel Pérez, de Puerto Rico, investiga el uso de la nanotecnología para detectar el cólera. Es _____.

5. Isabel Allende es escritora, originaria de Chile, autora de *La casa de los espíritus.* Es _____.

6. Jorge Ramos es un presentador de noticias (*news*) de México. Es _____.

7. Gabriel García Márquez es un escritor de Colombia, autor de *Cien años de soledad,* Premio Nobel, 1982. Es _____.

8. Enrique Iglesias es un cantante de España. Es _____.

INTERCAMBIOS. Tell your partner why one of the people in *Preparación* is interesting to you.

MODELO *Para mí, Enrique Iglesias es interesante. Es un cantante bilingüe.*

2-11

Adivinanzas (*Guesses*). Think of a well-known person. A classmate will try to guess the person by asking you questions.

MODELO E1: *¿De dónde es?*

E2: *Es de Estados Unidos.*

E1: *¿Cómo es?*

E2: *Es moreno y muy cómico.*

E1: *¿Qué es? / ¿En qué trabaja?*

E2: *Es actor.*

E1: *¿Es Jack Black?*

E2: *¡Sí!*

En directo ▪ ▪ ▪ ▪ ▪

To explain why a person might interest you:

Me gustan sus libros. *I like his/her books.*

Escribe novelas fascinantes. *He/She writes fascinating novels.*

Trabaja por los pobres. *He/She works for/helps the poor.*

Es muy guapo/bonita/elegante. *He is handsome./She is pretty/elegant.*

Baila muy bien. *He/She dances very well.*

Listen to a conversation with these expressions.

Cultura

▪ ▪ ▪ ▪ ▪

Puerto Rico

Puerto Rico was a Spanish colony for almost four centuries until it was ceded to the United States following the Spanish–American War in 1898. Puerto Rico is a commonwealth (**estado libre asociado**) of the United States, and its people have been U.S. citizens since 1917. However, Puerto Rico remains geographically and culturally part of Latin America and almost all of its residents speak Spanish as their primary language. English is also widely spoken. Being bilingual opens doors to better economic opportunities in Puerto Rico and on the mainland.

Comunidades. What other Hispanic groups have an important presence in the United States? Where is that presence evident—in business, music, art, food?

PRÁCTICA

2-12

Entrevista. PREPARACIÓN. Prepare at least five questions to interview a classmate and get the following information.

1. his/her name
2. his/her age
3. what he/she is like (his/her personality)
4. the things he/she likes to do
5. where he/she is from

INTERCAMBIOS. Interview your classmate. Then share your findings with the class. Finally, write a short description of your classmate.

2-13

¡Hola! PREPARACIÓN. You will hear a student introduce and describe himself to his new classmates. Before you listen, mark (✓) in the *Antes de escuchar* column the information you think you will hear. Then tell your partner what other information you would give about yourself.

	ANTES DE ESCUCHAR	DESPUÉS DE ESCUCHAR
1. name		
2. age		
3. parents' names		
4. physical description		
5. nationality		
6. place where he intends to work		

ESCUCHA. As you listen, pay attention to the general idea of what is said. Then, in the *Después de escuchar* column, indicate what information the speaker provided.

Los estereotipos y la cultura hispana

¿Es verdad que los estadounidenses comen hamburguesas todos los días, que todos tienen armas y que no les gusta el ejercicio? Por otra parte, ¿es cierto que muchos españoles son toreros (*bullfighters*), que los mexicanos comen solo (*only*) tacos y enchiladas o que todos los argentinos solo bailan tango? La respuesta a las dos preguntas es, ¡de ninguna manera (*absolutely not*)!

Una sola característica no define una cultura completamente. Este tipo de comentarios causa conflictos en la comunicación entre culturas, especialmente en casos donde las personas viven en la misma (*same*) comunidad. Para comprender la diversidad cultural es necesario evitar (*avoid*) ideas clichés porque no representan la totalidad de una comunidad o cultura.

▲ **¿Comes hamburguesas todos los días?**

▲ **¿Eres torero?**

El diálogo honesto entre las personas de diferentes culturas es una manera de terminar con los estereotipos. Recuerda (*Remember*) que existen muchos españoles que no asisten a las corridas de toros (*bullfights*), muchos argentinos que no bailan tango y muchos estadounidenses que no comen hamburguesas todos los días.

Compara

1. ¿Cuáles son algunos adjetivos que en tu opinión describen a una persona típica de Estados Unidos? Prepara una lista en español.

2. De tu lista, ¿qué adjetivos sirven también para describir a un hispano típico?

3. ¿Son siempre negativos los estereotipos? Explica con ejemplos.

▲ **¿Bailas el tango?**

✓ Funciones y formas

1 Describing people, places, and things

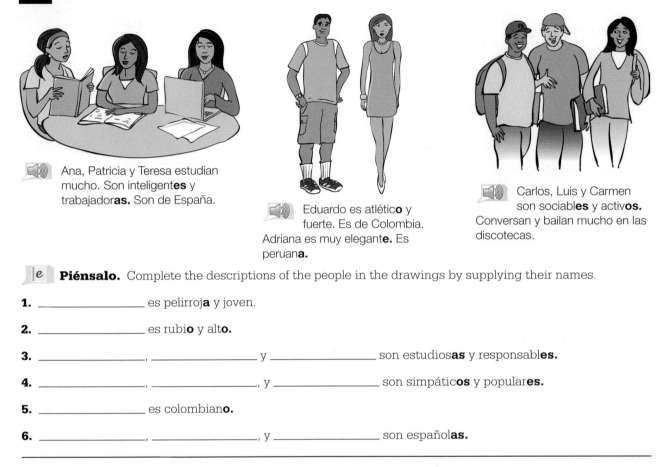

🔊 Ana, Patricia y Teresa estudian mucho. Son inteligent**es** y trabajador**as.** Son de España.

🔊 Eduardo es atlétic**o** y fuerte. Es de Colombia. Adriana es muy elegant**e.** Es peruan**a.**

🔊 Carlos, Luis y Carmen son sociabl**es** y activ**os.** Conversan y bailan mucho en las discotecas.

e **Piénsalo.** Complete the descriptions of the people in the drawings by supplying their names.

1. _____ es pelirroj**a** y joven.

2. _____ es rubi**o** y alt**o.**

3. _____, _____ y _____ son estudios**as** y responsabl**es.**

4. _____, _____, y _____ son simpátic**os** y popular**es.**

5. _____ es colombian**o.**

6. _____, _____, y _____ son español**as.**

Adjectives

Adjectives are words that describe people, places, and things. Like articles (**el, la, los, las**) and nouns (**chica, chicas; libro, libros**), they generally have more than one form. In Spanish an adjective must agree in gender (masculine or feminine) and number (singular or plural) with the noun or pronoun it describes. Adjectives that describe characteristics usually follow the noun.

Most masculine adjectives end in **-o,** and most feminine adjectives end in **-a.** To form the plural, these adjectives add **-s.**

	MASCULINE	FEMININE
singular	el chic**o** alt**o**	la chic**a** alt**a**
plural	los chic**os** alt**os**	las chic**as** alt**as**

Adjectives that end in **-e** and some adjectives that end in a consonant have the same form for both masculine and feminine. To form the plural, adjectives that end in **-e** add **-s;** those that end in a consonant add **-es.**

	MASCULINE	FEMININE
singular	un lib**ro** interesant**e**	una revist**a** interesant**e**
	un cuadern**o** azu**l**	una mochil**a** azu**l**
plural	unos lib**ros** interesant**es**	unas revist**as** interesant**es**
	unos cuadern**os** azul**es**	unas mochil**as** azul**es**

Other adjectives that end in a consonant add **-a** to form the feminine and **-es** or **-as** to form the plurals.

	MASCULINE	FEMININE
singular	el alumn**o** españo**l**	la alumn**a** español**a**
	el alumn**o** hablado**r**	la alumn**a** hablador**a**
plural	los alumn**os** español**es**	las alumn**as** español**as**
	los alumn**os** hablador**es**	las alumn**as** hablador**as**

Adjectives that end in **-ista** are both masculine and feminine. To form the plurals, add **-s.**

Pedro es muy optim**ista,** pero Alicia es pesim**ista.**

Pedro is very optimistic, but Alicia is pessimistic.

Ellos no son material**istas.**

They are not materialistic.

PRÁCTICA

MySpanishLab

Learn more using Amplifire Dynamic Study Modules, Grammar Tutorials, and Extra Practice activities.

|e| ¿COMPRENDES?

Complete each sentence with the correct form of the adjective.

1. Los habitantes de Puerto Rico son _____ . (puertorriqueño)
2. Ariana vive en Madrid. Es _____ . (español)
3. Los alumnos estudian mucho. Son muy _____ . (trabajador)
4. El color favorito de Javier es el negro. Su mochila también es _____ . (negro)
5. Mis clases de economía no son interesantes; son muy _____ . (aburrido)
6. Me gusta mucho mi profesora de historia. Es muy _____ . (inteligente)

Cultura

■ ■ ■ ■ ■

Hispanos

In Spanish-speaking countries, the adjective **hispano/a** emphasizes the common background among peoples, cultures, and countries where Spanish is spoken. In the United States, the word has come to mean somebody with roots in Spain or the Spanish-speaking countries of Latin America. In the Southwest, it refers to people who trace their ancestry to Spaniards who settled there when that area was part of Mexico. **Hispano** is not the same as **español,** which refers either to the Spanish language or to the nationality of people from Spain.

Conexiones. Can you name a famous Hispanic person? A famous Spaniard?

2-14

¿Cómo son estas personas? Choose the correct option to describe the following people. Check your answers with a partner and then share your own opinion about a classmate.

1. Muchos estudiantes de mi universidad son…
   a. latinoamericano.
   b. hispanos.
   c. norteamericanas.
   d. mexicana.

2. Mi profesora favorita es muy…
   a. jóvenes.
   b. activo.
   c. inteligente.
   d. delgado.

3. Mi amigo Nicolás es…
   a. español.
   b. dominicana.
   c. peruanos.
   d. mexicana.

4. Las dos chicas más inteligentes de la clase son…
   a. activos y sociables.
   b. trabajadoras y estudiosas.
   c. altos y morenos.
   d. interesante y optimista.

5. Para mí, el/la estudiante más… es…

Cultura

■ ■ ■ ■ ■

Bilingüismo

While Spanish is the common language spoken in Spain and most of Latin America, other languages are also spoken. In Spain, people in different regions speak Galician, Basque or Catalan. In Latin America, large communities speak indigenous languages in Mexico, Guatemala, Peru, and Bolivia. Paraguay is officially a bilingual country, and most of the people speak both Spanish and Guarani.

Conexiones. Do you know somebody who is bilingual? What are the advantages of being bilingual?

ERRESERBATUA

BIZKAIKO FORU ALDUNDIA

RESERVADO

DIPUTACION FORAL DE BIZKAIA

Señal de tráfico de estacionamiento en euskera (vasco) y castellano.

2-15

Cualidades necesarias. Your school has hired some recent graduates who were language majors. Mark (✓) the qualities these new employees have and describe them to your partner. Your partner will mention additional qualities.

MODELO dos empleados bilingües en inglés y español

E1: *Los empleados bilingües hablan bien inglés y español. Son activos y extrovertidos.*

E2: *Sí. Son simpáticos, no son antipáticos. Hablan con los estudiantes y los padres de los estudiantes.*

1. dos especialistas en computadoras para el laboratorio de lenguas

_____ activos   _____ pasivos   _____ extrovertidos

_____ bilingües   _____ agradables   _____ trabajadores

_____ competentes   _____ callados   _____ listos

2. una recepcionista para la Oficina de Admisiones

_____ imparcial   _____ simpática   _____ interesante

_____ perezosa   _____ habladora   _____ perfeccionista

2-16

Personas importantes. PREPARACIÓN. Take turns reading the descriptions of the people in the photos. Then add one or two more sentences with additional details about them.

Jimmy Smits es un actor famoso de cine (*movies*) y televisión.

Tish Hinojosa es una cantante mexicoamericana. Canta y escribe canciones también.

Miguel Cabrera es un jugador de béisbol muy bueno. Es venezolano.

Julia Álvarez es una novelista y poeta dominicana. También es profesora.

INTERCAMBIOS. Now take turns describing someone important in your life. Your classmates will ask questions to get more information about that person.

Situación

Cultura

Llamadas de teléfono

Although there are differences among countries, as a general rule people in Spanish-speaking countries do not usually call each other before 9:00 A.M. but they may often call after 9:00 P.M. In the case of Spain or Argentina, it may be acceptable to call people as late as 10:30 or 11:00 P.M.

Comparaciones. What's a reasonable time to call a friend in the United States in the morning or at night? What do these telephone practices tell us about hours and schedules in daily life?

En directo

To address someone you don't know on the phone:

Hola, buenos días/buenas tardes.

To respond:

Buenos días /Buenas tardes…

To greet someone you know on the phone:

Hola, ¿qué tal?

Soy María…/Habla María…

To respond:

Ah, ¡hola!

¿Qué tal, María?/¿Cómo estás?

Listen to a conversation with these expressions.

PREPARACIÓN. Read the following situation with your partner. Then brainstorm the vocabulary, structures, and other information you will need for both roles in the conversation.

Role A. Your friend calls to tell you that he/she is dating someone new. Ask:

a. where your friend's new boyfriend/girlfriend (**novio/a**) is from;
b. what he/she is like;
c. what he/she studies; and
d. if he/she has a car, what it is like.

Role B. You call your friend to talk about your new boyfriend/girlfriend. Your friend asks a lot of questions. Answer in as much detail as possible.

	ROLE A	ROLE B
Vocabulario	Adjectives to describe people and things Adjectives of nationality Colors School subjects Question words	Adjectives to describe people and things Adjectives of nationality Colors School subjects
Funciones y formas	Asking questions Noun–adjective agreement Present tense *Ser (de)* Using *tú* to talk to a friend	Giving information Noun–adjective agreement Present tense *Ser (de)* Using *tú* to talk to a friend

INTERCAMBIOS. Using the information in *Preparación,* act out the conversation with your partner.

¿Quiénes son tus amigos? **79**

2 Identifying and describing; expressing origin, possession, location of events, and time

Marc Anthony **es** un artista neoyorquino muy talentoso y versátil. **Es** cantante y actor. Sus padres **son** de Puerto Rico. También **es** compositor. Canta y escribe canciones de salsa, pop y pop latino, y **es** un actor de cine y teatro muy bueno. Sus (*His*) conciertos **son** en Estados Unidos y en **muchos** países latinoamericanos.

Piénsalo. Read the statements about Marc Anthony. Select the meaning expressed by **es** or **son** in each sentence from the list.

1. __C__ Marc Anthony **es** de ascendencia puertorriqueña.

2. __E__ El próximo (*next*) concierto de Marc Anthony **es** en California.

3. __B__ Las películas de Marc Anthony **son** muy populares.

4. __D__ Este álbum de Marc Anthony **es** de Daniel. Es su álbum favorito.

5. __A__ Marc Anthony **es** un cantante de salsa muy famoso.

a. identificación
b. descripción
c. nacionalidad/origen
d. posesión
e. eventos (localización, hora)

Present tense of *ser*

■ You have practiced some forms of **ser** and have used them for identification (**Esta señora es la profesora de historia**) and to tell time (**Son las cuatro**). Here are other uses of this verb.

Ser (*to be*)			
yo	**soy**	nosotros/as	**somos**
tú	**eres**	vosotros/as	**sois**
Ud., él, ella	**es**	Uds., ellos/as	**son**

■ As you have seen, **ser** is used with adjectives to describe an intrinsic feature of a person, place, or thing.

¿Cómo **es** ella? — *What is she like?*
Es atlética y extrovertida. — *She is athletic and outgoing.*
¿Cómo **es** el apartamento? — *What is the apartment like?*
El apartamento **es** pequeño pero **es** muy cómodo. — *The apartment is small, but it is very comfortable.*

■ **Ser** is used to express nationality.

Gonzalo **es** chileno. — *Gonzalo is Chilean.*
Adriana **es** venezolana. — *Adriana is Venezuelan.*

LENGUA

Adjectives of nationality that end in a consonant form the feminine by adding **-a**.

español → española

Note that the feminine and plural forms do not have a written accent.

portugués → portuguesa
portugueses → portuguesas
alemán → alemana
alemanes → alemanas

Adjectives of nationality are not capitalized.

- **Ser + de** is used to express origin.

¿De dónde **son** Gonzalo y Adriana?	*Where are Gonzalo and Adriana from?*
Gonzalo **es** de Chile.	*Gonzalo is from Chile.*
Adriana **es** de Venezuela.	*Adriana is from Venezuela.*

- **Ser + de** is used to express possession. The equivalent of the English word *whose?* is **¿de quién?**

¿De quién es el apartamento?	*Whose apartment is it?*
El apartamento **es de** Marta.	*The apartment is Marta's.*

■ ■ ■ ■ ■

LENGUA

De + el contracts to **del**, but **de + la** and **de + los/las** do not contract.

El diccionario **es del** profesor, no **es de la** estudiante.	*The dictionary is the professor's, not the student's.*

- **Ser + de** is also used to express the material of which something is made.

El reloj **es de** oro.	*The watch is (made of) gold.*
Las sillas **son de** madera.	*The chairs are made of wood/wooden.*

- **Ser** is also used to express where an event takes place or the time of an event.

El concierto **es** en el estadio.	*The concert is (takes place) in the stadium.*
La clase **es** a las nueve.	*The class is (takes place) at nine.*

|e| **¿COMPRENDES?**

Complete the sentences with the correct form of the verb **ser**.

1. Muchos jugadores de béisbol _____ de República Dominicana.
2. Nosotros _____ de la Ciudad de Guatemala. ¿De dónde _____ tú?
3. Mi amiga _____ extrovertida y habladora.
4. Las esculturas (*sculptures*) del artista _____ de madera.
5. El concierto de música clásica _____ mañana a las 8:00.
6. Estos libros _____ de Jorge.

MySpanishLab

Learn more using Amplifire Dynamic Study Modules, Grammar Tutorials, and Extra Practice activities.

PRÁCTICA

2-17

¿Cómo somos? PREPARACIÓN. Look at the following statements and indicate if the descriptions are true for you.

	Sí	No
1. Yo soy muy estudioso/a y trabajador/a.	_____	_____
2. A veces soy callado/a.	_____	_____
3. Soy norteamericano/a.	_____	_____
4. Mis abuelos son de otro (*another*) país.	_____	_____
5. Mi familia es muy religiosa y tradicional.	_____	_____
6. Mi mejor amigo/a es extrovertido/a y conversador/a.	_____	_____
7. Mis amigos y yo somos sociables y activos.	_____	_____
8. Mis clases este semestre son interesantes.	_____	_____

INTERCAMBIOS. Now compare your answers with those of your partner. Ask questions to get additional information.

2-18

¿Cómo es? Ask what the following people, places, and objects are like.

 tu profesor/a de inglés

> E1: *¿Cómo es tu profesor de inglés?*
>
> E2: *Es alto, moreno y muy simpático.*

1. tus amigos
2. tu cuarto (*bedroom*)
3. tu compañero/a de cuarto (*roommate*)
4. el auto de tu mejor amigo/a
5. los salones de clase de la universidad

2-19

¿Qué es esto? Take turns describing an object and its location in the classroom. Your partner will ask you questions and guess what it is.

 E1: *Es grande, es de plástico, está al lado de la ventana…*

> E2: *¿De qué color es?*
>
> E1: *Es roja.*
>
> E2: *¿Es la mochila de Juan?*

> ■ ■ ■ ■ ■
>
> **LENGUA**
>
> **Madera** (*wood*), **plástico, tela** (*fabric*), **metal, oro** (*gold*), and **vidrio** (*glass*) are some words used to describe the material things are made of.

2-20

Eventos y lugares. You are working at the university's information desk, and a visitor (your classmate) stops by. Answer his/her questions. Then switch roles.

 la exposición de fotografía

> E1: *Perdón, ¿dónde es la exposición de fotografía?*
>
> E2: *Es en la biblioteca.*
>
> E1: *¿Dónde está la biblioteca?*
>
> E2: *Está enfrente de la Facultad de Ciencias.*

1. el concierto de música
2. la conferencia sobre el arte mexicano
3. la fiesta para los estudiantes internacionales
4. la reunión de los exalumnos
5. la ceremonia de graduación

Situación

PREPARACIÓN. Read the following situation with your partner. Then brainstorm the vocabulary, structures, and other information you will need for both roles in the conversation.

Role A. A friend has invited you to a party at his/her house on Saturday. Ask:

a. where the house is located;
b. what it looks like (so you can find it easily); and
c. the time of the party.

Role B. You have invited a friend to a party at your house on Saturday. Answer your friend's questions. Then explain that the house belongs to your parents (**padres**), and tell your friend why your parents are not at home that weekend.

	ROLE A	ROLE B
Vocabulario	Question words Greetings Adjectives to describe the house	Time expressions Greetings
Funciones y formas	*Ser* for events *Estar* to express location Asking questions Accepting an invitation appropriately	Expressing the time of an event *Ser* for events *Estar* to express location *Ser* to express possession Giving information Extending an invitation appropriately

INTERCAMBIOS. Using the information in *Preparación,* act out the conversation with your partner.

3 Expressing qualities, emotions, and conditions

Todos los estudiantes **están** aburridos porque la profesora **es** aburrida.

Piénsalo. Read the statements below and classify them as to whether they describe either **a)** a personality trait/physical characteristic or **b)** a feeling or perception that may change.

1. _____ La película (*movie*) **es** aburrida. No tiene mucha acción.

2. _____ Sofía **está** delgada en esa foto.

3. _____ Los estudiantes **están nerviosos.** Tienen un examen difícil hoy.

4. _____ Normalmente, las modelos **son** altas y muy delgadas.

5. _____ Hoy los niños **están** contentos. Van (*They are going*) al parque.

6. _____ Roberto **es** estudioso y trabajador. Estudia mucho todos los días.

Ser and *estar* with adjectives

Ser and **estar** are often used with the same adjectives. However, the choice of verb determines the meaning of the sentence.

- **Ser** + *adjective* states the norm—what someone or something is like.

  Jorge **es** delgado.   *Jorge is thin.* (He is a thin man.)

  Sara **es** muy nerviosa.   *Sara is very nervous.* (She is a nervous person.)

  El libro **es nuevo.**   *The book is new.* (It is a new book.)

- **Estar** + *adjective* expresses a change from the norm, a condition, or how the speaker feels about or perceives the person or object.

  Jorge **está** delgado.   *Jorge is/looks thin.* (He lost weight recently, or he looks thin in a picture or because of the clothes he is wearing.)

  Sara **está** muy nerviosa.   *Sara is very nervous.* (She is feeling nervous.)

  El libro **está** nuevo.   *The book is/looks new.* (It is used, but it seems like a brand new book.)

- The adjectives **contento/a, cansado/a, enojado/a** are always used with **estar**.

Ella **está contenta** ahora.	*She is happy now.*
Los niños **están cansados.**	*The children are tired.*
Carlos **está enojado.**	*Carlos is angry.*

- Some adjectives have one meaning with **ser** and another with **estar**.

Ese señor **es** malo.	*That man is bad/evil.*
Ese señor **está** malo.	*That man is ill.*
La chica **es** lista.	*The girl is clever/smart.*
La chica **está** lista.	*The girl is ready.*
La manzana **es** verde.	*The apple is green.*
La manzana **está** verde.	*The apple is not ripe.*
La profesora **es** aburrida.	*The professor is boring.*
La profesora **está** aburrida.	*The professor is bored.*

PRÁCTICA

2-21

¿Qué pasa aquí? Look at the drawing and then complete the description in each paragraph with the appropriate form of **ser** or **estar.** Check your answers with a partner. Take turns explaining why you chose **ser** or **estar** in each case.

1. Esteban (1) ____es____ un joven listo y estudioso. Este semestre saca buenas notas, excepto en la clase de economía. (2) ____es____ una clase muy difícil. Esteban (3) ____esta____ nervioso porque mañana hay un examen sobre la Unión Europea, pero él no (4) ____esta____ listo. Debe estudiar toda la noche.

2. ¡Pobres niños! (*Poor children!*) La fruta (5) ____es____ buena y saludable (*healthful*), pero estas manzanas (6) ____estan____ verdes, no (7) ____estan____ buenas. Ahora los niños no (8) ____estan____ contentos. Una niña (9) ____esta____ mala porque le duele el estómago (*her stomach hurts*).

¿Cómo está ahora? You and your partner know the people mentioned in the table. One of you will describe a person, using an adjective from the list. The other explains how the person has changed and why. Then switch roles.

 MODELO Arturo, fuerte/por su enfermedad (*illness*)

> E1: *Arturo es fuerte.*
>
> E2: *Pero por su enfermedad, ahora está muy débil.*

PERSONAS	CARACTERÍSTICAS	RAZONES
1. Ramón	alegre	por sus problemas
2. Laura y Gustavo	callado/a	por la dieta
3. Cristina	conversador/a	por el ejercicio
4. Andrés	débil	por el exceso de estudio
5. Ana y Sofía	extrovertido/a	por la falta (*lack*) de motivación
6. Teresa	feliz	por su depresión
	fuerte	por sus buenas notas
	introvertido/a	
	optimista	
	perezoso/a	
	pesimista	
	trabajador/a	
	triste	

2-23

Termómetro emocional. PREPARACIÓN. Indicate (✓) how you feel in each situation.

LUGARES	ABURRIDO/A	CONTENTO/A	TRANQUILO/A	TRISTE	RELAJADO/A	NERVIOSO/A
en la cafetería con mis compañeros		✓				
en los exámenes finales						✓
en la oficina de un/a profesor/a						✓
en un concierto con mis amigos		✓				
en una fiesta formal			✓			
en mi casa por la noche					✓	

INTERCAMBIOS. Talk with your partner about how you each feel in the situations given in *Preparación*. Then write a brief paragraph in which you compare your feelings and reactions.

 MODELO *Yo estoy nervioso/a en un concierto, pero mi compañero/a está tranquilo/a.*

Situación

PREPARACIÓN. Read the following situation with your partner. Then brainstorm the vocabulary, structures, and other information you will need for both roles in the conversation.

Role A. Show your classmate a photo (from your phone or the Internet). Identify the people and give some information about them. Then respond to your friend's questions and react to his/her comments about them.

Role B. After your classmate tells you about the people in the photo, ask and comment about:

a. how they seem to be feeling, based on their facial expressions or what they are doing; and
b. where they appear to be.

	ROLE A	ROLE B
Vocabulario	Adjectives to describe people Professions	Question words Adjectives to describe people
Funciones y formas	Giving information *Ser* with adjectives to describe people *Estar* with adjectives to express perceptions about people *Estar* to express location	Asking questions *Estar* with adjectives to express perceptions about people *Estar* to express location

INTERCAMBIOS. Using the information in *Preparación,* act out the conversation with your partner.

4 Expressing ownership

Mis amigos y yo

Mi nombre es Pablo Ramos. Soy estudiante en la universidad. Soy simpático, listo y sincero; por eso tengo muchos amigos. Estos son **mis** amigos. **Mi** mejor amigo se llama Luis. Tiene pelo corto y es muy guapo. En esta foto está entre Carmen y Teresa. **Nuestras** amigas de la universidad son activas y muy trabajadoras. Al lado de Teresa está **su** amigo Juan, con la camiseta rosa. Juan estudia en otra universidad. Por último está **nuestra** amiga Ángela. Es la hermana (*sister*) de Luis. Es muy divertida. Y **tus** amigos, ¿cómo son?

Piénsalo. Complete the following statements about Pablo and his friends.

1. Pablo Ramos es estudiante. En la foto están _____ .

   a. Carmen y Ramón   **b.** sus amigos   **c.** sus hermanas

2. Ángela es _____ de Luis.

   a. la hermana   **b.** la amiga   **c.** la profesora

3. _____ amiga Teresa es muy trabajadora.

   a. Tu   **b.** Su   **c.** Mi

4. Pablo tiene una foto de Carmen y Luis porque son _____ amigos.

   a. mis   **b.** sus   **c.** nuestros

Possessive adjectives

Possessive adjectives modify nouns to express possession. They always precede the noun they modify.

mi amigo   **tu** familia

POSSESSIVE ADJECTIVES	
mi(s)	*my*
tu(s)	*your* (familiar)
su(s)	*your* (formal), *his, her, its, their*
nuestro(s), nuestra(s)	*our*
vuestro(s), vuestra(s)	*your* (familiar plural)

■ Possessive adjectives change number to agree with what is possessed, not with the possessor.

mi clase   **mis clases**

- The **nosotros/as** and **vosotros/as** forms must agree also in gender.

nuestro profesor	**nuestros amigos**
nuestra profesora	**nuestras amigas**

- **Su** and **sus** have multiple meanings. To ensure clarity, you may use **de** + *the name of the possessor* or *the appropriate pronoun* instead of **su/sus**. For example, the multiple meanings of **su compañera** can be expressed as follows:

	de ella	(la compañera de Elena)
	de él	(la compañera de Jorge)
la compañera **+**	**de usted**	
	de ustedes	
	de ellos	(la compañera de Elena y Jorge)
	de ellas	(la compañera de Elena y Olga)

PRÁCTICA

 2-24

¿De quién es? Explain to your partner to whom each sentence refers. Follow the model.

MODELO Su libro es muy difícil. (Laura)
El libro de Laura es muy difícil.

1. Sus bicicletas son nuevas. (ellos)
2. Su clase de química es en el laboratorio. (Eva y Rosa)
3. Su coche es viejo pero es muy bueno. (Mario)
4. Su mochila está en el escritorio. (ella)
5. Sus amigas toman café juntas (*together*) todos los días. (ellas)

2-25

Mi mundo (*world*). PREPARACIÓN. Write down two things you own (**pertenencias**) and two people you value. You may use the words in the box or choose others.

Pertenencias:	Personas:
un carro	un/a amigo/a
una computadora portátil	un/a profesor/a ideal
un iPad	un actor/una actriz

INTERCAMBIOS. Take turns describing your selections. Then share with the class the similarities and differences between you and your classmate.

Pertenencias

E1:   *Yo tengo un auto. Es rápido y moderno. Y tu auto, ¿cómo es?*

E2:   *Mi auto es rojo y muy viejo.*

Personas

E1:   *Mi madre es importante en mi vida (life). Es muy alegre. Y tu mamá, ¿cómo es?*

E2:   *Mi madre es tranquila y muy inteligente.*

2-26

¿Cómo es/son...? Which of these statements apply to you and which apply to your friends? Mark (✓) your answers in the spaces under **Yo.** Then interview a classmate.

	Yo	Mi compañero/a
1. El carro de mi mejor amiga es blanco.	_____	_____
2. Mi compañero/a de cuarto es colombiano/a.	_____	_____
3. Mis amigos hablan español.	_____	_____
4. Nuestro deporte favorito es el tenis.	_____	_____
5. Nuestra ciudad es muy grande.	_____	_____
6. Mis amigos son aburridos.	_____	_____

■ ■ ■ ■ ■

EN OTRAS PALABRAS

The word for *car* in Spanish varies. The most widely accepted word is **el auto,** commonly used in the southern half of South America. **El coche** is used in Spain, Cuba, and Chile, and in most other places, **el carro** is frequently used.

2-27

Nuestra universidad.

PREPARACIÓN. With a partner, list some words that generally describe the following aspects of your university: **los profesores, las clases, los estudiantes, el campus, los equipos** (*teams*) **de fútbol, baloncesto, béisbol,** etc.

INTERCAMBIOS. Now write one or two sentences about each topic in *Preparación.* Present your sentences to the class. The class will decide which sentences a) describe the school most accurately and b) present an appealing view of the school for prospective students.

Situación [Media Share]

PREPARACIÓN. Read the following situation with your partner. Then brainstorm the vocabulary, structures, and other information you will need for both roles in the conversation.

Role A. Call your best friend from high school and tell him/her about your new friends on campus. Describe each of them, including their ages, appearance, personalities, the things you do together, and your favorite places.

Role B. Your best friend from high school calls you to tell you about his/her new friends in college. Ask questions about them and about their favorite activities and places.

	ROLE A	ROLE B
Vocabulario	Age Adjectives to describe people Activities	Age Adjectives to describe people Activities Question words
Funciones y formas	Giving information about people, activities, and places	Asking questions

INTERCAMBIOS. Using the information in *Preparación,* act out the conversation with your partner.

5 Expressing likes and dislikes

◀ Marisa, una estudiante mexicana, chatea con Carla por Internet. Carla es mexicoamericana y vive en El Paso, Texas.

Piénsalo. Indicate whether each statement refers to Marisa (**M**) or Carla (**C**).

1. ____ **Me gustan** las posibilidades académicas que ofrece Estados Unidos.
2. ____ **Me gusta** vivir en la capital de México.
3. ____ **Me gusta** ser bilingüe.
4. ____ **Me gustan** las actividades al aire libre (*open air*).
5. ____ **Me gusta** el arte.

Marisa: Hola. ¿Quién eres? ¿Cómo te llamas?

Carla: Carla Chandía. Mucho gusto, Marisa.

Marisa: Y tú, ¿de dónde eres? ¿Dónde vives?

Carla: Mi familia y yo somos de Guanajuato, pero vivimos en El Paso, Texas.

Marisa: ¿**Te gusta** vivir en Estados Unidos?

Carla: Me gusta este país y en particular El Paso. Hay muchas actividades interesantes para los jóvenes. **A mí me gusta** hablar español e inglés con mis amigos. **Me gustan** las oportunidades para estudiar y trabajar. Y tú, ¿dónde vives?

Marisa: Vivo en la Ciudad de México y **me gusta** mucho vivir aquí. El D.F. es una ciudad enorme y muy bonita. **Me gusta** caminar por el parque Chapultepec y jugar con mi perro, Lassie.

Carla: ¿Qué **te gusta hacer** en tu tiempo libre?

Marisa: Me gustan muchas cosas, como escuchar música, ir a los museos, mirar tele y más…

Gustar

■ To express what you like to do, use **me gusta** + *infinitive*. To express what you don't like to do, use **no me gusta** + *infinitive*.

Me gusta hablar español.	*I like to speak Spanish.*
No me gusta mirar televisión.	*I don't like to watch television.*
Me gusta practicar deportes y salir con mis amigos.	*I like to play sports and go out with my friends.*

■ To express that you like something or someone, use **me gusta** + *singular noun* or **me gustan** + *plural noun*.

Me gusta la música clásica.	*I like classical music.*
Me gustan las personas alegres.	*I like happy people.*

- To ask a classmate what he/she likes, use **¿Te gusta(n)...?** To ask your instructor, use **¿Le gusta(n)...?**

| ¿**Te gusta/Le gusta** tomar café? | *Do you like to drink coffee?* |
| ¿**Te gustan/Le gustan** los chocolates? | *Do you like chocolates?* |

- To state what another person likes, use **a** + *name of person* + **le gusta(n)...** When you are talking about the preferences of more than one person, use **a** + *names* + **les gusta(n)...**

A Diego le gustan las fiestas.	*Diego likes parties.*
A Carlos le gusta el fútbol.	*Carlos likes soccer.*
A Diego y a Carlos les gusta ir de vacaciones con sus padres.	*Diego and Carlos like to go on vacation with their parents.*

PRÁCTICA

 Mis preferencias. PREPARACIÓN. Indicate (✓) your preferences in the following chart.

ACTIVIDAD	ME GUSTA MUCHO	ME GUSTA UN POCO	NO ME GUSTA
escribir correos electrónicos en español			
comer en restaurantes de comida mexicana			
bailar salsa			
escuchar música rock en español			
aprender sobre la cultura de otros países			
visitar lugares históricos			

INTERCAMBIOS. Compare your answers with those of a classmate. Share with the class one similarity and one difference in your preferences.

2-29

¿Te gusta...? PREPARACIÓN. Ask a classmate if he/she likes the following. Be sure to ask follow-up questions as appropriate.

1. el gimnasio de la universidad
2. la informática
3. los autos híbridos
4. los gatos
5. los conciertos de música clásica
6. la clase de español

INTERCAMBIOS. Write a brief note to another classmate in which you share two pieces of information about yourself and two pieces of information you discovered about your partner.

e ¿COMPRENDES?

Complete the mini-conversations about people's likes and dislikes with the appropriate phrase: **me gusta(n), te gusta(n),** or **le gusta(n).**

1. LAURA: ¿_____ el básquetbol, Gonzalo?
   GONZALO: Sí, _____ todos los deportes.

2. JULIÁN: A Carmen _____ bailar salsa y merengue.
   ALEJANDRA: A mí no _____ bailar.

3. FRANCISCO: ¿_____ mirar televisión, Horacio?
   HORACIO: Un poco. _____ las comedias y las telenovelas.

MySpanishLab

Learn more using Amplifire Dynamic Study Modules, Grammar Tutorials, and Extra Practice activities.

¿Qué te gusta hacer? PREPARACIÓN. Write down some questions that you would ask a classmate to find out the following.

1. what he/she likes to do in his/her free time

2. in what restaurants he/she likes to eat with his/her friends

 INTERCAMBIOS. Interview two classmates and ask each of them the questions you prepared in *Preparación*. Compare their responses and share your conclusions with the class.

Situación

PREPARACIÓN. Read the following situation with your partner. Then brainstorm the vocabulary, structures, and other information you will need for both roles in the conversation.

Role A. You are at a park where you hear someone giving commands to a dog in Spanish. Break the ice and introduce yourself. Ask:

a. the person's name;
b. the dog's name and age; and
c. if the dog is friendly (**manso**).

Compliment the dog (smart, strong, very pretty, etc.). Tell the person that you like dogs very much and that you also like cats. Answer the questions this person asks.

Role B. You are in the park with your dog and someone approaches. Answer this person's questions and:

a. ask if he/she has a dog, and if so, what it looks like;
b. say that you don't like cats and say why you don't like them; and
c. ask where this person is from and where he/she is studying Spanish.

	ROLE A	ROLE B
Vocabulario	Greetings and introductions	Greetings and introductions
	Adjectives to describe pets	Adjectives to describe pets
	Likes and dislikes	Likes and dislikes
	Question words	Question words
Funciones y formas	Asking questions	Giving information
	Giving information	Asking questions
	Describing animals	Describing animals
	(No) Gustar to express likes and dislikes	*(No) Gustar* to express likes and dislikes

INTERCAMBIOS. Using the information in *Preparación,* act out the conversation with your partner.

EN ACCIÓN ▶

Entre amigos en Los Ángeles

2-31 Antes de ver

La cultura hispana. Mark (✓) the items typically associated with Hispanic culture in the United States.

1. _____ el guacamole
2. _____ la lasaña
3. _____ la salsa
4. _____ el 4 de julio
5. _____ el festival de la Calle Ocho
6. _____ el lacrosse
7. _____ los tostones
8. _____ el español

2-32 Mientras ves *e*

Dos ciudades. As you watch, first mark (✓) the qualities that describe Los Angeles according to the characters in the video.

1. _____ Es una ciudad muy grande.
2. _____ Tiene mercados con productos latinos.
3. _____ Es una ciudad colonial.
4. _____ La mitad (*half*) de la población es hispana.
5. _____ Hay muchos puertorriqueños.
6. _____ Tiene edificios muy antiguos.

Then, make a list of the activities that Blanca likes to do when she returns to San Juan, Puerto Rico.

_____

_____

_____

2-33 Después de ver *e*

¿Quién es? PREPARACIÓN. After watching the video, indicate whether the following statements refer to Esteban (**E**), Yolanda (**Y**), Federico (**F**), or Blanca (**B**).

1. _____ Es estudiosa.
2. _____ Es muy hablador.
3. _____ Es listo y simpático.
4. _____ Es vegana.
5. _____ Es puertorriqueña.
6. _____ Está triste.

INTERCAMBIOS. Take turns describing your best friend to your partner. Include two personality traits, two physical characteristics, and at least one activity that he/she likes to do.

Mosaicos

ESCUCHA

Preparación. You will listen to a student tell her mother about how different her two roommates are. Before listening to their conversation, write the name(s) of your two best friends and a sentence that describes each one.

Escucha. Listen to the conversation between a student and her mother. Mark (✓) the appropriate column(s) to indicate whether the following statements describe Rita or Marcela.

	RITA	MARCELA
1. Estudia economía.		
2. Le gusta bailar.		
3. Es alta, morena y tiene los ojos negros.		
4. Es muy seria, baja y delgada.		
5. Estudia arte moderno.		

ESTRATEGIA

Listen for specific information

When you ask someone questions, he/she may provide not only the answers you need, but also additional information. To listen effectively, focus on the information you requested. This will help you remember it afterwards.

Comprueba

I was able to …

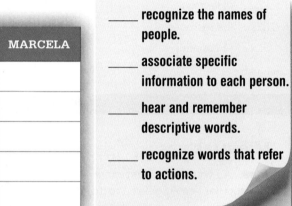

_____ recognize the names of people.

_____ associate specific information to each person.

_____ hear and remember descriptive words.

_____ recognize words that refer to actions.

Un paso más. Ask a classmate what his/her friends are like, what they like to do, and what they study. Then complete the following sentences with the information you gathered and report to the class.

1. Los mejores amigos de mi compañero/a son…

2. A ellos les gusta…

3. Sus amigos y yo somos semejantes/diferentes porque…

HABLA

2-37

Preparación. Find photos and research information online about one of the following public figures.

1. Shakira

2. Eva Longoria

3. Selena Gómez

4. Marco Rubio

5. William Levy

6. Sonia Sotomayor

En directo

To introduce information about physical characteristics:

En cuanto a lo físico…/ Físicamente, es…

To introduce information about personality:

Es una persona…/Tiene un carácter…

Listen to a conversation with these expressions.

2-38

Habla. Share information with your partner about the person you researched. Then switch roles. Describe the physical characteristics and personality traits of this person. Be prepared to respond to your partner's questions and comments.

Describe a person

Descriptions are most effective when they are well organized. For example, you may want to include demographic information (e.g., age, nationality/origin), physical characteristics, personality traits, and accomplishments. A well-organized description presents information by category, beginning with an introductory statement to orient your listener.

Comprueba

In my conversation …

_____ my description was well organized.

_____ I used a variety of descriptive words.

_____ I made nouns and adjectives agree in gender and number.

_____ I asked questions that were clear and easy to answer.

_____ I gave clear information in response to questions.

2-39

Un paso más. Write a paragraph describing the person your classmate has described to you.

LEE

2-40

Preparación. Read the title of the text and examine its format. What type of text is it: a series of e-mail messages, personal ads, or ads for items for sale? Then with a classmate mark (✓) the qualities that you appreciate most in a partner/friend and say why.

a. _____ sociable

b. _____ simpático/a

c. _____ divertido/a

d. _____ perfeccionista

e. _____ mayor

f. _____ flexible

g. _____ trabajador/a

h. _____ ocupado/a

2-41

Lee. Read the ads on the next page and scan them for the information needed in the form below. In some cases, it may not be possible to provide all of the information requested.

	PERSONA 1	PERSONA 2	PERSONA 3	PERSONA 4
nombre				
edad				
nacionalidad				
estado civil				
personalidad (uno o dos adjetivos)				
le gusta…				

ESTRATEGIA

Scan a text for specific information

When you read in Spanish, you can search for particular pieces of information you think will be in the text. Often the comprehension questions after the text will help you decide what information to search for as you read. This approach to reading, called *scanning,* works best if you a) focus on the information you are seeking, and b) read the text through quickly at least twice, looking for specific information each time.

Comprueba

I was able to …

_____ identify the type of text.

_____ find the information I was looking for in each text.

_____ recognize important words.

Amigos sin fronteras

Soltera, sin hijos y sin compromiso. Me llamo Susana y tengo 24 años. Soy guatemalteca. Busco amigos extranjeros, solteros, separados o divorciados, jóvenes o mayores. Soy amable, cariñosa y muy trabajadora. Por mi trabajo, viajo mucho, pero me gusta la compañía de otras personas. Soy bilingüe. Hablo español e inglés. Escriban a sincompromiso@yahoo.net.

Soy Ricardo Brown. 21 años, sincero, dedicado. Me gustan las fiestas. Soy soltero. Deseo conocer a una chica de unos 23 años, preferiblemente venezolana como yo. Prefiero una mujer activa e independiente. Me gusta practicar deportes y explorar lugares nuevos. Escríbanme a amigosincero@hotmail.org.

Me llamo Pablo Sosa, tengo 31 años, y soy chileno. Soy agradable y muy trabajador. Me gusta hacer mi trabajo a la perfección, pero soy tolerante. Los autos convertibles son mi pasión. Deseo mantener correspondencia por correo electrónico con jóvenes del extranjero para intercambiar información sobre los convertibles europeos o americanos. Mi dirección electrónica es locoporlosautos@yahoo.com.

Soy Xiomara Stravinsky, decoradora y fotógrafa argentina. Me gusta el arte, especialmente el impresionismo. Tengo 27 años y soy divorciada. Soy dinámica, agradable y generosa, pero tengo pocos amigos porque tengo dos trabajos y paso muchas horas con mis clientes. Necesito un cambio en mi vida. ¿Deseas ser mi amigo/a? Por favor, escríbeme a xiomarastravinsky@hotmail.com.

2-42

Un paso más. Find the best match for Susana, Ricardo, Pablo, and Xiomara from the following responses received. Then write your own personal ad including a description of your personality and the things you like to do. Share your ad with the class.

1. Tengo 22 años y me gustan todos los deportes. Mis padres viven en Caracas pero yo vivo en Miami.

2. Enseño arte en la escuela secundaria. Tengo tiempo para mis amigos los fines de semana.

3. Soy de Nicaragua. Soy muy sociable y deseo perfeccionar mi inglés.

4. Trabajo para *Autos de hoy,* una revista de Internet.

■ ■ ■ ■ ■
LENGUA

The letter **y** changes to **e** when it precedes a word beginning with the *i* sound (which may include words that start with *hi*): **inglés y español,** but **español e inglés; inteligente y agradable,** but **agradable e inteligente.**

ESCRIBE

2-43

Preparación. Read the following personal ad and indicate the adjectives used to describe the author's physical appearance or personality traits.

> Soy un fanático del cine y necesito amigos para conversar sobre películas los fines de semana. Tengo 24 años y estudio cinematografía. Me fascinan las películas de acción y también las románticas. Soy fuerte, activo, atlético y aventurero. Me gusta practicar deportes, especialmente el tenis y el esquí. Siempre estoy muy ocupado, pero tengo unas horas todas las semanas para conversar sobre películas. Interesados, favor de enviar correo electrónico a **fanaticodelcine@yahoo.com.**

Use adjectives to enrich your descriptions

You may enrich a description by using a variety of descriptive adjectives. When describing objects you may use adjectives to describe shapes or colors. When describing people you may refer to their looks or the way they are. Make sure the adjectives agree in gender and number with the objects and people they describe.

2-44

Antes de escribir. Before starting your e-mail in response to the ad from fanaticodelcine, prepare a list of:

1. adjectives that describe you physically
2. adjectives that describe your personality
3. activities that you like to do
4. the kinds of movies you like

2-45

Escribe. Write an e-mail to fanaticodelcine in response to the ad.

Comprueba
I was able to …

_____ introduce myself.

_____ explain the purpose of my e-mail.

_____ give details about myself.

_____ share my taste in movies.

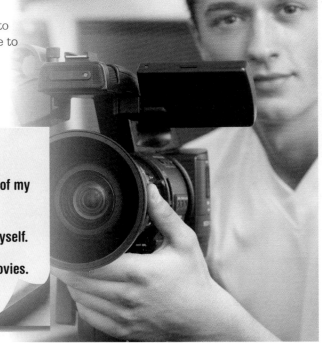

2-46

Un paso más. Exchange e-mails with your partner and write a possible response from fanaticodelcine. Include the following and follow up with other information.

1. a greeting
2. the description of a film you would like to discuss
3. whether you like the film or not, and why

En este capítulo...
Comprueba lo que sabes

Go to *MySpanishLab* to review what you have learned in this chapter. Practice with the following:

Flashcards | Games | Oral Practice | Practice Test / Study Plan
Amplifire Dynamic Study Modules | Tutorials | Videos | Extra Practice

🔊 Vocabulario

LAS DESCRIPCIONES
Descriptions

agradable *nice*
alegre *happy, glad*
alto/a *tall*
antipático/a *unpleasant*
bajo/a *short (in stature)*
bilingüe *bilingual*
bonito/a *pretty*
callado/a *quiet*
cansado/a *tired*
casado/a *married*
contento/a *happy, glad*
conversador/a *talkative*
corto/a *short (in length)*
de estatura mediana *average, medium height*
débil *weak*
delgado/a *thin*
divertido/a *funny, amusing*
enojado/a *angry*
feo/a *ugly*
fuerte *strong*

gordo/a *fat*
guapo/a *good-looking, handsome*
hispano/a *Hispanic*
joven *young*
largo/a *long*
listo/a *smart; ready*
mayor *old*
moreno/a *brunette*
nervioso/a *nervous*
nuevo/a *new*
oscuro/a *dark*
pelirrojo/a *redhead*
perezoso/a *lazy*
pobre *poor*
rico/a *rich. wealthy*
rubio/a *blond*
simpático/a *nice, charming*
soltero/a *single*
tonto/a *silly, foolish*
trabajador/a *hardworking*
triste *sad*
viejo/a *old*

LOS COLORES
Colors

amarillo/a *yellow*
anaranjado/a *orange*
azul *blue*
blanco/a *white*
castaño/a *brown*

gris *gray*
marrón *brown*
morado/a *purple*
negro/a *black*
rojo/a *red*
rosado/a, rosa *pink*
verde *green*

LAS NACIONALIDADES
Nationalities

alemán/alemana *German*
argentino/a *Argentinian*
boliviano/a *Bolivian*
canadiense *Canadian*
chileno/a *Chilean*
chino/a *Chinese*
colombiano/a *Colombian*
costarricense *Costa Rican*
cubano/a *Cuban*
dominicano/a *Dominican*
ecuatoriano/a *Ecuadorian*
español/a *Spanish*
estadounidense *U.S. citizen*
francés/francesa *French*
guatemalteco/a *Guatemalan*

hondureño/a *Honduran*
japonés/japonesa *Japanese*
marroquí *Moroccan*
mexicano/a *Mexican*
nicaragüense *Nicaraguan*
nigeriano/a *Nigerian*
panameño/a *Panamanian*
paraguayo/a *Paraguayan*
peruano/a *Peruvian*
polaco/a *Polish*
portugués/ portuguesa *Portuguese*
puertorriqueño/a *Puerto Rican*
salvadoreño/a *Salvadoran*
uruguayo/a *Uruguayan*
venezolano/a *Venezuelan*

VERBOS
Verbs

desear *to wish, to want*
ser *to be*
usar *to use*

PALABRAS Y EXPRESIONES ÚTILES
Useful words and expressions

el auto, el coche, el carro *car*
de *of, from*
¿de quién? *whose?*
del *of the (contraction of de+ el)*

el esposo/la esposa *husband/wife*
la flor *flower*
le gusta(n) *you (formal) like*
los lentes de contacto *contact lenses*
me gusta(n) *I like*
mucho (adv.) *much, a lot*

mucho/a (adj.) *many*
el ojo *eye*
el pelo *hair*
te gusta(n) *you (familiar) like*
Tengo... años. *I am ... years old.*
tiene *he/she has; you (formal) have*
todos/as *everybody*

See page 87 for possessive adjectives.

3

¿Qué hacen para divertirse?

LEARNING
OUTCOMES

You will be able to:

- describe free-time activities and food
- plan your daily activities and express intentions
- identify prices and dates
- state what and whom you know
- talk about places to visit in Peru
- share information about free-time activities in Hispanic countries and identify cultural similarities

ENFOQUE cultural

PERÚ

Enfoque cultural

To learn more about Peru, go to MySpanishLab to view the *Vistas culturales* videos.

En este detalle de un cuadro anónimo del siglo XVIII, vemos a unos invitados a la boda entre la princesa inca Ñusta Beatriz y un noble español, D. Martín de Loyola.

▼

¿QUÉ TE PARECE?

- La papa es original de Perú. Existen más de 3.000 variedades de este tubérculo.

- Desde la época de los incas hasta ahora, Perú es el principal productor de oro en el mundo.

- El periódico *El Peruano,* fundado por Simón Bolívar en 1825, es el más antiguo de Latinoamérica.

- Inca Kola es el refresco más popular en Perú por su sabor y vibrante color amarillo producido por infusiones de diferentes hierbas naturales.

- El surf es uno de los deportes más populares en Perú. La playa de Punta Hermosa, en el sur, atrae a surfistas de todas partes.

Machu Picchu es una de las ruinas arqueológicas más importantes del mundo. Fue construida en el siglo XV como fortaleza y santuario religioso para los emperadores incas. El mundo recibe las primeras noticias de este lugar en 1911 por medio del explorador Hiram Bingham.

La marinera es uno de los bailes más hermosos y populares que existen en Perú. Todos los años se realiza un festival de marinera en la ciudad de Trujillo (en la costa norte del país), donde compiten parejas para ganar el título de rey y reina de la marinera del año. ▼

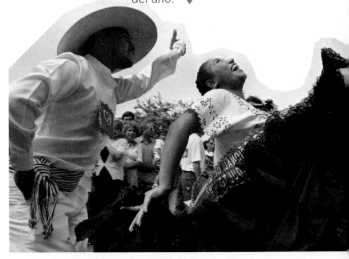

El lago Titicaca se encuentra entre los territorios de Perú y Bolivia a una altura de 12.500 pies sobre el nivel del mar. Allí se encuentran 36 islas flotantes (artificiales) construidas de totora (*reeds*), que abunda en el lago. En las islas flotantes de Uro, Taquile y Amantaní viven comunidades indígenas que mantienen sus costumbres ancestrales.

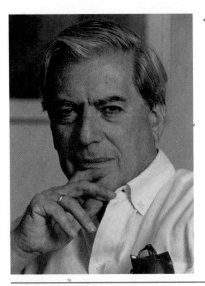

El escritor, novelista, periodista y político peruano Mario Vargas Llosa recibe el Premio Nobel de Literatura en el año 2010. Publica su primera obra, *Los jefes,* a los veintitrés años. Llega a la fama mundial con la novela *La ciudad y los perros.* Sus obras reflejan su percepción de la sociedad peruana y sus experiencias personales.

¿CUÁNTO SABES?

Using the map, photos, and accompanying text, complete the sentences with the correct word.

1. _____ es una antigua e importante ciudad inca en Perú.

2. El lago Titicaca está localizado entre _____ y _____.

3. _____ es un animal que vive en los andes peruanos.

4. Inca Kola es un _____ de color _____.

5. Mario Vargas Llosa recibe _____ en el 2010 por ser un prestigioso escritor.

6. En Perú existen más de 3.000 variedades de _____.

Vocabulario en contexto

Las diversiones

Talking about free-time activities, plans, and food

En todos los **países** hispanos hay **fiestas** y **reuniones.** Los **jóvenes** bailan, escuchan **música** o conversan. A veces **tocan la guitarra** y **cantan canciones** populares.

Muchas personas van a la playa en su **tiempo libre** y también **durante** las **vacaciones.** Aquí en la playa Mancora en Perú, estas personas **toman el sol** y **descansan mientras otras** personas **nadan en el mar,** corren o caminan por la playa.

Un **hombre** y una **mujer** leen el **periódico** en un café de su **ciudad.** Y tú, ¿lees el periódico? ¿Qué periódicos o **revistas** lees? ¿Lees el periódico en papel o en línea?

Muchos **jóvenes** van al **cine,** especialmente los fines de semana. También es común **alquilar** DVD o bajar películas de Internet.

PRÁCTICA

3-1

Escucha y confirma. Indicate the places where people do the activities you hear.

	🏠	⛱	🎭
1.	✓		
2.		✓	
3.			✓
4.	✓		
5.	✓		
6.			✓

3-2

Asociaciones. Match the places to the activities you most likely do there. Compare your answers with those of a classmate and say what other activities you do in those places.

1. _____ la playa

2. _____ la discoteca

3. _____ el cine

4. _____ la biblioteca

5. _____ la casa

a. ver una película

b. leer el periódico

c. caminar por la arena

d. mirar televisión

e. bailar y conversar

3-3

Nuestro tiempo libre. What do you do in the
following places? Take turns asking one another, and
take notes on the responses. Then prepare a report to
share with the class about the most popular activities
in your group.

MODELO en las vacaciones

> E1: ¿Qué haces en tus vacaciones?

> E2: En mis vacaciones generalmente voy a la playa.
> ¿Y tú?

	COMPAÑERO/A 1	COMPAÑERO/A 2	COMPAÑERO/A 3	YO
1. en la universidad después de clase				
2. en la biblioteca pública de tu ciudad				
3. en casa el fin de semana				
4. en un parque de tu ciudad				
5. en la playa durante las vacaciones				
6. en la discoteca con tus amigos				

3-4

¿Qué hacen Pedro y Carmen?

PREPARACIÓN. Look at the drawings and
take turns explaining what Pedro and Carmen
do on weekends.

INTERCAMBIOS. Each of you will write a
message to an e-pal in Peru explaining what
you and your friends do on weekends.

Pedro

Carmen

Hola, Rafael:

¿Cómo estás? Nosotros estamos muy bien.
Los fines de semana mis amigos y yo…

¡Hasta pronto!

Los planes

Una conversación por teléfono entre Manuel y Liliana

LILIANA: ¿Aló?

MANUEL: Hola, mi amor, ¡**felicidades** por tu **cumpleaños!**

LILIANA: Ay, gracias, Manuel.

MANUEL: **¿Qué te parece** si **vamos** al cine esta tarde y **después** a un restaurante para **cenar?**

LILIANA: Me parece **fabuloso.** ¿Qué película vamos a ver?

MANUEL: Hay una nueva de Augusto Tamayo.

LILIANA: Muy bien. Me gustan mucho sus películas. ¿Dónde **ponen** la película?

MANUEL: **Cerca de** El Jardín Limeño, tu restaurante favorito.

LILIANA: **Estupendo,** ¿entonces **luego** vamos a cenar allí?

MANUEL: **¡Claro!** ¿Nos vemos en tu casa a las cinco?

EN OTRAS PALABRAS

Telephone greetings vary from country to country. **¿Diga?** and **¿Dígame?** are used to answer the phone in Spain; **¡Bueno!** in Mexico; **¿Aló?** in Argentina, Peru, and Chile; **¡Oigo!** and **¿Qué hay?** in Cuba. Terms of endearment such as **mi amor, corazón, mi vida, querido/a,** and **mi cielo** also reflect regional preferences.

PRÁCTICA

Cultura

La puntualidad

Many people in Spain and Latin America have a flexible concept of time when it comes to informal settings. Arriving on time for parties and social gatherings is not expected, and it can even be considered rude. Being thirty minutes late, for example, is acceptable. Since parties usually do not end at a set time, generally speaking people usually leave when they feel it is very late, often in the early hours of the morning.

Comparaciones. What is considered late for a party in your country? What is the host's reaction if you leave a party early?

3-5

Para confirmar. PREPARACIÓN. Using the preceding conversation as a model, call a classmate and invite him/her to join you in a weekend activity. He/She should accept or decline the invitation.

INTERCAMBIOS. Repeat the activity with two other classmates. Then explain to the class your weekend plans and who is joining you.

 MODELO *El sábado por la tarde, Juan, Verónica y yo vamos al gimnasio para ver un partido de voleibol.*

En directo

To extend an invitation:

Te llamo/escribo para invitarte a + *infinitive…*
I am calling/writing to invite you to…

To accept an invitation:

¡Estupendo! ¿Dónde quedamos?
Great! Where will we meet?

Sí, gracias/¡Ah, qué bien!/¡Qué buena idea!
Yes, thanks/How great!/What a great idea!

¡Fabuloso! *Fabulous!*

To decline an invitation:

Lo siento, pero no tengo tiempo/tengo mucha tarea… *I'm sorry, but I don't have time/I have too much homework…*

Ese día no puedo, tengo un examen.
I can't on that day, I have an exam.

Listen to a conversation with these expressions.

3-6

Un plan para el sábado. Write a text message to a classmate inviting him/her to go to the movies on Saturday. Respond to your classmate's message.

Cultura

■ ■ ■ ■ ■

El cine

Traditionally, Mexico, Spain, and Argentina have had important film industries, but films are made in other Spanish-speaking countries as well. Outstanding Spanish-language film directors like Pedro Almodóvar and Icíar Bollaín in Spain, Alfonso Cuarón, Guillermo del Toro, and Alejandro González Iñárritu in Mexico, Sergio Cabrera in Colombia, and Juan Carlos Tabío in Cuba, among others, are internationally known.

Conexiones. What other famous directors (American or foreign-born) can you name? What do you like best about their style?

▲ Alejandro González Iñárritu, Guillermo del Toro y Alfonso Cuarón

¿Adónde vamos? Identify three activities on this page from a newspaper in Lima that you and your classmate find interesting. Then fill in the chart, including time for each activity. Be prepared to share this information with the class.

¿Adónde vamos?	¿Qué vamos a hacer?	¿Cuándo?

AGENDA CULTURAL

La guía de Lima

Cine

Cine arte: Películas de culto, presenta:

1:00 PM. "Dementia" (56'–1955) Dir.: John Parker (Estados Unidos).

4:30 PM. "Homicidio por contrato" (81'–1958) Dir.: Irving Lerner (Estados Unidos).

7:30 PM. Festival de Cine al Este de Lima, presenta: "Milos Forman, lo que no te mata" (100'–2010) Dir.: Miloslav Smidmajer (República Checa).

Ingreso libre.

Libros

Casa de la Literatura Peruana (cll. Jr. Ancash 207–Lima)

11:00 AM. Títeres: "La Achique". Ingreso libre.

7:00 PM. Conversando con mi autor favorito, presenta: Fernando Ampuero. Ingreso libre (previa inscripción: Tlf.: 426–2573, anexo 104 / actividadesliterariascaslit@gmail. com).

Música

Auditorio del Colegio Santa Úrsula (av. Santo Toribio 150–San Isidro)

Música: Temporada de Abono 2013, presenta: "Recital de viola y violín" a cargo de Domenico Nordio y Francesca Dego (Italia); a las 7:30 PM. Entrada general: S/.140

Auditorio del Británico de San Borja (av. Javier Prado Este 2726–San Borja)

Música: "Industrial pop" a cargo de Bocanegra; a las 7:30 PM.

Ingreso libre.

Exposiciones

"NEVADOS" pintura de Alejandro Jaime, en Sala de Arte del Centro Cultural El Olivar (cll. La República 455, El Olivar–San Isidro) de lunes a sábado de 10 AM a 8 PM. Hasta el 28 de mayo.

Teatro

Teatro Nadal (cll. Mártir José Olaya 139, int. 112–Miraflores)

Unipersonal: "Conferencia magistral" de Antón Chéjov (Rusia), a cargo de Carlos Gassols; a las 8:00 PM. Entrada general: S/.45

Teatro de Lucía (cll. Bellavista 512–Miraflores)

Teatro: "De repente el verano pasado" de Tennessee Williams (Estados Unidos), a cargo de Lucía Irurita y Mirna Bracamonter, Dir.: Alberto Isola; a las 8:00 PM. Entrada general: S/.30–Estudiantes: S/.25

Conferencias

Nueva Acrópolis Breña (av. Bolivia 568–Breña)

Charla: "La física cuántica: el lado esotérico de la naturaleza"; a las 8:30 PM. Ingreso libre (previa inscripción: www.acropolisperu.org).

◆ La comida

En el restaurante. Ahora Liliana y Manuel están en el restaurante El Jardín Limeño para **celebrar** el cumpleaños de Liliana. Hablan con el **camarero.**

CAMARERO:	Buenas noches. ¿Qué desean los señores?
MANUEL:	Liliana, ¿qué vas a comer?
LILIANA:	Para mí, primero una **ensalada** y después **pollo** con **verduras.**
MANUEL:	Yo, para empezar, ceviche de **pescado.** Y luego un **bistec** con **papas.**
CAMARERO:	¿Y para beber?
LILIANA:	Para mí, **vino** tinto. Y también **agua** con gas, por favor.
CAMARERO:	¿Algo más?
MANUEL:	Nada más, gracias.

tamales frijoles arroz

yuca frita

aceitunas

ceviche

ESPECIALIDADES DE LA CASA

ENTRADAS
Ensalada de la casa	S/.10
Ceviche de pescado	S/.15
Papa a la huancaína	S/.10
Causa a la limeña	S/.12

PLATOS PRINCIPALES
Chupe de camarones	S/.22
Ají de gallina	S/.18
Lomo saltado	S/.17
Bistec con papas	S/.17
Pollo con verduras	S/.16

POSTRES
Suspiro de limeña	S/.8
Alfajor	S/.8
Mazamorra morada	S/.6

BEBIDAS
Chicha morada	S/.4
Jugo de maracuyá	S/.4
Inca Kola	S/.3

Más comidas y bebidas

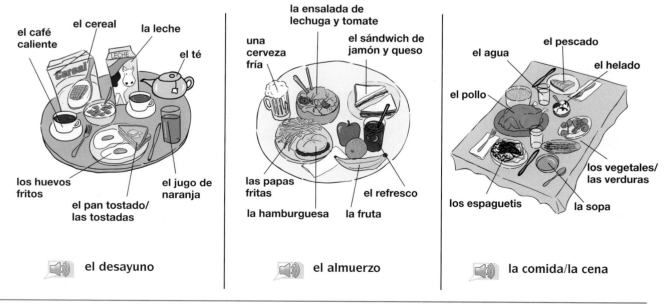

el café caliente el cereal la leche el té

los huevos fritos el pan tostado/ las tostadas el jugo de naranja

el desayuno

la ensalada de lechuga y tomate

una cerveza fría el sándwich de jamón y queso

las papas fritas el refresco la fruta

la hamburguesa

el almuerzo

el agua el pescado el helado

el pollo

los espaguetis los vegetales/ las verduras la sopa

la comida/la cena

PRÁCTICA

3-8

Para confirmar. **PREPARACIÓN.** Decide which item in each group contains the most calories.

1. la sopa de tomate, la hamburguesa, la sopa de pollo
2. el pollo frito, el pescado, la ensalada
3. las verduras, las frutas, las papas fritas
4. la cerveza, la leche desnatada (*skim*), el café
5. el helado de chocolate, el cereal, el arroz

INTERCAMBIOS. Compare with your partner to see if you agree which foods have the most calories. Then, ask each other about your preferences.

MODELO E1: *Frecuentemente como ensaladas y bebo cerveza. ¿Y tú?*

E2: *Yo frecuentemente como hamburguesas con papas fritas y bebo refrescos.*

3-9

Las comidas. **PREPARACIÓN.** Discuss with your classmate what you usually have for breakfast, lunch, and dinner.

MODELO *En el desayuno, como tostadas y bebo café. ¿Y tú?*

INTERCAMBIOS. Write a paragraph explaining what you and your classmate eat frequently for breakfast, lunch, and dinner.

MODELO *Para desayunar yo frecuentemente como cereal y bebo café con leche. Mi compañero…*

Cultura

■ ■ ■ ■ □

La comida rápida

Fast food is popular among young Hispanics, and American-style hamburger places may be found in Hispanic countries. They often adapt to local tastes, and it is not unusual to have hamburgers served with rice and black beans instead of fries. Beer and wine may be sold in addition to soft drinks.

Comunidades. Do you know of any fast food places in your community that are not American style? What types of food do they serve?

▲ Bembos en Lima

MENÚ

SOPAS

Sopa de pollo	S/. 9
Sopa de tomate	S/. 7
Sopa de vegetales	S/. 7
Sopa de pescado	S/. 12

ENSALADAS

Ensalada de lechuga y tomate	S/. 8
Ensalada de pollo	S/. 14
Ensalada de atún	S/. 12

PLATOS PRINCIPALES

Bistec con papas y vegetales	S/. 20
Hamburguesa con papas fritas	S/. 16
Pescado con papas fritas	S/. 18
Arroz con vegetales	S/. 15

3-10

¿Qué debe comer? Take turns asking each other which items from the menu are the best options for the following people.

1. Tu amiga Luisa desea subir de peso (*gain weight*).
2. Tu mamá es alérgica a los mariscos (*seafood*).
3. Tu amigo José necesita bajar de peso (*lose weight*).
4. El profesor Méndez está enfermo (*sick*) del estómago hoy.

3-11

¿Qué te gusta más? Using the words below, discuss with your partner what you each prefer to drink **por la mañana, para el almuerzo, por la noche.** Then explain your partner's preferences to the class.

MODELO   E1: *¿Qué te gusta beber por la mañana, té o café?*

E2: *Me gusta más beber café.*

- agua mineral con gas
- un refresco
- agua mineral sin gas
- un té (*helado*)
- un batido (*shake*) de yogur y fruta
- un vaso (*glass*) de leche
- una copa de vino
- una cerveza
- un chocolate caliente
- jugo de naranja

3-12

En el café. PREPARACIÓN. It is 9:00 on Saturday morning, and you and a friend are in a café in Lima. Look at the menu and decide what you want to order.

INTERCAMBIOS. Ask your friend what he/she would like to order, then explain your order to a waiter.

MODELO   E1: *El desayuno es muy bueno aquí. ¿Qué deseas comer?*

E2: _____ *¿Y tú?*

E1: *Yo _____ ¿Y qué vas a tomar?*

E1: *Camarero, mi amigo/a… y yo…*

DESAYUNOS

café	S/.3
té	S/.3
café con leche	S/.5
jugo de naranja	S/.5
chocolate	S/.6
tostadas	S/.5
pan con mantequilla	S/.5
pan dulce	S/.6
cereal	S/.8
huevos fritos	S/.10

En directo

Expressions to order food:

Para mí, unas tostadas, café… *For me, some toast, coffee...*

Me gustaría/Quisiera comer/ tomar… *I would like to eat/drink …*

Yo quiero/deseo… *I want...*

 Listen to a conversation with these expressions.

3-13

Nuestro menú. You and your roommate want to have guests over for dinner tonight. Decide whom each of you is going to invite and what you are going to serve. Finally, compare your menu with that of another pair of classmates.

- Vamos a invitar a

_____

_____

_____

- Vamos a servir

_____

_____

_____

3-14

Un viaje (*trip*). You and your partner are in Peru and are planning a day trip to Machu Picchu. Arrange to take some food and beverages with you.

1. Make a list of the food and beverages that you need to take.

2. Talk in detail about at least five activities that you are going to do.

3-15

¿Qué hacen estos estudiantes?
PREPARACIÓN. Rafael and Miguel talk about their activities and weekend plans. Before you listen, write down three activities you normally do during the week, and three that you plan to do this weekend. Then, ask your partner if he/she is going to do the same things.

ESCUCHA. Listen to Rafael and Miguel's conversation. Indicate (✓) the activities they say they will do during the weekend.

1. _____ estudiar para los exámenes

2. ___✓___ comer en un restaurante

3. ___✓___ descansar y tomar el sol

4. _____ trabajar en la librería

5. _____ celebrar el cumpleaños de Rafael

Los hispanos utilizan su tiempo libre para hacer actividades en grupo. Los españoles van de tapas, los argentinos y uruguayos organizan grandes asados y los colombianos van a fiestas donde bailan toda la noche. Pero no participan solo en actividades típicas de sus países. La globalización y la influencia de la cultura norteamericana en el mundo hispano han cambiado (*have changed*) la vida social de muchos.

Exam

▲ **Salir de tapas en Madrid**

▲ **Asador de carne en Argentina**

Hoy en día, los centros comerciales son un lugar muy importante para las personas jóvenes. Es común ver a grupos de amigos pasear, ir al cine, tomar un café o ir a un restaurante en estos centros después de la escuela o del trabajo. La música también tiene una gran influencia estadounidense. Muchas veces los jóvenes cantan las canciones que suenan en la radio, y bailan al ritmo de la música electrónica en las discotecas.

Sin duda, Internet tiene un impacto muy fuerte en cómo los jóvenes utilizan su tiempo libre. Los jóvenes de 12 a 18 años pasan a veces de tres a cuatro horas al día en Internet. Las redes sociales (*social networks*) son una pasión entre los latinoamericanos. En Argentina, por ejemplo, hay 40 millones de personas; 20 millones utilizan Facebook. Y tú, ¿pasas muchas horas en Facebook? ¿Paseas con tus amigos en los centros comerciales?

▼ **Real Plaza en Lima**

Compara

1. En tu opinión, ¿la cultura hispana influye en (*influences*) la cultura estadounidense? Menciona algunos ejemplos de esta influencia.

2. Menciona dos semejanzas y dos diferencias de cómo pasan el tiempo los jóvenes en Estados Unidos y en el mundo hispano.

☑ Funciones y formas

1 Talking about daily activities

🔊 **Unos nuevos amigos conversan sobre sus actividades**

CAROLINA: Bueno, para conocernos mejor, ¿por qué no jugamos a Decir la verdad? José Manuel, la primera pregunta es para ti. ¿Qué **haces** cuando estás aburrido?

JOSÉ MANUEL: **Pongo** la tele para ver películas. Y tú, Tomás, ¿adónde **sales** cuando tienes tiempo? ¿Y con quién?

TOMÁS: Bueno, **salgo a** comer con mi novia Pilar. Pero cuando tengo exámenes, debo **salir para** la biblioteca. Carolina, cuando **oyes** música salsa, ¿qué **haces?**

CAROLINA: Eso es muy fácil. Siempre bailo cuando **oigo** música salsa. Mi pregunta es para ustedes dos. ¿Qué **hacen** ustedes en casa que no les gusta **hacer?**

TOMÁS: No me gusta, pero **hago la cama** porque me gusta el orden.

JOSÉ MANUEL: Mis hermanitos me **traen** su ropa y lavo su ropa sucia (*dirty*) todo el fin de semana. ¿Y tú, Carolina?

CAROLINA: ¿Yo? Pues, **pongo la mesa** todos los días, pero no me gusta. ¡Qué lata!

---

e **Piénsalo.** Match each idea with its most logical ending.

1. _____ **Pongo** la tele…

2. _____ **Pongo la mesa…**

3. _____ **Oigo** música…

4. _____ Debo **salir para** la biblioteca…

5. _____ **Hago** la cama…

6. _____ Lavo la ropa que **traen** mis hermanos…

a. porque me gusta el orden.

b. cuando **salgo** con mis amigos.

c. para pasarlo bien (*have a good time*).

d. para ayudar (*help*) en casa.

e. porque me gusta ver películas.

f. porque necesito buscar unos libros.

Present tense of *hacer, poner, salir, traer,* and *oír*

■ In the present tense, the verbs **hacer, poner, salir, traer,** and **oír** have irregular **yo** forms, but are regular in all other forms.

HACER (*to make, to do*)			
yo	**hago**	nosotros/as	**hacemos**
tú	**haces**	vosotros/as	**hacéis**
Ud., él, ella	**hace**	Uds., ellos/as	**hacen**

■ **Hacer** means *to do* or *to make*. It is used frequently in questions to ask in a general sense what someone does, is doing, or likes to do.

¿Qué **haces** para sacar buenas notas?   *What do you do to get good grades?*

Hago la tarea para mis clases todos los días.   *I do the homework for my classes every day.*

- **Poner** means *to put*. When used with some electrical appliances, **poner** means *to turn on;* **poner la mesa** means *to set the table.*

PONER (*to put*)			
yo	**pongo**	nosotros/as	**ponemos**
tú	**pones**	vosotros/as	**ponéis**
Ud., él, ella	**pone**	Uds., ellos/as	**ponen**

Por la mañana **pongo** mis libros en mi mochila.	*In the morning I put my books in my backpack.*
Mi abuelo **pone** la televisión después de la cena.	*My grandfather turns on the TV after dinner.*
Yo **pongo la mesa** a la hora de la cena.	*I set the table at dinner time.*

- **Salir** can be used with several different prepositions. To express that you are leaving a place, use **salir de;** to express your destination, use **salir para;** to express with whom you go out or the person you date, use **salir con;** to express intention, use **salir a.**

SALIR (*to leave*)			
yo	**salgo**	nosotros/as	**salimos**
tú	**sales**	vosotros/as	**salís**
Ud., él, ella	**sale**	Uds., ellos/as	**salen**

Yo **salgo de** mi cuarto a las 7:15 de la mañana.	*I leave my room at 7:15 in the morning.*
Salgo para la cafetería.	*I am leaving for the cafeteria.*
Mi mejor amiga **sale con** Mauricio.	*My best friend is dating Mauricio.*
Ellos **salen a** bailar los sábados.	*They go out dancing on Saturdays.*

TRAER (*to bring*)			
yo	**traigo**	nosotros/as	**traemos**
tú	**traes**	vosotros/as	**traéis**
Ud., él, ella	**trae**	Uds., ellos/as	**traen**

Yo siempre **traigo** un postre a estas fiestas.	*I always bring a dessert to these parties.*

- **Oír** means *to hear* in the sense of *to perceive sounds.* Note the spelling and the accent marks in the infinitive, **nosotros/as,** and **vosotros/as** forms.

OÍR (*to hear*)			
yo	**oigo**	nosotros/as	**oímos**
tú	**oyes**	vosotros/as	**oís**
Ud., él, ella	**oye**	Uds., ellos/as	**oyen**

Yo **oigo** música.	*I hear music.*
—¿**Oyes** la alarma?	*—Do you hear the alarm?*
—No, no **oigo** nada.	*—No, I don't hear anything.*

---

e **¿COMPRENDES?**

Complete the sentences to say what these people do on the weekend.

1. Los sábados, Marcos y Victoria _____ (salir) a la discoteca. _____ (Oír) buena música y bailan mucho.

2. Yo no _____ (salir) mucho los sábados. _____ (Traer) mis libros a casa y _____ (hacer) tareas todo el fin de semana.

3. A veces (*Sometimes*) nosotros _____ (hacer) fiestas en mi apartamento. Mis amigos _____ (traer) comida y nosotros _____ (oír) música o _____ (poner) una película.

MySpanishLab

Learn more using Amplifire Dynamic Study Modules, Grammar Tutorials, and Extra Practice activities.

PRÁCTICA

3-16

La perfección andante (*Perfection in motion*).
PREPARACIÓN. Decide if you are organized, considerate, studious, and punctual. Check (✔) the statements that refer to things you do or don't do regularly.

1. _____ Yo **hago** mi cama temprano por la mañana.
2. _____ Cuando **oigo** que un amigo está triste, lo invito a salir.
3. _____ Siempre **pongo** música rock cuando estudio.
4. _____ Generalmente, **traigo** mi iPad a clase para tomar apuntes.
5. _____ En general, no **traigo** mi iPod porque necesito escuchar al profesor.
6. _____ Por las mañanas, **hago** ejercicio y luego **salgo** para la universidad.

 INTERCAMBIOS. Take turns talking about the activities you both do that show off your best qualities.

MODELO E1: *Yo soy organizado/a. Siempre hago mi cama por la mañana. ¿Y tú?*

E2: *Pues, yo también…*

3-17

¿Usas bien tu tiempo libre? **PREPARACIÓN.**
Check (✔) the version of each pair of activities that fits you.

1. _____ Pongo la mesa para cenar.
   _____ Como en cualquier lugar de la casa.
2. _____ Hago el desayuno.
   _____ Salgo a desayunar fuera de casa.
3. _____ Hago la cama todos los días.
   _____ Hago la cama una vez por semana.
4. _____ Traigo el periódico a casa.
   _____ Leo el periódico en Internet.
5. _____ Pongo la televisión para ver películas.
   _____ Salgo al cine para ver películas.

 INTERCAMBIOS. Share your answers with a classmate and describe what else you do in that situation.

MODELO *Pongo la mesa para cenar y traigo las bebidas también.*

3-18

Para pasarlo bien. **PREPARACIÓN.** Indicate (✔) the activities that, in your opinion, your classmates probably do to have fun. Compare your answers with those of your partner.

1. _____ Alquilan películas los fines de semana.
2. _____ Oyen música y bailan mientras estudian para los exámenes.
3. _____ Frecuentemente hacen fiestas con sus amigos.
4. _____ Asisten a conciertos y exposiciones de arte.
5. _____ Hacen ejercicio en el gimnasio o en el parque.
6. _____ Escuchan programas en la Radio Pública Nacional (*NPR*).
7. _____ Salen a comer en grupo.
8. _____ Hablan por Skype constantemente.

 INTERCAMBIOS. Using the activities you marked in *Preparación*, ask your instructor if he/she does these activities to have fun.

MODELO E1: *Para pasarlo bien, nosotros asistimos a conciertos de música rock. ¿Usted asiste a conciertos de música rock para pasarlo bien?*

INSTRUCTOR: *No, no asisto a conciertos de música rock. Para pasarlo bien escucho conciertos de música jazz en la radio pública.*

E1: *¡Qué interesante!*

3-19

Mi rutina. PREPARACIÓN. Talk about the activities you routinely do. Then ask your classmate about his/her activities.

 MODELO tener clases (por la mañana/por la tarde)

> E1: *Yo tengo clases por la mañana. ¿Y tú?*
>
> E2: *Yo tengo clases por la mañana y por la tarde.*

1. salir de casa (temprano/tarde) por la mañana

2. poner (el iPod/la computadora) para escuchar música por la mañana

3. hacer la tarea (en casa/en la biblioteca)

4. salir a (comer/ver películas) con amigos por la noche

5. traer muchos (libros/amigos) a casa después de las clases

INTERCAMBIOS. Write a brief paragraph comparing your routine with that of your classmate. In your opinion, who has a more interesting routine, and why? Provide a few reasons.

En directo

To react to what someone has said:

¡Qué interesante! *How interesting!*

¡Qué divertido! *How fun!*

¡Qué aburrido! *How boring!*

¡Qué lata! *What a nuisance!*

🔊 Listen to a conversation with these expressions.

Situación

PREPARACIÓN. Read the following situation with your partner. Then brainstorm the vocabulary, structures, and other information you will need for both roles in the conversation.

Role A. You have made a new friend, and you are asking him/her about the things he/she likes to do in his/her free time. Ask him/her:

a. if he/she goes out a lot and where;

b. if he/she does any sports;

c. if he/she goes to parties and what does he/she bring; and

d. if he/she likes to listen to music and what music he/she listens to.

Role B. You are new in town, and you have just met someone who is interested in knowing more about you. Answer the questions in as much detail as possible and ask some questions of your own.

	ROLE A	ROLE B
Vocabulario	Free-time activities Question words Movies, music, or other forms of entertainment	Free-time activities Question words Movies, music, or other forms of entertainment
Funciones y formas	Verbs *hacer, poner, traer, oír* Asking and answering questions Reacting to what one hears	Verbs *hacer, poner, traer, oír* Asking and answering questions Reacting to what one hears

INTERCAMBIOS. Using the information in *Preparación,* act out the conversation with your partner.

2 Expressing movement and plans

Elena, la chica en el centro de la foto, habla de sus amigos

Mis amigos y yo somos diferentes, pero estamos muy unidos. Para mi cumpleaños, nosotros **vamos a** un restaurante todos los años. Los sábados, yo **voy a** la casa de mi amiga Estela, y luego ella **va** conmigo **al** gimnasio para hacer ejercicio. A veces Rafael, Humberto y Rodrigo también **van al** gimnasio con nosotras. Mi amiga Teresa, no sale mucho porque prefiere estudiar. Yo siempre bromeo (*joke*) con ella: "Tere, ¿**vas a** la biblioteca a pasarlo bien?" Fernando es muy tranquilo y le fascina el arte. Con frecuencia él y Estela **van a** la librería a comprar libros.

Piénsalo. Read the following statements about Elena and her friends. Then indicate (✔) if the statement is **Probable** or **Improbable,** based on the information Elena provides.

	Probable	Improbable
1. Elena y sus amigos **van a** restaurantes juntos para celebrar su cumpleaños.	_____	_____
2. Fernando **va a** los conciertos de música rock.	_____	_____
3. Estela afirma: "Frecuentemente, yo **voy a** la librería a comprar libros".	_____	_____
4. Teresa comenta: "Fernando y yo **vamos al** museo de arte esta tarde".	_____	_____
5. Elena no **va a** las fiestas de cumpleaños de sus amigos.	_____	_____

Present tense of *ir* and *ir a + infinitive*

■ After the verb **ir,** use **a** to introduce a noun that refers to a place. When **a** is followed by the article **el,** the two words contract to form **al.**

IR (*to go*)			
yo	**voy**	nosotros/as	**vamos**
tú	**vas**	vosotros/as	**vais**
Ud., él, ella	**va**	Uds., ellos/as	**van**

Voy **a la** fiesta de María.	*I am going to Maria's party.*
Vamos **al** gimnasio.	*We are going to the gym.*

■ Use **¿adónde?** when asking *where (to)?* with the verb **ir.**

¿**Adónde** vas ahora?	*Where are you going now?*

■ To express a future action or condition, use the present tense of **ir a +** the infinitive form of the verb.

Mis amigos **van a nadar** después.	*My friends are going to swim later.*
¿**Vas a ir** a la fiesta?	*Are you going to go to the party?*

■ The expression **vamos a +** *infinitive* can mean *let's.*

Vamos a cenar en mi casa.	*Let's have dinner at my house.*
Vamos a bailar después.	*Let's go dancing afterward.*

> **LENGUA**
>
> The following expressions denote future time:
>
> **después, más tarde, esta noche, mañana, pasado mañana, la próxima semana, el próximo mes/ año.**

Complete the conversation with the correct form of the verb **ir.**

LUIS: Hola, Lorena, ¿adónde (1) _____?

LORENA: Hola, Luis. (2) _____ a la biblioteca porque debo estudiar para el examen de mañana.

LUIS: Ah, pues yo también (3) _____ para allá. ¿Por qué no (4) _____ juntos (*together*)?

LORENA: Sí, claro. Pero ¿qué tal si primero (5) _____ a tomar un café a la cafetería?

MySpanishLab

Learn more using Amplifire Dynamic Study Modules, Grammar Tutorials, and Extra Practice activities.

PRÁCTICA

3-20 |e|

¿Adónde van? PREPARACIÓN. Josh and Steve are North American students visiting Peru for their summer vacation. Match the descriptions with the places they plan to see.

a. Machu Picchu **b.** las líneas de Nazca **c.** la Universidad de San Marcos **d.** una peña

1. _____ Steve estudia historia. Por eso, busca una institución prestigiosa. Está en Lima. Va a…

2. _____ Los dos amigos van a visitar uno de los lugares más misteriosos del planeta. Allí hay enormes figuras geométricas trazadas (*drawn*) en la tierra que son visibles solamente desde el aire. Ellos van a…

3. _____ Josh conoce (*meets*) a Susana en Perú. Ella lo invita a un evento folclórico donde las personas oyen poesía, música tradicional y comen y bailan también. Josh y Susana van a…

4. _____ Steve y Josh van a un lugar histórico imposible de ignorar. Es considerado el símbolo del imperio inca. Está cerca de Cuzco. Steve y Josh van a…

👥 **INTERCAMBIOS.** Now take turns asking your partner where you two will go to do the following in Peru.

1. ¿Adónde vamos para hacer amigos, conversar y bailar ritmos peruanos?

2. ¿Adónde vamos para tomar fotos de los alumnos y el edificio de una universidad muy antigua?

3. ¿Adónde vamos para escalar unas montañas altas de mucha importancia histórica?

NOMBRE	HORA	LUGAR	DESTINO
Juan	8:00 de la mañana	gimnasio	clase
Alicia	9:30 de la mañana	laboratorio de computadoras	biblioteca
Sofía	8:30 de la mañana	oficina	cafetería
Tú	…	…	…

Los horarios. PREPARACIÓN. Your classmate's friends Bob, Juan, Alicia, and Sofía are busy today. Ask your classmate when each friend is leaving the place listed and where he/she is going afterward.

MODELO E1: *¿A qué hora sale del trabajo tu amigo Bob?*
E2: *(Sale) a las seis de la tarde.*
E1: *¿Adónde va después?*
E2: *Va al cine.*

INTERCAMBIOS. Exchange information with your partner about what each of you does at the times listed in *Preparación.*

MODELO E1: *¿Qué haces a las 8:00 de la mañana?*
E2: *Salgo de mi casa para la universidad.*
E1: *¿Adónde vas después?*
E2: *Voy al gimnasio. ¿Qué haces tú a las 8:00 de la mañana?*

¡Qué desorden! (*What a mess!*) PREPARACIÓN. Cristina had a party at her house, and now her friends are helping her clean up. Match each situation with its probable solution. Compare answers with a partner.

1. _____ Hay muchos platos sucios.
2. _____ Cristina ve mucha comida en la mesa.
3. _____ La casa está desordenada.
4. _____ Cristina y sus amigos necesitan energía para limpiar la casa.
5. _____ Los amigos de Cristina están cansados después de la fiesta.

a. Dos chicos van a ordenar todo.
b. Algunos amigos van a recoger (*pick up*) los platos.
c. Una amiga va a poner la comida en el refrigerador.
d. Una amiga va a preparar café.
e. Van a descansar.

INTERCAMBIOS. Brainstorm how Cristina's parents are going to react when they find out about her party. Some reactions may include: *cancelar su tarjeta de crédito/su teléfono celular, prohibir fiestas/amigos, estar enojados…*

MODELO E1: *Sus padres no van a estar contentos.*
E2: *Sí, y van a conversar muy seriamente con Cristina.*

Mi agenda para la semana. Invite six classmates individually to do the following activities with you. They are going to accept or refuse your invitation.

MODELO estudiar en la biblioteca el lunes por la noche
E1: *¿Vamos a estudiar en la biblioteca el lunes por la noche?*
E2: *Lo siento, Miguel, el lunes por la noche voy a ir al cine con David. Pero ¿por qué no estudiamos el martes por la mañana?*
E1: *Buena idea. Vamos a estudiar el martes temprano por la mañana.*

1. ir a un concierto el viernes por la noche
2. mirar una buena película en casa el lunes a mediodía
3. tomar algo en un café el sábado por la mañana
4. estudiar para un examen difícil el miércoles por la tarde
5. bailar en la discoteca el jueves por la noche
6. hacer ejercicio el domingo a mediodía

Los planes de Maribel. PREPARACIÓN. Take turns telling each other what Maribel is going to do at the times indicated.

INTERCAMBIOS. Chat with your classmate about what you are going to do at those times on Friday.

Situación

PREPARACIÓN. Read the following situation with your partner. Then brainstorm the vocabulary, structures, and other information you will need for both roles in the conversation.

Role A. You call to invite a friend to a café tonight where a mutual friend is going to sing. After your friend responds, ask about his/her plans for later in the evening:

a. where he/she is going;
b. with whom; and
c. what time, etc.

Role B. A friend calls to invite you to a café tonight where a mutual friend is going to sing. Inquire about the event to find out:

a. what time and where it will be; and
b. if other friends are going to go.

Accept the invitation and mention your plans for later in the evening.

	ROLE A	ROLE B
Vocabulario	Free-time activities	Free-time activities
Funciones y formas	Making plans Verb *ir* *ir + a + infinitive* Extending an invitation Asking the time Reacting to what one hears	Verb *ir* *ir + a + infinitive* Accepting an invitation Telling time Asking questions

INTERCAMBIOS. Using the information in *Preparación*, act out the conversation with your partner.

3 Talking about quantity

Adriana va a comprar un billete de lotería. Si gana (*If she wins*) dos millones de dólares, va a comprar un boleto de avión por **mil setecientos dólares** para visitar a su familia en Perú. Además va a comprar un carro deportivo por **cuarenta y dos mil cuatrocientos dólares** y muchas cosas más. Y para sus padres, **mil dólares.** Adriana puede imaginar a su padre contando (*counting*) el dinero… **quinientos, seiscientos, setecientos, ochocientos, novecientos…** y a su madre pensando en (*thinking about*) la fiesta que va a preparar.

Piénsalo. Select the numbers that correspond to the cost of the other items Adriana is hoping to buy.

1. _____ una casa por setecientos cincuenta mil dólares	**a.** 500
2. _____ una computadora portátil por dos mil ciento diez dólares	**b.** 750.000
3. _____ un teléfono celular por quinientos dólares	**c.** 5.400
4. _____ tres televisores plasma por cinco mil cuatrocientos dólares	**d.** 2.110

Numbers 100 to 2,000,000

■ You have already learned the numbers up to 99. In this section you will learn the numbers to talk about larger quantities.

100	**cien/ciento**	1.000	**mil**
200	**doscientos/as**	1.100	**mil cien**
300	**trescientos/as**	2.000	**dos mil**
400	**cuatrocientos/as**	10.000	**diez mil**
500	**quinientos/as**	100.000	**cien mil**
600	**seiscientos/as**	150.000	**ciento cincuenta mil**
700	**setecientos/as**	500.000	**quinientos mil**
800	**ochocientos/as**	1.000.000	**un millón (de)**
900	**novecientos/as**	2.000.000	**dos millones (de)**

■ Use **cien** to say 100 when used alone or when followed by a noun. Use **ciento** for numbers from 101 to 199.

100	**cien**
100 chicos	**cien** chicos
120 profesoras	**ciento** veinte profesoras
177 libros	**ciento** setenta y siete libros

■ Multiples of 100 agree in gender with the noun they modify.

200 periódicos	**doscientos** periódicos
1.400 revistas	**mil cuatrocientas** revistas

- Use **mil** for *one thousand*. Multiples of 1,000 are also **mil.**

  1.000   **mil** alumnos, **mil** alumnas
  12.000   **doce mil** residentes

- Use **un millón** to say *one million*. Use **un millón de** when a noun follows.

  1.000.000   **un millón**
  1.000.000 de personas   **un millón de personas**
  12.000.000 de dólares   **doce millones de dólares**

- In many Spanish-speaking countries, a period is used to separate thousands, and a comma is used to separate decimals.

  $1.000 $19,50

- Numbers higher than one thousand, such as dates or street addresses, are not stated in pairs as they often are in English.

  1942 (*nineteen forty-two*)   **mil novecientos cuarenta y dos**

|e| **¿COMPRENDES?**

Complete each sentence with the appropriate number.

1. Aproximadamente _____ de personas hablan español.
2. El dólar tiene _____ centavos.
3. El profesor Hiram Bingham de Yale llega a Machu Picchu por primera vez (*for the first time*) en el año _____ .
4. La Constitución de Estados Unidos tiene más de _____ años.
5. El próximo milenio va a empezar en el año _____ .

a. cien
b. mil novecientos once
c. tres mil uno
d. trescientos cincuenta millones
e. doscientos veinte

MySpanishLab

Learn more using Amplifire Dynamic Study Modules, Grammar Tutorials, and Extra Practice activities.

PRÁCTICA

3-25 👥👥

Cantidades. Alternate asking each other the following questions. Then report the most surprising amounts to the class.

1. ¿Cuántos mensajes de texto envías (*send*) y recibes al día?
2. ¿Cuánto dinero vas a ganar después de la universidad?
3. ¿Qué cantidad máxima vas a gastar por un coche usado?
4. ¿Qué cantidad máxima vas a pagar para tu boda?
5. ¿Cuánto vas a gastar por tu carrera universitaria?
6. ¿Cuántos estudiantes van a graduarse de tu universidad este año?
7. ¿Cuánto dinero vas a gastar en diversiones este semestre?
8. ¿Cuántas personas viven en la residencia estudiantil más grande de tu universidad?

3-26

Unas vacaciones. PREPARACIÓN. Your classmate has chosen one of the destinations in the ad below for an upcoming vacation. To find out where he/she is going, ask the following questions and react to what you hear. Then switch roles.

1. ¿Adónde vas?
2. ¿Qué lugares vas a ver?
3. ¿Cuántos días vas a estar allí?
4. ¿Cuánto cuesta la excursión?
5. ¿Cuánto dinero vas a necesitar?

INTERCAMBIOS. Based on your classmate's answers, write an e-mail to your instructor informing him/her of your classmate's plans.

AGENCIA MUNDIAL

A SU SERVICIO SIEMPRE
20 años de experiencia, responsabilidad y profesionalidad.

TODOS LOS PRECIOS INCLUYEN PASAJES AÉREOS Y SERVICIOS TERRESTRES POR PERSONA

PERÚ Y BOLIVIA

LIMA, AREQUIPA, CUZCO, MACHU PICCHU, PUNO, LA PAZ, 15 días. La Ruta del Inca. Hoteles de 3 y 4 estrellas. Desayuno incluido.
$2.760

PERÚ

LIMA, CUZCO, MACHU PICCHU, NAZCA, 12 días. Visite fortalezas incas. Vea las misteriosas líneas de Nazca desde el aire. Hoteles de primera. Desayuno y cena incluidos.
$3.150

LIMA, NAZCA, AREQUIPA, LAGO TITICACA, 10 días. Admire la arquitectura colonial de Lima y Arequipa. Vea las líneas de Nazca desde el aire. Navegue en el lago más alto del mundo. Hoteles de primera.
$2.620

ARGENTINA

BUENOS AIRES, BARILOCHE, MENDOZA, 12 días. Disfrute de una gran metrópoli. Esquíe en uno de los lugares más bellos del mundo. Hoteles de 4 y 5 estrellas. Desayuno y cena.
$3.590

CHILE Y ARGENTINA

SANTIAGO, PUERTO MONTT, BARILOCHE, BUENOS AIRES, 12 días. Excursión a Viña del Mar y Valparaíso. Cruce de los Andes en minibús y barco. Hoteles de 3 y 4 estrellas.
$4.075

CARIBE

JAMAICA, 7 días. Happy Inn, todo incluido. Exclusivo para parejas.
$2.480

PUERTO RICO

SAN JUAN, 5 días. Hotel de 5 estrellas. Excursión a Ponce. Visita con guía al Viejo San Juan. Desayuno incluido.
$1.995

MÉXICO

MÉXICO, TAXCO, ACAPULCO, 7 días. Hoteles de 3 y 4 estrellas. Excursión a Teotihuacán. Desayuno bufet incluido.
$1.800

CANCÚN, 5 días. Hotel de 4 estrellas. Excursión a Cozumel. Visita a ruinas mayas. Las mejores playas.
$1.510

Solicite los programas detallados con variantes de hoteles e itinerarios a su agente de viajes.

Tel. 312-785-4455   Fax: 312-785-4456

Situación

PREPARACIÓN. Read the following situation with your partner. Then brainstorm the vocabulary, structures, and other information you will need for both roles in the conversation.

Role A. You have been working hard, and you would like to splurge on a weekend trip to do some special (but expensive) activities, like rent a car, go to a professional sports event or rock concert, eat in good restaurants, and shop (**ir de compras**). Call and invite your friend to go. Explain your plan and be prepared to answer questions about the cost of this weekend adventure.

Role B. Your friend calls to invite you on a weekend trip. It sounds like a lot of fun, but also very expensive.

Accept or refuse your friend's invitation and ask questions to get an idea of the cost. Decide whether you can afford it, and either accept or decline the invitation. Thank your friend for the invitation.

	ROLE A	ROLE B
Vocabulario	Food Free-time activities Numbers	Food Free-time activities Numbers
Funciones y formas	Answering questions Extending an invitation Reacting to what one hears	Accepting and refusing invitations Asking questions Reacting to what one hears

INTERCAMBIOS. Using the information in *Preparación,* act out the conversation with your partner.

4 Stating what you know

ALFREDO: Me gustan mucho los músicos y ella **sabe** cantar muy bien.

ELENA: Sí, es una cantante fabulosa.

MARIO: Luisa, **conoces** a Liliana, ¿no?

LUISA: Sí, las dos estamos en la clase de arte de la profesora Ruiz.

Piénsalo. Indicate (✓) in the appropriate box whether each sentence refers to knowing a fact, knowing how to do something, knowing a person, or being familiar with a place, an event, or a thing.

	knowing a fact	knowing how to do something	knowing a person	being familiar with a place, event, etc.
1. ¿**Conoces** la música afroperuana?	_____	_____	_____	_____
2. Me gusta mucho la música, pero no **sé** bailar.	_____	_____	_____	_____
3. ¿**Sabes** los nombres de esos grupos musicales?	_____	_____	_____	_____
4. ¿**Conoces** a Alfredo Roncal? Toca la guitarra.	_____	_____	_____	_____
5. ¿**Sabes** si hay un club de música hispana en la ciudad?	_____	_____	_____	_____

Saber and *conocer*

■ Both **saber** and **conocer** mean *to know,* but they are not used interchangeably.

SABER		CONOCER
yo	**sé**	**conozco**
tú	**sabes**	**conoces**
Ud., él, ella	**sabe**	**conoce**
nosotros/as	**sabemos**	**conocemos**
vosotros/as	**sabéis**	**conocéis**
Uds., ellos/as	**saben**	**conocen**

■ Use **saber** to express knowledge of facts or pieces of information.

Él **sabe** dónde está el club.   *He knows where the club is.*

■ Use **saber** + *infinitive* to express knowing how to do something.

Yo **sé** tocar la guitarra.   *I know how to play the guitar.*

■ Use **conocer** to express familiarity with someone or something. **Conocer** also means *to meet* someone for the first time. Remember to use the personal **a** when referring to people.

Conozco a los músicos.   *I know the musicians.*

Conozco bien ese club.   *I am very familiar with that club.*

Ella va a **conocer a** Luis.   *She is going to meet (be introduced to) Luis.*

e ¿COMPRENDES?

Complete each sentence with the correct form of **saber** or **conocer.**

1. Yo no _____ tocar la guitarra, ¿y tú?
2. Yo no _____ personalmente al presidente de Estados Unidos.
3. Andrés, ¿_____ París?
4. Emilio y Gustavo_____ mucho sobre la historia.
5. Nosotros_____ a muchas personas en esta ciudad.
6. La profesora_____ hablar español muy bien.

MySpanishLab

Learn more using Amplifire Dynamic Study Modules, Grammar Tutorials, and Extra Practice activities.

PRÁCTICA

3-27

Un encuentro entre dos estudiantes. Raúl just arrived on campus, and he asks Sergio some questions. Select the correct words to complete their conversation. Then practice the conversation with a partner to compare your answers and take turns telling each other what you know about your own university. Who knows more?

RAÚL: Soy un nuevo estudiante y no (1) _____ dónde está la biblioteca.
    a. sé   **b.** conozco

SERGIO: Es muy fácil. Tú (2) _____ dónde está la cafetería, ¿no? Pues, está al lado.
    a. sabes   **b.** conoces

RAÚL: Gracias. ¿Y (3) _____ si hay un club de español?
    a. sabes   **b.** conoces

SERGIO: Sí, claro, y (4) _____ que esta noche tiene una reunión.
    a. sé   **b.** conozco

RAÚL: Magnífico. Solo (5) _____ a dos o tres personas en la universidad.
    a. sé   **b.** conozco

SERGIO: Pues allí vas a (6) _____ a muchos estudiantes.
    a. saber   **b.** conocer

3-28

¿Sabes quién es...? Ask your classmate if he/she knows who is being referred to and say what you know about the person. Take turns asking questions.

MODELO la actriz principal de *Los juegos del hambre*

E1: *¿Sabes quién es la actriz principal de* Los juegos del hambre?

E2: *Sí, sé quién es; es Jennifer Lawrence.*

E1: *¿Conoces a Jennifer Lawrence en persona?*

E2: *No, no conozco a Jennifer Lawrence pero sé que es muy guapa.*

1. el/la representante de la Cámara de Representantes (*Congress*) de tu distrito

2. el/la decano/a de la Facultad de Humanidades/ Ciencias

3. tu profesor/a de español

4. el escritor más famoso de Perú

5. el gobernador de tu estado

6. el vicepresidente de Estados Unidos

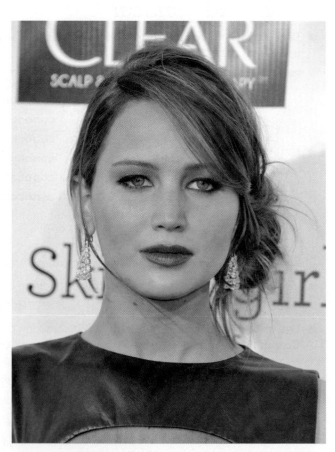

3-29

Adivina, adivinador. In small groups, take turns reading the descriptions and guessing who is being described. Then, create your own description and ask another group to guess.

 MODELO
E1: *Es una chica muy pobre que va a un baile. Allí conoce a un príncipe, pero a las 12:00 de la noche ella debe volver a su casa.*

E2: *Sé quién es. Es Cenicienta (Cinderella).*

1. Es un gorila gigante con sentimientos (*feelings*) humanos. En una película aparece en el edificio Empire State de Nueva York.

2. Es una cantante muy famosa. Tiene el pelo largo y rubio. Canta, baila, escribe canciones y también participa en organizaciones benéficas. Es de Colombia.

3. Es una película de ciencia ficción. Los personajes son altos y azules y viven en los árboles. Es impresionante ver la película en tres dimensiones.

4. Es…

 3-30

¿Qué sabes hacer? Ask your classmate if he/she knows how to do the following things. If your classmate says yes, ask more questions to get additional information.

 MODELO
preparar platos peruanos

E1: *¿Sabes preparar platos peruanos?*

E2: *No, no sé preparar platos peruanos. ¿Y tú?*

1. tocar un instrumento musical
2. cantar karaoke
3. bailar salsa y merengue
4. hablar otras lenguas
5. cantar en español
6. …

 3-31

Bingo. To win this game, you have to fill in three boxes (horizontal, vertical, or diagonal) with the names of classmates who answer the questions correctly.

¿Quién sabe dónde está la ciudad de Cuzco? *Peru*	¿Quién sabe cuál es la capital de Perú? *Lima*	¿Quién sabe qué es Machu Picchu?
¿Quién sabe quién es el presidente de Bolivia? *E Morales*	¿Quién sabe cuál es la unidad monetaria de Perú? *Nuevo sol*	¿Quién sabe el nombre de un lago importante que está entre Perú y Bolivia?
¿Quién conoce unos platos típicos de la cocina (*cuisine*) peruana?	¿Quién conoce algún país hispanoamericano?	¿Quién sabe cómo se llama la cadena de montañas de Perú?

3-32

Saber y conocer. Complete the conversation with the correct forms of **saber** and **conocer**. Then practice the conversation with your partner to review your answers. Be sure to explain why you selected **saber** or **conocer** in each case.

PACO: ¿(1) _____ a esa chica?

AUGUSTO: Sí, yo (2) _____ a todas las chicas aquí.

PACO: Entonces, ¿(3) _____ dónde vive?

AUGUSTO: No, no (4) _____ dónde vive.

PACO: ¿(5) _____ cómo se llama?

AUGUSTO: Lo siento, pero no (6) _____.

PACO: Pero ¿cómo dices que (7) _____ a la chica? Tú no (8) _____ dónde vive y además (*in addition*), no (9) _____ su nombre.

Situación

PREPARACIÓN. Read the following situation with your partner. Then prepare examples of the vocabulary, structures, and other information you will need to present your role in the conversation.

Role A. You are looking for a new roommate for your apartment. Your partner knows a student from Peru who is looking for a place to live. Ask your partner:

a. the Peruvian student's name;

b. where in Peru he/she is from; and

c. if your partner knows the Peruvian student well.

Also find out if the Peruvian student knows how to cook Peruvian dishes and how to play soccer (**fútbol**).

Role A. Your partner is looking for a new roommate for his/her apartment. Mention that you know a student from Peru who is looking for a place to live. Answer your partner's questions about that person.

	ROLE A	ROLE B
Vocabulario	Food Free-time activities Question words Peruvian food	Food Free-time activities Peruvian food
Funciones y formas	Asking questions Reacting to what one hears Talking about what or who you know (*saber* vs. *conocer*)	Answering questions Reacting to what one hears Talking about what or who you know (*saber* vs. *conocer*)

INTERCAMBIOS. Using the information in *Preparación,* act out the conversation with your partner.

5 Expressing intention, means, movement, and duration

CARLOS: Papá, necesito tu auto **por** una semana. ¿Está bien?

PADRE: **¿Por** una semana? **¿Por** qué?

CARLOS: **Porque** mis amigos y yo vamos a ir la playa **para** las vacaciones de primavera.

PADRE: ¡Ni lo pienses!

Piénsalo. Indicate whether each statement is true (**Cierto**) or false (**Falso**) according to the conversation. If the statement is false, supply the correct information.

1. _____ Carlos necesita el auto de su padre **por** una semana.

2. _____ El padre pregunta **por qué** Carlos desea el auto.

3. _____ Carlos desea ir a la playa **para** las vacaciones de primavera.

4. _____ Los amigos de Carlos necesitan el auto **para** trabajar.

5. _____ El padre está alegre **porque** Carlos le pide su auto.

Some uses of *por* and *para*

■ **Por** and **para** have different meanings in Spanish, though sometimes they are both translated into English as *for*. The uses presented here include some you have already seen, as well as some new ones.

■ **Para** expresses *for* when you mean *intended for* or *to be used for*. It can refer to a person, an event, or a purpose.

Necesito un diccionario **para** la clase.	*I need a dictionary for the class.*
Este diccionario es **para** David.	*This dictionary is for David.*

■ **Para** + *infinitive* means *in order to.*

Uso el autobús **para** ir a la universidad.	*I use the bus (in order) to go to the university.*
El restaurante hace publicidad **para** atraer clientes.	*The restaurant does advertising (in order) to attract customers.*

- **Por** appears in expressions such as **por favor, por teléfono,** and **por la mañana/tarde/noche.** Other expressions with **por** that you will find useful include the following:

por ciento	*percent*	**por fin**	*finally, at last*
por ejemplo	*for example*	**por lo menos**	*at least*
por eso	*that is why*	**por supuesto**	*of course*

- **Por** and **para** can also be used to express movement in space and time.

Para indicates movement toward a destination.

Caminan **para** la playa.	*They walk toward the beach.*
Vamos **para** el túnel.	*We are going toward the tunnel.*

- **Por** indicates movement through or by a place.

Caminan **por** la playa.	*They walk along the beach.*
Vamos **por** el túnel.	*We are going through the tunnel.*

- You may also use **por** to indicate length of time or duration of an action. Many Spanish speakers omit **por** in this case, or they use **durante.**

Necesito el auto **por** tres días.	*I need the car for three days*

PRÁCTICA

3-33

¿Por o para? With a partner, choose the use of **por** and **para** in the following text with its appropriate meaning from the list. Then ask your partner what he/she does on Friday nights and what he/she does to celebrate a birthday.

Mis amigos y yo siempre estamos ocupados los fines de semana. Los viernes **por**[1] la noche, siempre vamos a un cine cerca de nuestro barrio. Cuando vamos **para**[2] el cine, caminamos **por**[3] el parque. Después del cine, a veces hacemos fiestas en casa. Si es una fiesta de cumpleaños, compro un regalo especial **para**[4] mi amigo. **Para**[5] celebrar, también invito a todos nuestros amigos.

1. por _____   a. intended for (person)
2. para _____   b. in order to
3. por _____   c. length of time
4. para _____   d. movement toward a destination
5. Para _____   e. movement through or by a place

3-34

¿Para dónde van? Take turns guessing where these people are going. Then find out where your classmate is going after class, and why.

 MODELO   Jorge tiene su guitarra.

Va para la fiesta.

1. Es la una de la tarde y Pedro desea comer.
2. Sebastián lleva una mochila con sus libros de química.
3. Lola y Pepe van a consultar unos libros porque tienen un examen.
4. Gregorio va a comprar un libro para su clase de español.
5. Ana María va a ver una película de su actor favorito.
6. Amanda y Clara están muy elegantes y contentas.

3-35

Caminante. Your classmate likes to walk. Ask him/her the following questions. Then switch roles.

1. ¿Te gusta caminar con amigos o solo/a? ¿Por qué?

2. ¿Por dónde caminas cuando quieres estar solo/a?

3. ¿Te gusta caminar por la playa o por un parque?

4. ¿Caminas por la mañana o por la tarde?

5. Cuando sales a caminar, ¿por cuánto tiempo caminas?

3-36

¿Para quiénes son los regalos (*gifts*)? You are very generous and have bought the following gifts. Your partner asks for whom they are.

MODELO la revista

E1: ¿*Para quién es la revista?*

E2: *Es para mi hermana.*

1. tres libros de español

2. dos billetes de avión

3. el teléfono celular

4. el iPad

5. la computadora portátil

6. el buen vino chileno

Situación

PREPARACIÓN. Read the following situation with your partner. Then prepare examples of the vocabulary, structures, and other information you will need to present your role in the conversation.

Role A. You run into a friend who is carrying a big gift box. You ask what it is and whom it is for.

Role B. You are walking out of a store carrying a big gift box. You run into a friend who asks you about the gift. Answer and explain to whom you are giving the gift and for what occasion.

	ROLE A	ROLE B
Vocabulario	Gifts and gift-giving occasions	Question words
Funciones y formas	*Por* and *para* Asking questions	*Por* and *para* Answering questions

INTERCAMBIOS. Using the information in *Preparación*, act out the conversation with your partner.

EN ACCIÓN ▶

¡A comer!

3-37 Antes de ver 🗪

Comida típica. Match the foods in the left column with the countries most commonly associated with them on the right.

1. _____ paella
2. _____ dulce de leche
3. _____ papas a la huancaína
4. _____ hamburguesas con papas fritas
5. _____ arepas
6. _____ tacos

a. Estados Unidos
b. Perú
c. Venezuela
d. España
e. Argentina
f. México

3-38 Mientras ves 🎬 🗪

En el restaurante. As you watch, indicate (✓) whether each of the following statements is true (**Cierto**) or false (**Falso**). Correct the statements that are false.

	CIERTO	FALSO
1. Héctor, Vanesa y Yolanda van a un restaurante para almorzar.	_____	_____
2. Yolanda está contenta porque hay muchos platos vegetarianos en el menú.	_____	_____
3. Una comida típica de Perú es arroz chaufa con vegetales.	_____	_____
4. Vanesa va a comer ceviche.	_____	_____
5. Héctor va a beber chicha morada.	_____	_____
6. La cocinera del restaurante es de Lima.	_____	_____

3-39 Después de ver 🗪

¡Qué rico! PREPARACIÓN. After watching the video, indicate whether the following items are associated with Peruvian food (**P**) or with Mexican food (**M**).

1. _____ el ceviche
2. _____ las frutas y verduras frescas
3. _____ las papas
4. _____ las pastas
5. _____ el tallarín saltado con vegetales
6. _____ los tacos

INTERCAMBIOS. You and several classmates have decided to eat at the same restaurant featured in the video. Take turns asking your classmates what they are going to order and why they have made that choice.

Mosaicos

ESCUCHA

ESTRATEGIA

Use background knowledge

When you listen to a conversation, you can use your experience and your knowledge of the situation to enhance your comprehension.

3-40

Preparación. Before you listen to an ad for the travel agency *ViajaMás,* use what you already know about Latin America to write down the name of one large city in Peru, Argentina, and Venezuela, and the likely cost of a plane ticket to each city. Compare answers with the class.

3-41

Escucha. Now listen to the ad and complete the chart with the information you hear.

Ciudad	Vuelo #	Días	Precio del boleto $
		sábados y domingos	
Buenos Aires	479		
			250
Bogotá			

Comprueba

I was able to …

_____ recognize names of places.

_____ identify numbers.

_____ recognize days of the week.

3-42

Un paso más. Read the following role-plays and take turns practicing each part with a partner. Then write an e-mail to your best friend explaining your travel plans. Include destination, date, time, and cost of your flight.

Role A. You are interested in one of the trips that you heard in the ad. Call the airline customer service center to ask for further details: a) at what time the flight leaves, and b) at what time it arrives at its destination.

Role B. You are the airline agent. Provide the information requested by your client and add further details: a) approximate duration of the flight, and b) if the flights are direct or not.

HABLA

3-43

Preparación. Read the following recommendations provided by an organization that wants to promote healthy habits in the schools, and prepare five related questions to ask students in your university about their own eating habits.

ESTRATEGIA

Inform yourself before you do a survey

When preparing to do a survey, it is helpful to gather as much information as you can about the topic to ask questions.

Tabla 1 Frecuencia de consumo recomendada

Frutas, verduras, ensaladas, lácteos y pan	**Todos los días.**
Legumbres	**2 a 4 veces por semana.** (2 como primer plato y 2 de acompañamiento)
Arroz, pasta, papas	**2 a 4 veces por semana.** Alternar su consumo.
Pescados y carnes	**3 a 4 veces por semana.** Alternar su consumo.
Huevos	**4 unidades a la semana.** (alternando con carnes y pescados)
Dulces, refrescos, comida rápida	**Ocasionalmente.** Sin abusar.

SOURCE: Eroski Consumer, Fundación Eroski

3-44

Habla. Use your questions to find out what your classmates normally eat and drink and how many times a week.

 MODELO E1:*¿Cuántas veces por semana bebes refrescos?*

E2: *Bebo refrescos todos los días.*

En directo

To express frequency

todos los días *every day*

dos veces por semana *twice a week*

una vez al mes *once a month*

cada día *each day*

🔊 Listen to a conversation with these expressions.

Comprueba

In my conversation ...

_____ my questions were easily understood.

_____ I mentioned lots of foods in my responses.

_____ I used expressions of frequency.

3-45

Un paso más. Compare the recommendations with the answers you gathered and present the findings to the class. Include in your report answers to the following questions.

1. ¿Tienen los estudiantes una dieta equilibrada? ¿Por qué?

2. ¿Qué productos comen en exceso? ¿Qué productos consumen poco?

LEE

3-46 〰️ |e

Preparación. The three ads below come from a newspaper in Lima, Peru. Look them over quickly without reading them. Then mark which ad goes with each of the following descriptions. What word(s) in each ad helped you select your responses?

1. _____ un restaurante de comida china

2. _____ actividades para niños

3. _____ un restaurante de comida tradicional peruana

ESTRATEGIA

Look for and use key words

Even though you may not know all the words when you read a text in Spanish, identifying and focusing on key words can help you understand the main ideas. Look the text over before starting to read to get a sense of what type of text it is and what it may be about.

3-47 👥

Lee. Read the ads below to get a sense of what each is about. Then offer a solution for each of the situations that follow. Explain your reasoning to the class.

NIÑOS

CORPORACIÓN CULTURAL DE LIMA. Santa María y Gálvez. 2209451. A las 12 y 16 horas. Bagdhadas. S/. 12.

TEATRO INFANTIL A DOMICILIO. 2390176. El patito feo. Adaptación del cuento de Andersen. Compañía Arcoíris.

CENTRO LIMA. Av. Grau y Velásquez. A las 12, show especial de Navidad.

FANTASÍA DISNEY. Desde las 15. Niños, S/. 8; adultos, S/. 14. Parque de entretenimientos.

EL MUNDO FANTÁSTICO DE MAFALDA. Desde las 10. Entrada general a todos los juegos. Niños, S/. 12. Calle Domingo Sarmiento 358.

PLANETARIO DEL MORRO SOLAR. A las 12, 17 y 19. Gratis para niños; adultos, S/. 15. Circunvalación, Nuevo Perú. Tel. 5620841.

PARQUE DE LAS LEYENDAS (ZOO). De 9 a 19 hrs. Niños y 3ra edad, S/. 5; S/. 10, otro público. Cerro Tongoy, 3701725.

A.

Costa Verde

Sabrosa comida tradicional peruana
Menú especial los fines de semana

▪ Aperitivo
▪ Entrada
▪ Segundo
▪ Postre
▪ Café y plus café (crema de café, crema de menta, anisado)

Valor: S/. 75

Carnes, pescados y mariscos preparados por los mejores cocineros del país

Avenida Arequipa 357
Reservas: 428 9654
Fax: 428 9655

B.

El Chifa Lungfung

La más exquisita, variada y exótica carta de comida cantonesa-peruana: finas carnes, pescados y todo tipo de mariscos.

SÁBADOS Y DOMINGOS:

Almuerzos y cenas familiares

...los esperamos

AIRE ACONDICIONADO
MÚSICA AMBIENTAL
CAMAREROS PROFESIONALES
AV. REPÚBLICA DE PANAMÁ 8720
RESERVAS 3817543, 3816532, 3814241

C.

1. Los señores Molina tienen cuatro hijos de entre tres y ocho años. A los niños les fascinan los animales. ¿Adónde van a ir probablemente? ¿Por qué?

2. Carlos está triste porque se fracturó una pierna y no puede (_he can't_) salir de la casa. Su mamá tiene una sorpresa para él. ¿Qué es?

3. Cuatro médicos franceses visitan el Hospital Central. El Dr. Moreira, director del hospital, desea invitar a sus colegas a cenar en un restaurante cómodo con comida tradicional peruana. ¿A qué restaurante va a invitarlos? ¿Por qué?

Comprueba

I was able to ...

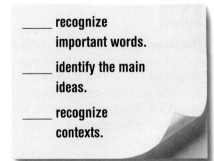

_____ recognize important words.

_____ identify the main ideas.

_____ recognize contexts.

3-48

Un paso más. With a classmate, answer the following questions about the three ads from Peru on page 133.

1. ¿Cuál de las siguientes actividades desean hacer ustedes en Lima: ir a un parque de atracciones (*amusement park*), comer comida tradicional peruana, ver teatro o comer comida china? ¿Por qué?

2. ¿Cuál de los dos restaurantes sirve comida que a ustedes les gusta más, Costa Verde o Chifa Lungfung? ¿Por qué?

ESCRIBE

3-49

Preparación. Choose a vacation spot that you know well (or find information online) and that you like a lot. Then make a list of words (adjectives) that describe the place, write some enjoyable activities (verbs) that people do there.

ESTRATEGIA

Identify your audience

When you write an e-mail to a friend it is essential to include the parts of the e-mail (To, From, Subject, the salutation or greeting, the body, and the closing farewell). Address your friend with the **tú** form.

3-50

Escribe. Now write an e-mail to your friend, telling about your vacation. Use the information you prepared in *Preparación* and other information that may be of interest to your friend.

3-51

Un paso más. After completing your e-mail, exchange it with a classmate, read his/hers and take notes to answer the following questions: a) where your classmate is spending his/her vacation; and b) what he/she does during the vacation. Inform the class.

En directo ■ ■ ■ ■ ■

Salutations for casual correspondence:

Querido/a…: *Dear…*

Hola…: *Hi…*

Closings for casual correspondence:

Tu amigo/a, *Your friend,*

Hasta pronto, *See you soon,*

Listen to a recorded message with these expressions.

Comprueba

I was able to …

_____ present main ideas clearly, with some details.

_____ use a wide range of learned vocabulary.

_____ conjugate verbs appropriately and make the right agreements.

_____ use accurate spelling, capitalization, and punctuation.

En este capítulo...

Comprueba lo que sabes

Go to *MySpanishLab* to review what you have learned in this chapter. Practice with the following:

Flashcards | Games | Oral Practice | Practice Test / Study Plan

Amplifire Dynamic Study Modules | Tutorials | Videos | Extra Practice

 Vocabulario

LAS DIVERSIONES Y LAS CELEBRACIONES
Entertainment and celebrations

la canción   *song*
el cumpleaños   *birthday*
la fiesta   *party*
la guitarra   *guitar*
la música   *music*
la película   *film*
la reunión   *meeting, gathering*
el tiempo libre   *free time*
las vacaciones   *vacation*

LAS PERSONAS
People

el/la camarero/a   *server, waiter/waitress (restaurant)*
el hombre   *man*
el/la joven   *young man/woman*
la mujer   *woman*

LA COMUNICACIÓN
Communication

el periódico   *newspaper*
la revista   *magazine*
el teléfono   *telephone*

LOS LUGARES
Places

el cine   *movies*
la ciudad   *city*
el mar   *sea*
el país   *country, nation*

LAS DESCRIPCIONES
Descriptions

caliente   *hot*
fabuloso/a   *fabulous, great*
frío/a   *cold*
frito/a   *fried*

VERBOS
Verbs

alquilar   *to rent*
bajar   *to download*
cantar   *to sing*
celebrar   *to celebrate*
cenar   *to have dinner*
descansar   *to rest*
hacer   *to do*
hacer la cama   *to make the bed*
ir   *to go*
nadar   *to swim*
oír   *to hear*
poner   *to put*
poner la mesa   *to set the table*
poner una película   *to show a movie*
salir   *to leave*
tocar (un instrumento)   *to play (an instrument)*
tomar el sol   *to sunbathe*
traer   *to bring*

EN UN CAFÉ O RESTAURANTE
In a coffee shop or restaurant

la aceituna   *olive*
el agua   *water*
el almuerzo   *lunch*
el arroz   *rice*
la bebida   *drink*
el bistec   *steak*
el café   *coffee*
la cena   *dinner, supper*
el cereal   *cereal*
la cerveza   *beer*
el ceviche   *dish of marinated raw fish*
la comida   *food; meal; dinner, supper*
el desayuno   *breakfast*
la ensalada   *salad*
los espaguetis/los tallarines   *spaghetti*
los frijoles   *beans*
la fruta   *fruit*
la hamburguesa   *hamburger*
el helado   *ice cream*
el huevo   *egg*
el jamón   *ham*
el jugo   *juice*
la leche   *milk*
la lechuga   *lettuce*
la naranja   *orange*
el pan tostado/la tostada   *toast*
la papa   *potato*
las papas fritas   *French fries*
el pescado   *fish*
el pollo   *chicken*
el queso   *cheese*
el refresco   *soda, soft drink*
el sándwich   *sandwich*
la sopa   *soup*
el té   *tea*
el tomate   *tomato*
el vegetal/la verdura   *vegetable*
el vino   *wine*

EXPRESIONES CON POR
Expressions with por/para

por ciento   *percent*
por ejemplo   *for example*
por eso   *for this reason*
por fin   *at last*
por lo menos   *at least*
por supuesto   *of course*

PALABRAS Y EXPRESIONES ÚTILES
Useful words and expressions

¿adónde?   *where (to)?*
al (contraction of **a** + **el**)   *to the*
¡claro!   *of course!*
cerca de   *close to, near*
después, luego   *after, later*
durante   *during*
¡estupendo!   *fabulous!*
felicidades   *congratulations*
mientras   *while*
otro/a   *other, another*
¿qué te parece?   *what do you think?*
si   *if*

See *Lengua* box on page 115 for expressions that denote future time.

See page 119 for numbers from 100 to 2,000,000.

4

¿Cómo es tu familia?

LEARNING
OUTCOMES

You will be able to:

- talk about family members and their daily routines
- express opinions, plans, preferences, and feelings
- express obligation
- express how long something has been going on
- talk about Colombia in terms of its products, practices, and perspectives
- share information about families and family life in Hispanic countries and compare cultural similarities

ENFOQUE cultural COLOMBIA

Las casas pintadas de Cartagena de Indias

Mar Caribe

Barranquilla
Cartagena de Indias

PANAMÁ

VENEZUELA

Bucaramanga

Medellín

Pereira

Río Magdalena

Bogotá

CORDILLERA DE LOS ANDES

El Parque Nacional del Café, Departamento El Quindío

Cali

COLOMBIA

Popayán

OCÉANO PACÍFICO

ECUADOR

Pieza antigua del Museo del Oro de Bogotá

BRASIL

Arepas de queso

PERÚ

Cordillera de Los Andes

Enfoque cultural

To learn more about Colombia, go to MySpanishLab to view the *Vistas culturales* videos.

¿QUÉ TE PARECE?

- Medellín recibe el premio a "la ciudad más innovadora del 2012" en reconocimiento de su planificación urbana.

- El 95% (por ciento) de las esmeraldas del mundo vienen de Colombia.

- Colombia es el país más biodiverso por metro cuadrado (*square meter*) del planeta.

- Colombia produce el 12% (por ciento) del café del mundo.

Fernando Botero, uno de los pintores contemporáneos más famosos de Colombia, pinta a unos padres con sus hijos en este cuadro titulado *En familia*.

◄ El carnaval de Barranquilla se celebra cada año cuatro días antes de la Cuaresma (*Lent*). Atrae a personas de todas partes que desean disfrutar de las tradiciones, la música y el baile colombianos.

▲

El escritor colombiano y ganador del Premio Nobel de Literatura, Gabriel García Márquez, cuenta con grandes éxitos literarios, entre ellos, su obra maestra, *Cien años de soledad* (*One Hundred Years of Solitude*).

Dieciocho millones de bombillos multicolores iluminan el paseo del río Medellín. Este espectáculo de luces dura (*lasts*) desde el 1 de diciembre hasta el 7 de enero. ▶

Bogotá, la capital de Colombia, está situada en el centro del país, a 2.600 metros sobre el nivel del mar. Es una ciudad moderna, y a la vez tradicional.

▼

¿CUÁNTO SABES?

Completa estas oraciones (*sentences*) con la información correcta.

1. Ecuador, _____ y Brasil están al sur de Colombia.

2. Las casas pintadas de diferentes colores son típicas en la ciudad de _____.

3. _____ es un pintor colombiano.

4. El 95% de las _____ del mundo y el 12% del _____ vienen de Colombia.

5. En Barranquilla se celebra _____ con música y baile en las calles.

Vocabulario en contexto

Talking about family members, what they do, and their daily routines

◆ Los miembros de la familia

MySpanishLab

Learn more using Amplifire Dynamic Study Modules, Pronunciation, and Vocabulary Tutorials.

 En Colombia, como en otros países hispanos, las familias generalmente son extensas, y muchas veces varias generaciones conviven en una misma casa. Los **abuelos** juegan un papel muy importante y tienen mucho contacto con los **nietos.**

Aunque tradicionalmente las **madres** hacen el trabajo doméstico, muchos **padres** piensan que la colaboración es necesaria y se ocupan de sus **hijos,** cocinan o lavan los platos.

En los pueblos pequeños de Colombia no es extraño ver a familias enteras usar una motocicleta como vehículo de transporte familiar. En esta **foto** vemos a los **esposos** con sus **niños.**

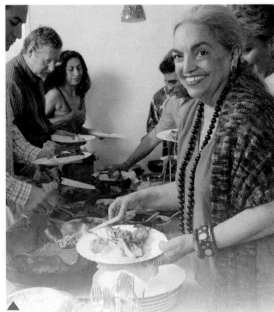

Las reuniones familiares forman parte central en la vida de las familias hispanas. En ocasiones importantes, como los cumpleaños, los **bautizos** o los **matrimonios,** hay comida y, con frecuencia, baile.

🔊 Pablo habla de su familia

Me llamo Pablo Méndez Sánchez y vivo con mis padres, mi **hermana** y mis **abuelos** en un apartamento en Bogotá, la capital de Colombia.

Mi **madre** tiene un **hermano,** mi **tío** Jorge. Su **esposa** es mi **tía** María. Tienen tres hijos y viven también en Bogotá. Mi **primo** Jorgito es **el menor.** Mis **primas** Elenita y Ana son **gemelas.** Mis primos son muy simpáticos y **pasamos** mucho tiempo **juntos.**

Mis tíos tienen solo dos **sobrinos** en Bogotá, mi hermana Inés y yo. Su otra **sobrina,** Sofía, vive en Cartagena, al norte del país. Sofía es **la mayor** de todos los primos.

La **nieta** favorita de mis abuelos es mi hermanita Inés. Tiene solo tres años y es la menor de todos sus **nietos.**

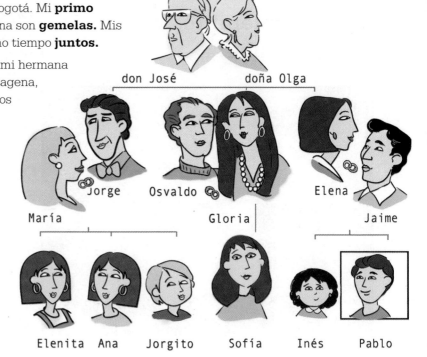

don José   doña Olga

Jorge   Osvaldo   Elena

María   Gloria   Jaime

Elenita   Ana   Jorgito   Sofía   Inés   Pablo

■ ■ ■ ■ ■

EN OTRAS PALABRAS

Family terms vary from one region to another: **marido** and **mujer** are preferred in Spain, while **esposo** and **esposa** are used in most other countries. Terms of endearment for mother and father also vary: **mamá** and **papá** (in Spain), **mami** and **papi** (Caribbean), **mamita** and **papito** (Colombia).

🔊 Otros miembros de la familia de Pablo

La única hermana de mi **mamá** es mi tía Gloria. Gloria y Sergio están **divorciados** y tienen una hija, mi prima Sofía. Ahora la tía Gloria está casada con Osvaldo, el **padrastro** de Sofía. Sergio está casado con Paula y tienen un hijo, Roberto. Paula es la **madrastra** de Sofía, y Roberto es su **medio hermano.**

Paula   Sergio   Gloria   Osvaldo

Roberto   Sofía

PRÁCTICA

4-1

Escucha y confirma. Listen to the following questions about Pablo's family and select the correct response based on his family tree.

	A	**B**
1.	su abuelo	su padre
2.	su prima	su hermana
3.	su hijo	su nieto
4.	Elena	María
5.	Jorge	Jaime

Asociación. Asocia cada expresión con el miembro de la familia que describe. Después, nombra a estos miembros de tu familia.

1. __c__ la esposa de mi padre
2. __a__ el hermano de mi prima
3. __d__ los padres de mi padre
4. __b__ el hijo de mi hijo
5. __e__ el hermano de mi madre

a. mi primo
b. mi nieto
c. mi madre
d. mis abuelos
e. mi tío

 4-4

¿Cierto o falso? Marca (✔) la columna adecuada de acuerdo con la información sobre la familia de Gloria.

	CIERTO	FALSO
1. La tía Gloria está casada con Sergio.	_____	_____
2. Osvaldo es el papá de Roberto.	_____	_____
3. Paula es la madrastra de Roberto.	_____	_____
4. Gloria es la madre de Sofía.	_____	_____
5. Sofía tiene un medio hermano.	_____	_____

 4-3

La familia de Pablo. PREPARACIÓN. Con tu compañero/a, completa las oraciones de acuerdo con (*according to*) la información que tienes sobre la familia de Pablo.

1. La hermana de Pablo se llama _____.
2. Don José y doña Olga son los _____ de Pablo.
3. Pablo es el _____ de Jaime.
4. Jaime es el _____ de Pablo, y Elena es su _____.
5. Inés y Ana son _____. Elenita y Ana son _____.
6. Elena es la _____ de Jorgito, Elenita y Ana.
7. Gloria es la _____ de Jorge y Elena.

■ ▪ ■ ▪ ■ ▪

LENGUA

The ending **-ito/a** (**Elena → Elenita**) is very common in Hispanic countries. It can express smallness (**hermanito/a, sillita**), affection, and intimacy (**mi primita**). Names that end in consonants other than l use the ending **-cito/a** (**Carmen → Carmencita**).

INTERCAMBIOS. Túrnense (*Take turns*) para hacerse preguntas sobre la familia de Pablo.

MODELO E1: *¿Quién es Osvaldo?*
E2: *Es el esposo de Gloria y el…*

Cultura

La familia real española

Spain is the only Spanish-speaking country that is a parliamentary system with a constitutional monarchy. The Spanish Royal Family consists of King Juan Carlos, Queen Sofía, and their children Prince Felipe, Infanta Elena and Infanta Cristina. The monarchy is part of the Bourbon Dynasty and has been in Spain since the year 1700.

Conexiones. ¿Sabes qué otros países tienen una monarquía hoy? Busca información en Internet sobre una de ellas y describe a los miembros de su familia para presentar en clase.

4-5

¿Quién es y cómo es?

PREPARACIÓN. Escojan (*Choose*) un miembro de una familia famosa (los Obama, los Jackson, los Kennedy, los Kardashian, etc.) y preparen su árbol familiar.

INTERCAMBIOS. Túrnense (*Take turns*) para describir el árbol familiar de esta persona.

MODELO EL PRÍNCIPE FELIPE

E1: *Es el hijo de los Reyes de España. Su esposa es Leticia. Tienen dos hijas.*

E2: *Sus hijas se llaman Leonor y Sofía. Elena y Cristina son las hermanas mayores del Príncipe Felipe.*

4-6

El arte de preguntar. PREPARACIÓN. Túrnense para preparar las preguntas a estas respuestas.

MODELO Mi madre se llama Dolores.

¿*Cómo se llama tu madre?*

1. Tengo dos hermanos.
2. Vivo con mi madre y mi padrastro.
3. Tengo dos abuelas y un abuelo.
4. Mis abuelos no viven con nosotros.
5. Tengo muchos primos.
6. Tengo una media hermana, pero no vive con nosotros.

INTERCAMBIOS. Ahora háganse (*ask each other*) preguntas para obtener información sobre la familia de su compañero/a. Después, compartan (*share*) esta información con la clase.

Cultura

Los apellidos

In Hispanic culture, people offically use two surnames, the first is their father's and the second is their mother's. For example, in Pablo's family, his father's name is Jaime Méndez and his mother's name is Elena Sánchez. Pablo's official name, then, is Pablo Méndez Sánchez.

Comparaciones. ¿Cuántos nombres y apellidos tienes? En la cultura hispana, ¿cuál sería (*would be*) tu nombre oficial?

4-7

Mi familia. Busca fotos de tus familiares en tu celular o en Facebook. Luego, muéstrale las fotos a tu compañero/a y describe a tus familiares.

1. nombre y apellido
2. relación familiar
3. personalidad
4. actividades que haces con la persona

¿Qué hacen los parientes?

 Mis abuelos viven en una casa al lado del parque. Normalmente, ellos **pasean** por las mañanas y **almuerzan** muy temprano. Después, **duermen la siesta** y por la tarde **visitan** a sus **parientes.**

 Jorgito es mi primo favorito. Es **un poco** menor que yo. Nosotros corremos y jugamos mucho **juntos.** También nos gusta ver el fútbol en la televisión y montar en bicicleta los domingos.

 Hace dos años que mi prima Ana tiene **novio,** y **frecuentemente dice** que **quiere casarse** muy pronto. Elenita, su hermana gemela, **piensa** que Ana no debe casarse porque es muy joven.

LENGUA

In Spanish, the direct object of a verb is normally introduced without a preposition. However, the preposition **a** is required when the direct object is a person or a specific animal: **los abuelos visitan a los parientes; la hija pasea al perro.**

 Mi tío Jorge es un hombre muy **ocupado.** Sale de casa muy **temprano** y **vuelve tarde** todos los días. Mi tía María, su esposa, dice que él **prefiere** el trabajo a su familia. Pienso que en todas las familias hay problemas. En mi familia también, pero eso es normal.

PRÁCTICA

4-8

Para confirmar. Contesta (*Answer*) de acuerdo con la información adicional sobre la familia de Pablo.

	CIERTO	FALSO
1. Normalmente los abuelos están muy ocupados.		✓
2. Jorgito y Pablo montan en bicicleta frecuentemente.	✓	
3. Elenita piensa que su hermana es muy joven para casarse.	✓	
4. El tío Jorge cree que Elenita tiene problemas.		✓
5. El tío Jorge trabaja mucho.	✓	
6. El tío Jorge llega temprano a su casa.		✓

4-9

¿Y qué hace tu familia?
Pídele (*Ask for*) la siguiente información a tu compañero/a sobre su familia.

1. número de personas en la casa, edad (*age*) y relación de parentesco (*kinship*)

2. ocupación y descripción (física y de personalidad) de dos miembros de la familia

3. actividades de estas personas en su tiempo libre

4. nombre del pariente favorito, relación familiar y razón (*reason*) de su preferencia

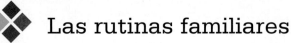

Las rutinas familiares

 En casa de Pablo hay mucha actividad por la mañana.

Los niños **se despiertan** a las siete. **Se levantan, se lavan** y luego **desayunan** en la cocina con sus padres. Después salen para la escuela.

Poco después, la madre **se ducha, se seca, se viste** y **se maquilla.**

Más tarde, el padre **se afeita, se baña** y **se pone la ropa,** y sale de casa a las ocho menos cuarto.

PRÁCTICA

4-10

Para confirmar. Pon (*Put*) en orden cronológico las siguientes oraciones según (*according to*) las escenas.

4 La madre se maquilla.

1 Los niños se despiertan a las siete.

5 El padre se baña y luego se pone la ropa.

3 La madre se ducha.

6 El padre sale de casa a las nueve.

2 Los niños desayunan y después salen para la escuela.

4-11

Las rutinas diarias. Túrnense y contesten las siguientes preguntas sobre la rutina diaria de la familia de Pablo.

1. ¿Con quién desayunan los niños?

2. ¿Quién se maquilla por las mañanas?

3. ¿A qué hora se despiertan los niños?

4. ¿Quién sale de casa a las nueve?

5. ¿Quién se afeita por las mañanas?

6. ¿Qué hace la madre después de ducharse?

4-12

Mañanas ocupadas (busy). Marca (✓) las acciones diarias de los miembros de tu familia. Después, compara la rutina de tu familia con la de tu compañero/a.

	SE DESPIERTA TEMPRANO	SE DUCHA POR LA MAÑANA	SE PONE ROPA ELEGANTE	DESAYUNA CON LA FAMILIA
Mi padre (padrastro)				
Mi madre (madrastra)				
Mi hermano/a				
Mi abuelo/a				
Mi tío/a				

4-13

¿Y tú? Completa el siguiente párrafo con las expresiones de la lista para describir tu rutina. Compara tus respuestas con las de tu compañero/a para ver qué tienen en común.

> me ducho
> salgo para la universidad
> me despierto
> me levanto
> desayuno

Primero _____, luego _____.

Poco después _____, más tarde

_____.

Por último _____.

■　▪　■　▪　■

LENGUA

Use the following expressions to organize time sequentially: **primero, luego, poco después, más tarde,** and **por último.**

4-14

¿A qué hora? Túrnense para hacerse las siguientes preguntas sobre la rutina diaria.

1. ¿Te duchas por la mañana o por la noche?

2. ¿Quién se levanta temprano en tu familia?

3. ¿Te vistes antes o después de desayunar?

4. ¿Te pones ropa elegante o informal para ir a clase?

5. ¿A qué hora te acuestas durante la semana?

6. ¿A qué hora te acuestas los fines de semana?

7. ¿A qué hora te levantas los fines de semana?

8. ¿A qué hora tienes la clase de español?

4-15

La rutina de Gloria. Listen as Gloria describes her family's routine and mark (✓) the actions that she mentions.

1. _____ Nos levantamos temprano durante la semana.

2. _____ Los fines de semana desayunamos juntos.

3. _____ Primero se levanta Osvaldo.

4. _____ Mientras Osvaldo se ducha, Sofía se despierta, se levanta y sale para la escuela.

Al igual que en Estados Unidos y en muchos países del mundo, la familia ocupa un lugar importante en los programas televisivos. La telenovela *Los Reyes* es una de las más famosas de la televisión colombiana. Esta serie es sobre una familia de clase media que tiene que trabajar mucho para tener una vida tranquila. Los diálogos de esta telenovela son realistas y las situaciones también.

Los Reyes es una crítica social, habla de los conflictos de clase y de los problemas de la sociedad colombiana. Sin embargo, usa a la familia como núcleo de esa discusión. La serie muestra que Colombia es un país moderno y complejo.

Naturalmente, estos conflictos no son exclusivos de Colombia.

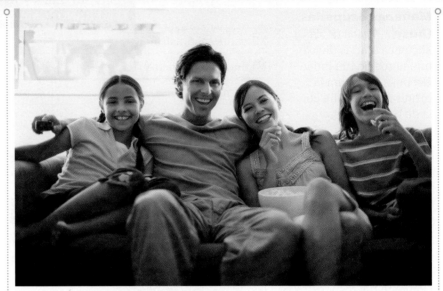

▲ **La familia ve otro episodio divertido de la serie *Los Reyes*.**

En México, Argentina y España, este tipo de programa es también muy popular. En España, por ejemplo, la serie *Los Serrano* cuenta la historia de Diego Serrano, un viudo (*widower*) con tres hijos. La historia se complica cuando Diego se casa con Lucía, madre divorciada con dos hijas. Las dos familias tienen que adaptarse para convivir juntas. Al final, como es el caso en muchas familias, la convivencia requiere paciencia y comprensión entre todos los miembros.

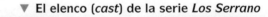

▼ **El elenco (*cast*) de la serie *Los Serrano***

Compara

1. ¿Qué familias famosas hay en la televisión de tu país? ¿Cuál es tu favorita?

2. Escoge a una familia de una serie televisiva que te gusta. Describe a esta familia.

3. Compara la familia de la serie televisiva con tu propia familia. ¿Qué tienen en común? Qué diferencias hay entre ellas?

☑ Funciones y formas

1 Expressing opinions, plans, preferences, and feelings

Carmen habla en la residencia de estudiantes

Quiero hablar seriamente con ustedes y les **pido** ayuda. El jueves **vienen** los padres a visitar la universidad y **pienso** que debemos preparar una buena fiesta de bienvenida. Luisa y Ana **pueden** preparar un desayuno, o si **prefieren,** yo preparo el desayuno y ustedes **sirven** el café. Elena **quiere** comprar unos globos para decorar los dormitorios porque no **cuestan** mucho. El día **empieza** con una visita al campus. Luego, vamos al estadio y los equipos de deportes **juegan** sus partidos. Por último, los estudiantes **almuerzan** con sus padres en la cafetería. ¿Qué **piensan** de mis planes? ¿**Tienen** ustedes otras ideas?

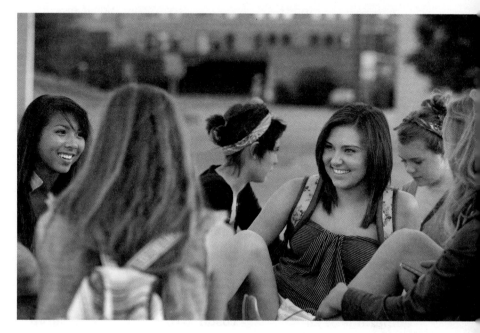

Piénsalo. Indica quién hace las actividades, de acuerdo con el plan de Carmen.

1. _____ **Pide** la ayuda de sus compañeras.
2. _____ **Quiere** decorar los dormitorios.
3. _____ **Pueden** preparar el desayuno.
4. _____ **Almuerzan** con sus padres.
5. _____ **Juegan** sus partidos.
6. _____ Dice que los globos no **cuestan** mucho.

a. Elena
b. los equipos
c. Carmen
d. Ana y Luisa
e. los estudiantes

Present tense of stem-changing verbs: $e \rightarrow ie$, $o \rightarrow ue$, and $e \rightarrow i$

■ Some common verbs in Spanish undergo a vowel change in all forms of the present tense except **nosotros/as** and **vosotros/as.**

PENSAR (e → ie) (*to think*)		
yo **pie**nso	nosotros/as	pensamos
tú **pie**nsas	vosotros/as	pensáis
Ud., él, ella **pie**nsa	Uds., ellos/as	**pie**nsan

VOLVER (o → ue) (*to return*)		
yo **vue**lvo	nosotros/as	volvemos
tú **vue**lves	vosotros/as	volvéis
Ud., él, ella **vue**lve	Uds., ellos/as	**vue**lven

PEDIR (e → i) (*to ask for*)		
yo **pi**do	nosotros/as	pedimos
tú **pi**des	vosotros/as	pedís
Ud., él, ella **pi**de	Uds., ellos/as	**pi**den

■ Other common verbs that have vowel changes in the stem are the following:

e → ie	o → ue	e → i
cerrar *to close*	**almorzar** *to have lunch*	**repetir** *to repeat*
empezar *to begin*	**costar** *to cost*	**servir** *to serve*
entender *to understand*	**dormir** *to sleep*	
preferir *to prefer*	**encontrar** *to find*	
querer *to want; to love*	**poder** *to be able to, can*	

■ Use **pensar** + *infinitive* to express what you or someone else is planning to do.

Pienso estudiar esta noche.	*I plan to study tonight.*
Pensamos comer a las ocho.	*We are planning to eat at 8:00.*

■ Note the irregular **yo** form in the following **e → ie** and **e → i** stem-changing verbs.

tener (*to have*)	**tengo**, t**ie**nes, t**ie**ne, tenemos, tenéis, t**ie**nen
venir (*to come*)	**vengo**, v**ie**nes, v**ie**ne, venimos, venís, v**ie**nen
decir (*to say, to tell*)	**digo**, d**i**ces, d**i**ce, decimos, decís, d**i**cen
seguir (*to follow*)	**sigo**, s**i**gues, s**i**gue, seguimos, seguís, s**i**guen

■ In the verb **jugar** (*to play a game or sport*) **u** changes to **ue.**

Mario j**ue**ga muy bien al tenis.	*Mario plays tennis very well.*
Nosotros jugamos todas las semanas.	*We play every week.*

e ¿COMPRENDES?

Completa las oraciones con la forma correcta del verbo.

preferir (e → ie)
1. Yo _____ café.
2. Mis padres _____ té.

dormir (o → ue)
3. Mi perro _____ mucho.
4. ¿_____ tú mucho?

servir (e → i)
5. Nosotros _____ refrescos.
6. Usted no _____ cerveza.

MySpanishLab

Learn more using Amplifire Dynamic Study Modules, Grammar Tutorials, and Extra Practice activities.

PRÁCTICA

4-16

Los planes. PREPARACIÓN. Marca (✓) tus preferencias y planes.

1. ¿Prefieres tener una familia grande o pequeña?

_____ grande

_____ pequeña

2. ¿Quieres tomar cursos en el verano o prefieres trabajar?

_____ Tomar cursos en el verano.

_____ Prefiero trabajar.

3. ¿Sigues las tradiciones de tu familia o quieres ser más independiente?

_____ Sigo las tradiciones de mi familia.

_____ Quiero ser más independiente.

4. Cuando tienes amigos en casa, ¿sirves vino, cerveza o refrescos?

_____ vino y cerveza

_____ agua y refrescos

5. Cuando terminas las vacaciones, ¿vuelves a casa deprimido/a o contento/a?

_____ deprimido/a

_____ contento/a

 INTERCAMBIOS. Ahora pregúntale a tu compañero/a sobre sus planes y preferencias. Debes pedir más información.

MODELO E1: *¿Prefieres tener una familia grande o pequeña?*

E2: *Prefiero tener una familia pequeña.*

E1: *¿Cuántos hijos quieres tener?* o *¿Por qué prefieres una familia pequeña?*

E2:…

Cultura

Las bodas hispanas

Weddings are very important celebrations for Hispanic families. Many relatives and friends attend the ceremony, which can be a religious event or a civil union. When a Hispanic woman marries, she does not take her husband's surname but rather continues to use that of her parents.

Comparaciones. En tu cultura, ¿qué apellido usan las mujeres cuando se casan? ¿Qué sistema prefieres y por qué?

4-17

Planes para la boda. Beatriz y Miguel se casan en un mes. Completa la descripción de los planes para la boda con un verbo de la lista y en la forma correcta.

empezar	poder	querer	servir
entender	preferir	seguir	volver

Beatriz y Miguel (1) _____ tener una boda pequeña, pero elegante. La ceremonia (2) _____ a las 7:00. Los sobrinos y primos jóvenes de los novios no asisten a la ceremonia. Ellos no (3) _____ la ceremonia y (4) _____ jugar con una niñera en otra parte de la iglesia. Después de la ceremonia, todos van a un restaurante, donde los invitados (5) _____ bailar y cenar. Los camareros (6) _____ una cena italiana porque los padres de Miguel son de Italia. Después de la cena, la familia (7) _____ a la casa de los padres de la novia. Los invitados (8) _____ en la fiesta, pero Beatriz y Miguel salen para su luna de miel (*honeymoon*) a Colombia.

4-18

¿Qué piensan hacer? Túrnense para decir qué piensa hacer cada (*each*) miembro de la familia en las situaciones siguientes.

MODELO Mi hermano quiere estar delgado.

> E1: *Tu hermano probablemente piensa correr mucho.*
>
> E2: *Probablemente piensa empezar una dieta.*
>
> E3: *Y probablemente piensa ir al gimnasio todos los días.*

1. Mi hermana tiene un teléfono celular que no funciona (*works*).

2. Mi mamá trabaja mucho y quiere descansar.

3. Mi tía está enferma, por eso se siente muy débil y cansada.

4. Mis abuelos están de vacaciones en Colombia.

5. Mis primos quieren ir a Cartagena para visitar a los abuelos.

6. Mi tío lee y escucha las noticias sobre Colombia porque quiere aprender más sobre el país.

LENGUA

- **Pensar en** is the Spanish equivalent of *to think about someone or something.*

  ¿Piensas en tu familia cuando estás fuera de casa?
  Do you think about your family when you are away from home?

  Sí, **pienso** mucho **en** ellos.
  Yes, I think about them a lot.

- **Pensar de** is used to ask for an opinion.
  Pensar que is normally used in the answer.

  ¿Qué **piensas de** los planes de ayuda familiar?
  What do you think of the plans to help families?

  Pienso que son excelentes.
  I think they are excellent.

4-19

¿Qué pasa en las reuniones familiares?

PREPARACIÓN. Descríbele las reuniones de tu familia a tu compañero/a. Deben tomar nota de las semejanzas y las diferencias.

MODELO preparar la comida

> E1: *En las reuniones de mi familia, mi abuela prepara mucha comida.*
>
> E2: *En las reuniones de mi familia, tenemos mucha comida también. Pero mi madre y mi tía preparan la comida.*

1. servir la comida

2. jugar con los niños

3. venir de muy lejos

4. dormir en el sofá

5. preferir hablar de deportes (*sports*)

6. volver a casa para el Día de Acción de Gracias

INTERCAMBIOS. Hablen de una semejanza y una diferencia entre las reuniones de sus familias. Compartan la información con la clase.

Cultura

Las comidas

Meal times vary according to the region but, generally, lunch is the largest and most important meal of the day. In the Hispanic world, people have lunch between 1 and 3 P.M. while dinner is a light meal enjoyed between 7 and 10 in the evening.

Comparaciones. ¿Cuál es la comida más importante en tu cultura? ¿Cómo es?

4-20

Entrevista. Túrnense para entrevistarse (*interview each other*). Hablen sobre los siguientes temas (*topics*) y después compartan la información con otro compañero/otra compañera.

1. la hora del almuerzo, qué prefiere comer y dónde
2. los deportes que prefiere practicar o mirar en la televisión
3. a qué hora empieza a hacer la tarea generalmente
4. si duerme una siesta durante el día
5. si vuelve a la casa de sus padres para las vacaciones
6. qué piensa hacer después de graduarse de la universidad

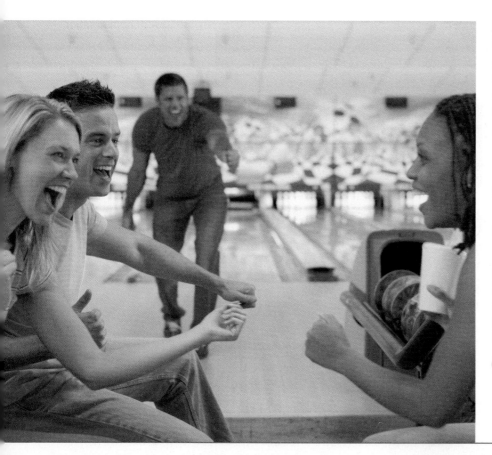

4-21

¿Cuándo y con quién?

PREPARACIÓN. Habla con tu compañero/a para obtener la siguiente información.

1. qué actividades prefiere hacer con miembros de su familia y cuándo
2. qué actividades hace con sus amigos los fines de semana
3. qué actividades hace con sus amigos durante la semana

INTERCAMBIOS. Preparen una lista de las actividades que tienen en común y otra lista de las que son diferentes. Comparen sus listas con las de otra pareja (*pair*).

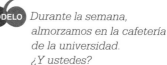

MODELO *Durante la semana, almorzamos en la cafetería de la universidad. ¿Y ustedes?*

Cultura

La quinceañera

In Hispanic culture, teen girls celebrate their 15th birthday in a special way. The celebration is called a **quinceañera,** and it marks the girl's transition into adulthood. This tradition is celebrated in nearly all Spanish-speaking countries except Spain.

Comparaciones. ¿Cómo se celebra el *sweet sixteen* en tu cultura? ¿Quiénes asisten?

4-22

Una reunión. Ustedes quieren ayudar a su amiga Celeste a organizar una reunión para celebrar el cumpleaños número dieciséis de su prima. Decidan lo siguiente:

1. lugar y hora en que prefieren la reunión

2. número de personas que van a participar

3. comida y bebidas que piensan servir

4. actividades que quieren organizar

Situación

PREPARACIÓN. Lean esta situación. Luego, compartan ejemplos de vocabulario, gramática y otra información que necesitan para desarrollar la conversación.

Role A. You and a family member are planning to visit Colombia. Your friend has heard about your plans and calls with some questions. Answer your friend's questions in detail.

Role B. Your friend is planning to go to Colombia with a relative. Call to find out:

a. when he/she is planning to go;
b. with whom;
c. what places in the country he/she wants to visit and why; and
d. when they are returning.

	ROLE A	ROLE B
Vocabulario	Family member Travel dates	Question words
Funciones y formas	Discussing plans: *Pensar* + infinitive	Discussing plans: *Pensar* + infinitive
	Expressing preferences: *Querer* + infinitive	Expressing preferences: *Querer* + infinitive

INTERCAMBIOS. Practica la conversación con tu compañero/a incorporando el vocabulario y las funciones de *Preparación*. Luego, represéntenla ante la clase.

2 Talking about daily routine

Me llamo Óscar Torres. Mi esposa Rosa y yo tenemos una vida muy ocupada. **Nos levantamos** a las seis todos los días.

Yo **me ducho** mientras Rosa **se viste** rápidamente.

Después, Rosa **despierta** a Carlitos y a Roberto, nuestros hijos. Roberto se viste, y Rosa **viste** a Carlitos.

Desayunamos y luego todos **nos lavamos** los dientes y a las siete salimos de la casa.

Piénsalo. Para cada acción, indica si la persona se hace la acción a sí misma (*himself/herself/themselves*) o a otra persona.

ACCIÓN	A SÍ MISMO/A	A OTRA PERSONA
1. Óscar **se ducha** por la mañana.	_____	_____
2. Rosa **despierta** a Carlitos.	_____	_____
3. La madre **viste** al niño porque es muy pequeño.	_____	_____
4. Roberto **se viste** rápidamente.	_____	_____
5. Nosotros **nos lavamos** los dientes después de desayunar.	_____	_____
6. Rosa probablemente **se baña** por la noche, porque no tiene tiempo por la mañana.	_____	_____

Reflexive verbs and pronouns

■ Reflexive verbs express what people do to or for themselves.

LAVARSE (*to wash oneself*)			
yo	**me lavo**	nosotros/as	**nos lavamos**
tú	**te lavas**	vosotros/as	**os laváis**
Ud., él, ella	**se lava**	Uds., ellos/as	**se lavan**

Reflexive:

Mi hermana **se** lava las manos.   *My sister washes her hands.*

Non-Reflexive:

Mi hermana **lava** el auto.   *My sister washes the car.*

■ A reflexive pronoun refers back to the subject of the sentence. English sometimes uses the pronouns ending in *-self/-selves* to express reflexive meaning. In many cases, Spanish uses reflexives where English does not.

Yo **me levanto, me ducho,**   *I get up, take a shower, dry*
me seco y **me visto**   *myself, and get dressed*
rápidamente.   *quickly.*

■ Place reflexive pronouns after the word **no** in negative constructions.

Rosa **no se levanta** temprano   *Rosa does not get up early*
los fines de semana.   *on weekends.*

■ The pronoun **se** attached to the end of an infinitive indicates the verb is reflexive.

vestir   *to dress (someone else)*
vestirse   *to get dressed (oneself)*

■ With a conjugated verb followed by an infinitive, place the reflexive pronoun before the conjugated verb or attach it to the infinitive.

Yo **me** voy a levantar a las siete.   *I am going to get up at seven.*
Yo voy a levantar**me** a las siete.

■ When referring to parts of the body and articles of clothing, use definite articles rather than possessives with reflexive verbs.

Me lavo **los** dientes.   *I brush my teeth.*
Roberto se pone **la** chaqueta.   *Roberto puts on his jacket.*

■ Some verbs change meaning when used reflexively.

dormir	*to sleep*	**dormirse**	*to fall asleep*
levantar	*to raise, to lift*	**levantarse**	*to get up*
llamar	*to call*	**llamarse**	*to be called*
poner	*to put, to place*	**ponerse**	*to put on*
quitar	*to take away*	**quitarse**	*to take off*

■ Here is a list of common reflexive verbs. Note the stem changes that occur in many of them.

acostarse (ue)	to go to bed, to lie down	**lavarse**	to wash (oneself)
afeitarse	to shave (oneself)	**maquillarse**	to put on makeup
bañarse	to take a bath	**peinarse**	to comb (one's hair)
casarse	to get married	**secarse**	to dry (oneself)
conectarse a	to connect to	**sentarse (ie)**	to sit down
despertarse (ie)	to wake up	**sentirse (ie)**	to feel
ducharse	to take a shower	**vestirse (i)**	to get dressed

|e| **¿COMPRENDES?**

Completa las oraciones con el pronombre reflexivo o el verbo indicado.

me, te, se, nos

1. Yo _____ baño por la mañana.
2. Los estudiantes _____ bañan por la noche.
3. Usted _____ baña después de desayunar.

despertarse

4. Mis abuelos se _____ temprano.
5. Mi hermana y yo nos _____ tarde.
6. Y tú, ¿cuándo te _____?

MySpanishLab

Learn more using Amplifire Dynamic Study Modules, Grammar Tutorials, and Extra Practice activities.

PRÁCTICA

4-23

¿Qué hacemos todos los días? Pon estas actividades en el orden más lógico (1 = primero; 6 = finalmente). Luego, comparte tus respuestas con tu compañero/a. ¿Hace tu compañero/a las actividades en el mismo orden? Comenten las diferencias.

_____ Me duermo.

_____ Me levanto.

_____ Salgo para mis clases.

_____ Me acuesto.

_____ Me ducho y me lavo la cara (*face*).

_____ Desayuno.

4-24

¿Tenemos las mismas rutinas?
Hablen sobre sus actividades diarias.

 despertarse

    E1: *Yo me despierto a las siete. ¿Y tú?*

    E2: *Generalmente, me despierto a las ocho.*

1. levantarse   4. desayunar
2. ducharse   5. acostarse
3. vestirse   6. dormirse

4-25

Los horarios. Usen la información de la actividad 4-24. Completen la tabla y escriban un párrafo sobre sus horarios. ¿Qué tienen en común? ¿Qué diferencias hay entre sus horarios?

	YO	MI COMPAÑERO/A
despertarse		
levantarse		
ducharse		
vestirse		

Situación

PREPARACIÓN. Lean esta situación. Luego, compartan ejemplos de vocabulario, gramática y otra información que necesitan para desarrollar la conversación.

Role A. You are going to a summer language school (**programa de verano**) in **Bogotá**. Ask the director:

a. where the students live;
b. what time they go to bed and get up; and
c. where and when they eat their meals.

Role B. You are the director of a summer language school (**programa de verano**) in **Bogotá**. Answer the questions of a prospective student, giving as much information as possible.

	ROLE A	ROLE B
Vocabulario	Daily routines Question words	Daily routines
Funciones y formas	Talking about routines: Reflexive verbs Stem-changing verbs	Talking about routines: Reflexive verbs Stem-changing verbs

INTERCAMBIOS. Practica la conversación con tu compañero/a incorporando el vocabulario, las funciones y demás información. Luego, represéntenla ante la clase.

3 Expressing obligation

La Sra. Rojas está de mal humor hoy. Se siente muy frustrada con el estilo de vida de su familia. Acaba de poner esta nota en la puerta del refrigerador.

Planes para nuestra familia

De hoy en adelante, todos **tenemos que ser** más organizados. Verónica **tiene que ver** menos televisión. Luis **tiene que practicar** el piano todos los días. Papá **tiene que hacer** más ejercicio. Agustín y Toño **tienen que terminar** su tarea antes de jugar videojuegos. Finalmente, todos **tenemos que ayudar** con las tareas domésticas.

Mamá

Piénsalo. Asocia las situaciones con las obligaciones según la nota de la Sra. Rojas.

1. _____ La madre piensa que la familia debe cambiar su estilo de vida.

2. _____ Verónica mira mucha televisión.

3. _____ El padre tiene una vida sedentaria.

4. _____ Luis no es muy perseverante con la música.

5. _____ Agustín y Toño probablemente prefieren practicar deportes y no estudian.

6. _____ No todos colaboran para mantener la casa limpia (clean).

a. Todos **tienen que ayudar** con las tareas domésticas.

b. **Tienen que dedicar** suficiente tiempo a sus estudios.

c. **Tiene que hacer** más actividades físicas.

d. **Tiene que leer** más o **ser** más activa.

e. **Tiene que practicar** regularmente.

f. La familia **tiene que** organizar sus actividades.

Tener que + infinitive

■ Use **tener que** to express what someone *has to, needs to,* or *must* do.

Eliana, **tienes que estudiar más.**
Tengo que visitar a mis abuelos este fin de semana.

Eliana, you have to study more.
I have to visit my grandparents this weekend.

¿COMPRENDES?

Completa las oraciones con la palabra o expresión correcta.

1. Tengo que _____ a mis abuelos.
2. Mi madre _____ que trabajar.
3. Nosotros tenemos _____ ir de compras.
4. Mis amigos _____ que estudiar.
5. Y tú, ¿qué tienes _____ hoy?

a. tienen
b. que hacer
c. que
d. visitar
e. tiene

MySpanishLab

Learn more using Amplifire Dynamic Study Modules, Grammar Tutorials and Extra Practice activities.

PRÁCTICA

4-26

Mis obligaciones. **PREPARACIÓN.** Marca (✓) las tareas que tienes que hacer regularmente. Con tu compañero/a, comparen sus obligaciones.

_____✓_____ pasear al perro

_____✓_____ hacer ejercicio

_____✓_____ comprar comida

_____ hacer la tarea para mis clases

_____✓_____ llamar por teléfono a mi familia

_____✓_____ poner los platos sucios en el lavaplatos (*dishwasher*)

_____ leer y contestar el correo electrónico

_____ ir a la universidad

_____✓_____ trabajar por las tardes

_____ conectarme a Skype para hablar con mis padres

INTERCAMBIOS. Ahora dile a tu compañero/a cuándo tienes que hacer estas tareas. Luego, comparen sus obligaciones. ¿Quién de ustedes tiene más obligaciones?

 MODELO

E1: *Tengo que pasear al perro todos los días. ¿Y tú?*

E2: *Yo no tengo que pasear al perro, pero tengo que preparar la comida los domingos...*

Cultura

El Parque Ecológico El Portal

El Portal is an ecological park near Bucaramanga, Colombia. It is a popular destination for ecotourism. There, tourists can partake in a number of different activities such as mountain biking and hang gliding.

Comunidades. ¿Hay lugares en tu región o país dedicados al ecoturismo? ¿Qué puedes hacer allí?

4-27 |e

Un viaje (*trip*) a Colombia. **PREPARACIÓN.** Tu familia va a viajar a Colombia. Selecciona la mejor recomendación para cada persona. Después añade (*add*) algo que quieres hacer tú y explica por qué.

1. _____ Mi hermana quiere visitar un lugar religioso muy original.

2. _____ A mis padres les gustaría ver joyas (*jewels*) precolombinas.

3. _____ Mi prima quiere escuchar música colombiana.

4. _____ Mis abuelos prefieren las actividades al aire libre.

a. Tiene que asistir a un concierto de Los Príncipes del Vallenato.

b. Tiene que ir a la Catedral de Sal.

c. Tienen que ir al Museo del Oro.

d. Tienen que conocer el Parque Ecológico El Portal.

INTERCAMBIOS. Busca información en Internet y prepara una breve descripción de uno de los lugares, grupos o eventos siguientes. Incluye la ubicación (*location*) y las actividades asociadas con el lugar, el grupo o los eventos. Luego, comparte la información con la clase.

1. Los Príncipes del Vallenato

2. la Catedral de Sal

3. el Museo del Oro

4. el Parque Arqueológico de San Agustín

4-28

Sugerencias. PREPARACIÓN. ¿Qué tienen que hacer (o no) las personas en estas circunstancias?

 Luis no tiene dinero (*money*).

> E1: *Tiene que buscar trabajo en Internet.*
>
> E2: *No tiene que perder el tiempo en Facebook.*

1. Mi amigo Juan tiene un examen muy difícil el lunes.
2. Francisco nunca tiene energía. Siempre está cansado.
3. Manuel y Victoria no tienen una buena relación de pareja (*couple*).
4. Mi hermana Marta ve televisión todos los días y saca malas notas en sus clases.
5. Luis y Emilia quieren aprender español.
6. Isabel y Lucía desean visitar un país hispano, pero no hablan español.

INTERCAMBIOS. Escribe tres problemas personales. Explícale tus problemas a tu compañero/a y dile qué tienes que hacer.

 Vivo en un apartamento muy feo. Tengo que buscar un apartamento bonito…

Situación 🖥️ Media Share

PREPARACIÓN. Lean esta situación. Luego, compartan ejemplos de vocabulario, gramática y otra información que necesitan para desarrollar la conversación.

> **Role A.** Your parents are angry at you because you a) stay out late; b) do not study enough; c) prefer to spend all your time with your friends; and d) play with your phone at mealtimes. You ask a friend for advice.

> **Role B.** A friend calls you to discuss family problems. Listen and ask appropriate questions, then offer some advice.

	ROLE A	ROLE B
Vocabulario	Family Leisure activities	Family Leisure activities

Funciones y formas	Talking about routines:
	    Stem-changing verbs
	
	 Present tense of verbs
		Asking questions:
		    Stem-changing verbs
		
		 Giving advice:
		    Tener + *que* + infinitive

INTERCAMBIOS. Practica la conversación con tu compañero/a incorporando el vocabulario y las funciones de *Preparación*. Luego, represéntenla ante la clase.

4 Expressing how long something has been going on

PATRICIA: Señora, ¿**cuánto tiempo hace que** practico esta sonata? ¡Estoy muy cansada!

SRA. ESCOBEDO: **Hace dos horas que** trabajas en ella. Pero una vez más, por favor, Patricia. El recital es en dos días.
(*El día del recital*)

SRA. ESCOBEDO: Les presento a Patricia Suárez. Estudia el violín conmigo **hace cinco años.** Ahora va a tocar la Sonata n.° 4 de Mozart.

¿COMPRENDES?

Usa la información en paréntesis para completar la respuesta a la siguiente pregunta:

¿Cuánto tiempo hace que estas personas estudian español?

1. (tres semanas)
   _____ Juan y Daniel estudian español.

2. (un semestre)
   _____
   nosotros estudiamos español.

3. (un año)_____
   tú estudias español.

4. (tres días)
   _____ mi amigo estudia español.

MySpanishLab

Learn more using Amplifire Dynamic Study Modules, Grammar Tutorials, and Extra Practice activities.

Piénsalo. Indica si las siguientes afirmaciones son ciertas (**C**) o falsas (**F**).

1. _____ **Hace cinco años que** Patricia estudia con la Sra. Escobedo.

2. _____ **Hace tres años que** Patricia aprende la Sonata n.° 4 de Mozart.

3. _____ Patricia conoce a su profesora de violín **hace dos años.**

4. _____ **Hace dos horas que** Patricia practica la sonata de Mozart.

5. _____ **Hace cinco años que** la Sra. Escobedo toca el violín.

6. _____ La Sra. Escobedo enseña clases de violín **hace un año.**

Hace with expressions of time

■ To say that an action/state began in the past and continues into the present, use **hace** + *length of time* + **que** + *present tense*.

Hace dos horas que juegan.   *They have been playing for two hours.*

■ If you begin the sentence with the present tense of the verb, do not use **que.**

Juegan **hace dos horas.**   *They've been playing for two hours.*

■ To find out how long an action/state has been taking place, use **cuánto tiempo** + **hace que** + *present tense*.

¿**Cuánto tiempo hace que** juegan?   *How long have they been playing?*

PRÁCTICA

Este soy yo. PREPARACIÓN. Lee esta descripción de Jaime y completa las oraciones. Compara tus respuestas con las de tu compañero/a.

Me llamo Jaime Caicedo y soy de Cartagena, Colombia. Quiero aprender inglés para poder trabajar en una compañía internacional. Estudio inglés **hace dos años,** pero tengo que estudiar más para hablar correctamente. Siempre miro programas de televisión en inglés. Mi favorito es *NCIS*. **Hace cinco años que** miro este programa y me gusta mucho. Tengo un auto **hace un año,** y salgo en él con mis amigos y también con mi novia. **Hace seis meses que** somos novios. Somos muy felices.

1. Jaime Caicedo es de…
2. Hace dos años que Jaime…
3. Hace seis meses que Jaime…

INTERCAMBIOS. Escribe tu propia descripción, siguiendo el modelo en *Preparación*. Luego, comparte tu descripción con tu compañero/a.

¿Cuánto tiempo hace que…? Túrnense para hacerse las siguientes preguntas. Después, compartan la información con otra pareja.

1. ¿Dónde vive tu familia? ¿Cuánto tiempo hace que vive allí?
2. ¿Dónde trabajas? ¿Cuánto tiempo hace que trabajas allí?
3. ¿Cuánto tiempo hace que estudias en esta universidad? ¿Y por qué estudias español?
4. ¿Practicas algún deporte? ¿Cuánto tiempo hace que juegas al…? ¿Juegas bien?

Situación

PREPARACIÓN. Lean esta situación. Luego, compartan ejemplos de vocabulario, gramática y otra información que necesitan para desarrollar la conversación.

Role A. A friend is visiting you from out of town. Give him/her a tour and then suggest going to the local Colombian restaurant for dinner. Give details about the places you visit and answer your friend's questions.

Role B. You are visiting a friend and he/she gives you a tour. Ask your friend questions: a) how long he/she has lived here; and b) how long the stores, restaurants, and other places you see on the tour have been there.

	ROLE A	ROLE B
Vocabulario	Places in town Length of time	Question words Length of time
Funciones y formas	Expressing length of time of an event or condition: 　Hace + *time* + que + *present tense verb* Making a suggestion	Asking questions about length of time of an event or condition: 　¿Cuánto tiempo + hace que + *present tense verb?* 　¿Cuántos años + hace que + *present tense verb?*

INTERCAMBIOS. Practica la conversación con tu compañero/a incorporando el vocabulario y las funciones de *Preparación*. Luego, represéntenla ante la clase.

EN ACCIÓN

Una fiesta en familia

4-31 Antes de ver

¿A solas (*alone*) o en familia? Marca las actividades que haces típicamente a solas (**S**) o en familia (**F**).

1. _____ Celebro mi cumpleaños.
2. _____ Me cepillo los dientes.
3. _____ Almuerzo los domingos.
4. _____ Escucho música en mi teléfono.
5. _____ Me visto.
6. _____ Salgo para mis clases.
7. _____ Duermo la siesta en el sofá.
8. _____ Visito a mis parientes.
9. _____ Converso sobre temas políticos.
10. _____ Me ducho.

4-32 Mientras ves

A celebrar. Marca (✓) la columna adecuada de acuerdo con la información en el segmento de video. Corrige las afirmaciones falsas.

	CIERTO	FALSO
1. Blanca prepara un típico desayuno colombiano.	_____	_____
2. Los estudiantes quieren conocer a la familia de Blanca.	_____	_____
3. Yolanda habla de la celebración de la independencia colombiana en Nueva York.	_____	_____
4. Esteban muestra un video de sus amigos.	_____	_____
5. El hijo de Blanca llega a la fiesta con su esposa.	_____	_____
6. Yolanda quiere comer la carne que prepara Federico.	_____	_____

4-33 Después de ver

Lejos de casa. **PREPARACIÓN.** Marca (✓) los temas que aparecen en este episodio, implícita o explícitamente.

1. _____ La importancia de la familia.
2. _____ Las oportunidades de trabajo en el extranjero.
3. _____ Las tradiciones culturales.
4. _____ La separación física entre los padres y los hijos.
5. _____ La tecnología como medio de comunicación.

INTERCAMBIOS. Comparen sus respuestas de *Preparación* y háganse las siguientes preguntas relacionadas.

1. ¿Qué fiestas celebras siempre en familia? Describe una fiesta típica con tu familia.

2. ¿Qué fiestas prefieres celebrar con tus amigos/as? ¿Son distintas a las fiestas que celebras con tu familia? Explica.

3. Describan cómo celebra la gente la independencia colombiana en Nueva York. ¿De qué manera es similar a la celebración del cuatro de julio? ¿Hay alguna diferencia? Expliquen.

Mosaicos

4-34

Preparación. Antes de escuchar el mensaje de Pedro para Julio sobre una fiesta sorpresa (*surprise*), prepara tus ideas sobre la siguiente información. Después, presenta tus notas a la clase.

1. el posible propósito (*purpose*) de este mensaje

2. la información específica que puede ser importante

ESTRATEGIA

Listen for a purpose

Listening with a purpose in mind will help you focus your attention on the most relevant information. As you focus your attention, you screen what you hear and select only the information you need.

4-35

Escucha. First read the information you will need to attend the party Pedro is organizing. Then, as you listen, complete the sentences with the rest of the information. Don't worry if you do not understand every word.

1. La fiesta es para…

2. La fiesta va a ser en la casa de…

3. El día de la fiesta es…

4. Julio debe llevar (*take*)…

5. Julio tiene que llegar a la casa a las…

6. La dirección es…

Comprueba

I was able to . . .

_____ recognize the names of people.

_____ identify specific information about an event.

4-36

Un paso más. Vas a organizar una fiesta sorpresa para tu profesor/a de español y deseas invitar a tu compañero/a. Llama a tu compañero/a por teléfono y explícale lo siguiente:

1. cuándo y dónde va a ser la fiesta

2. qué van a comer y beber

3. qué música van a escuchar

4. otros planes

HABLA

4-37

Preparación. Completa las siguientes afirmaciones con los nombres de tus parientes, la relación de parentesco (*kinship*) y sus actividades.

MODELO *Mi primo David come* en restaurantes los fines de semana.

1. … mucho y con frecuencia está(n) cansado/a(s).

2. … en casa los fines de semana. Descansan, leen, escuchan música, etc.

3. … ejercicio físico tres o cuatro veces por semana.

4. … con amigos o con la familia en casa el día de su cumpleaños.

5. … por Skype o Facebook. Se conecta(n) con su familia y amigos cada día.

ESTRATEGIA

Organize information to make comparisons

In *Capítulo 3*, you practiced organizing information for a presentation. Now you will focus on organizing information for a conversation about a specific topic—your family. Follow these steps in organizing your information.

- List the names of family members you are going to talk about.
- Indicate the family relationships.
- Decide on possible categories for your comparisons (**aburridos, divertidos; extrovertidos, tímidos; trabajadores, perezosos**).

4-38

Habla. En grupos pequeños, háganse las siguientes preguntas y comparen la información.

1. ¿Quiénes son tus parientes más artísticos? Expliquen (*Explain*).

2. ¿Quiénes son las personas más activas en tu familia? Expliquen.

3. ¿Qué miembros de la familia pasan mucho tiempo en casa? Expliquen.

En directo

To make comparisons and contrasts:

Por un lado… *On the one hand . . .*

Por otro lado… *On the other hand . . .*

En cambio… *On the other hand . . .*

En contraste… *In contrast . . .*

🔊 Listen to a conversation with these expressions.

Comprueba

In my conversation . . .

_____ I used question words appropriately.

_____ I described and compared family members.

_____ I gave relevant information when answering.

_____ I used adjectives accurately.

4-39

Un paso más. En los mismos grupos, comparen sus respuestas y completen un pequeño informe (*report*) con la información anterior. Luego, presenten su informe a la clase.

LEE

Preparación. Lee el título y los subtítulos del artículo en la página siguiente y observa las fotos. Luego, usa la información del título, los subtítulos y las fotos para contestar las siguientes preguntas. Presenta tus respuestas a la clase.

1. ¿Cuál es el tema del artículo?

    a. la comunicación entre amigos

    b. la comunicación entre los miembros de una familia

    c. la comunicación con los colegas en el trabajo

2. En tu opinión, ¿cuáles de las siguientes ideas va a incluir el artículo? (Hay más de una respuesta correcta).

    a. Hoy en día la comunicación entre padres e hijos es mejor que (*better than*) en el pasado.

    b. Los jóvenes no hablan con sus padres sobre sus problemas porque los padres siempre están ocupados.

    c. La vida moderna afecta la comunicación entre padres e hijos.

    d. La tecnología tiende a reducir la comunicación sobre temas importantes.

3. Marca (✓) las actividades de la siguiente lista que asocias con una buena relación entre padres e hijos.

    a. _____ conversar

    b. _____ pasar tiempo juntos

    c. _____ hablar por teléfono

    d. _____ pelear (*to argue*)

    e. _____ escribir correos electrónicos a un miembro de la familia que vive lejos (*far*)

    f. _____ comprar regalos con frecuencia

    g. _____ expresar cariño (*affection*) verbalmente

    h. _____ no hablar de sus problemas con los padres

Lee. Lee el artículo e indica…

1. una palabra asociada con los problemas de comunicación familiares.

2. por qué la tecnología probablemente afecta las relaciones de la familia.

3. dos productos que son ejemplos de cómo la tecnología puede causar problemas en la familia.

4. dos palabras que indican la calidad de la comunicación cuando usamos el correo electrónico o los mensajes de texto.

5. dos formas de usar la tecnología positivamente en la comunicación con la familia.

ESTRATEGIA

Use title and illustrations to anticipate content

Before you start to read, gather as much information about the text as possible. The title, section headings, and illustrations can help you anticipate content, so pay special attention to them. Write down what you think the text is about, and refer to your notes as you are reading, correcting them as necessary. This will help you focus your attention as you read.

Comprueba

I was able to . . .

_____ **use headings and photos to identify the main idea.**

_____ **focus on one piece of information at a time.**

_____ **write effective notes.**

LA IMPORTANCIA DE LA COMUNICACIÓN FAMILIAR

LA FAMILIA EN CRISIS

Los expertos afirman que la familia de hoy está en crisis porque no hay buena comunicación entre sus miembros. También dicen que la comunicación es vital en todas las relaciones, especialmente en las relaciones familiares.

La comunicación crea relaciones familiares fuertes y cariñosas.

AUSENCIA DE LOS PADRES

¿Por qué hay problemas de comunicación en las familias? Hay varias razones. Una razón es que la madre y el padre trabajan largas horas fuera de casa y los hijos están solos mucho tiempo, sin la compañía y la supervisión de sus mayores. La ausencia de los padres puede crear cierta independencia en los hijos y una distancia emocional que causa dificultades en la comunicación entre padres e hijos.

LA TECNOLOGÍA

Un segundo factor es la tecnología. Nuestro mundo está controlado por la tecnología. Evidentemente la tecnología facilita muchas cosas, pero su uso excesivo puede complicar la vida. Muchos jóvenes tienen acceso ilimitado a Internet, sobre todo a los sitios web de comunicación social y entretenimiento, como Facebook y YouTube. Idealmente, el bajo costo de la conexión debería afectar positivamente la comunicación en la familia, pero la realidad indica que la comunicación moderna (por ejemplo, mensajes de texto, entradas de Twitter) tiende a ser más breve y más superficial. Los hijos prefieren no discutir sus problemas por correo electrónico o mensajes de texto. Prefieren hablar directamente con sus padres, si es que sus padres tienen el tiempo.

Lo mismo ocurre con el teléfono celular. Es cierto que los jóvenes usan celulares para llamar a sus padres, pero muy pocos usan el celular para conversar largamente con sus padres sobre temas personales importantes.

CONCLUSIÓN

En conclusión, el tiempo limitado que los padres pueden dar a sus hijos y la tendencia a usar la tecnología para comunicaciones muy breves pueden afectar negativamente las relaciones familiares. Por eso es importante crear oportunidades para una comunicación real y profunda dentro de la familia. Si usas la tecnología de manera positiva para pasar tiempo con tus familiares y para expresar el amor y el cariño que sientes por ellos, tu familia va a ser más fuerte y unida.

La tecnología puede facilitar la comunicación familiar.

4-42

Un paso más. Habla con tu compañero/a sobre el impacto de la tecnología en la comunicación familiar entre los estudiantes universitarios y sus padres. Fíjate (*Focus*) en los dos temas principales del artículo:

■ la separación física entre los padres y los hijos
■ el uso de la tecnología como medio de comunicación

ESCRIBE

4-43

Preparación. Tu madre está preocupada porque estudias este semestre en la Universidad Javeriana en Bogotá. Lee el correo electrónico que te escribe. Después identifica las preguntas de tu madre que quieres contestar y prepara algunas ideas.

Querido hijo:

¿Qué tal estás? Hace dos semanas que no sabemos nada de ti. ¡No escribes correos electrónicos, no te conectas a Skype o a Facebook! ¿Qué ocurre? ¿Estás desconectado de Internet?

Bueno, sé que es el fin del semestre y debes tener mucho trabajo. ¿Tienes mucho estrés? ¿Duermes bastante? ¿Comes bien en la universidad? ¿Tienes problemas en tus clases?

Tu padre y yo pensamos mucho en ti. ¿Tienes tiempo para pasear por la ciudad y conocer muchos sitios nuevos? Debes visitar el Museo del Oro y el de Botero. Creo que la Candelaria es muy bonita también. Por favor, escribe o llama pronto.

Un beso de papá y mamá,

Tu madre

ESTRATEGIA

Use language appropriate for your reader

Even though you are just starting to learn Spanish, you know enough words and phrases to write e-mails that are polite or casual, depending on who will read your message. Use the expressions in *En directo* when writing to people in your family. When you write an e-mail to your instructor, use salutations like **Estimado profesor Gallegos** and closings like **Atentamente** or **Un cordial saludo.**

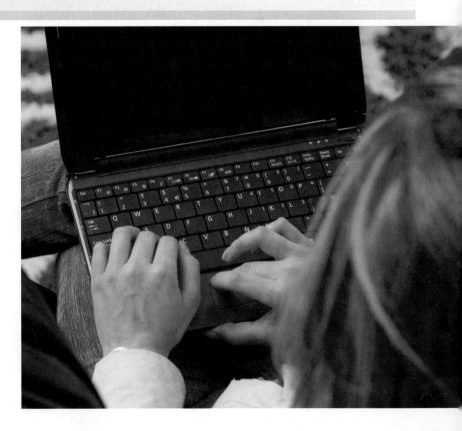

4-44

Escribe. Ahora responde a la carta de tu madre.

Querida mamá:

En directo ▪ ▪ ▪ ▪ ▪

To write a salutation:

Querido papá/abuelo: *Dear . . . ,*

Querida mamá/abuelita: *Dear . . . ,*

To close correspondence:

Con cariño, *Affectionately,*

Con mucho cariño, *With much love,*

Abrazos y besos, *Hugs and kisses,*

Te recuerdo con cariño, *I remember you (familiar) with affection,*

🔊 Listen to an e-mail with these expressions.

Comprueba

I was able to . . .

_____ present main ideas clearly with adequate details.

_____ use a wide range of vocabulary words.

_____ use correct gender and number agreement with nouns and adjectives.

_____ conjugate verbs correctly and make them agree with their subjects.

_____ use accurate spelling, capitalization, and punctuation.

_____ close the message properly.

4-45

Un paso más. Lee la respuesta de tu compañero/a a su madre. Escríbanse (*Write to each other*) un correo electrónico en el que hacen una lista de las semejanzas y diferencias entre sus cartas.

En este capítulo...

Comprueba lo que sabes

Go to *MySpanishLab* to review what you have learned in this chapter. Practice with the following:

Flashcards | Games | Oral Practice | Practice Test / Study Plan
Amplifire Dynamic Study Modules | Tutorials | Videos | Extra Practice

🔊 Vocabulario

LA FAMILIA
The family

la abuela   *grandmother*
el abuelo   *grandfather*
la esposa   *wife*
el esposo   *husband*
la hermana   *sister*
el hermano   *brother*
la hija   *daughter*
el hijo   *son*
la madrastra   *stepmother*
la madre   *mother*
la mamá   *mom*
la media hermana   *half-sister*
el medio hermano   *half-brother*
la nieta   *granddaughter*
el nieto   *grandson*
el niño/la niña   *child*
la novia   *fiancée; girlfriend*
el novio   *fiancé; boyfriend*
el padrastro   *stepfather*
el padre   *father*
los padres   *parents*
el papá   *dad*
el pariente   *relative*
el primo/la prima   *cousin*
la sobrina   *niece*
el sobrino   *nephew*
la tía   *aunt*
el tío   *uncle*

LAS DESCRIPCIONES
Descriptions

casado/a   *married*
divorciado/a   *divorced*
gemelo/a   *twin*
ocupado/a   *busy*

VERBOS
Verbs

acostar(se) (ue)   *to put to bed; to go to bed*
afeitar(se)   *to shave; to shave (oneself)*
almorzar (ue)   *to have lunch*
ayudar   *to help*
bañar(se)   *to bathe; to take a bath*
casar(se)   *to get married*
cerrar (ie)   *to close*
conectar(se)   *to connect to*
costar (ue)   *to cost*
decir (g, i)   *to say, to tell*
dedicar   *to dedicate*
desayunar   *to have breakfast*
despertar(se) (ie)   *to wake (someone up); to wake up*
dormir (ue) la siesta   *to take a nap*
dormir(se) (ue)   *to sleep; to fall asleep*
duchar(se)   *to give a shower to; to take a shower*
empezar (ie)   *to begin, to start*
encontrar (ue)   *to find*
entender (ie)   *to understand*
llamar(se)   *to call; to be called*
hacer   *to do*
jugar (ue)   *to play (a game, sport)*
lavar(se)   *to wash (oneself)*

levantar(se)   *to raise; to get up*
maquillar(se)   *to put makeup on (someone); to put makeup on (oneself)*
pasar   *to spend (time)*
pasear   *to take a walk, to stroll*
pedir (i)   *to ask for; to order*
peinar(se)   *to comb (someone's hair); to comb (one's hair)*
pensar (ie)   *to think*
pensar (ie) + *infinitive*   *to plan to + verb*
poder (ue)   *to be able to, can*
poner(se) (g) la ropa   *to put one's clothes on*
preferir (ie)   *to prefer*
querer (ie)   *to want*
quitar(se)   *to take away; to take off*
repetir (i)   *to repeat*
secar(se)   *to dry (oneself)*
seguir (i)   *to follow, to go on*
sentarse (ie)   *to sit down*
sentir(se) (ie)   *to feel*
servir (i)   *to serve*
tener (g, ie)   *to have*
terminar   *to finish*
venir (g, ie)   *to come*
vestir(se) (i)   *to dress; to get dressed*
visitar   *to visit*
volver (ue)   *to return*

PALABRAS Y EXPRESIONES ÚTILES
Useful words and expressions

el bautizo   *baptism, christening*
la foto(grafía)   *photo(graph)*
frecuentemente   *frequently, often*

juntos/as   *together*
el/la mayor   *the oldest*
el matrimonio   *marriage*
el/la menor   *the youngest*
tarde   *late*
temprano   *early*
un poco   *a little*

See *Lengua* box on page 145 for time expressions.
See *Lengua* box on page 150 for other expressions with **pensar**.
See page 160 for time expressions with **hacer**.

5

¿Dónde vives?

LEARNING OUTCOMES

You will be able to:

- talk about housing, the home, and household activities
- express ongoing actions
- describe physical and emotional states
- avoid repetition in speaking and writing
- point out and identify people and things
- compare cultural and geographic information of Nicaragua, El Salvador, and Honduras

Mar Caribe

BELICE

MÉXICO

GUATEMALA

Ruinas mayas

HONDURAS

Copán   Tegucigalpa

El café

EL SALVADOR

San Salvador

NICARAGUA

Mango verde
con limón y sal

León

Managua

Granada

Un edificio de arquitectura colonial

El volcán de Izalco

OCÉANO PACÍFICO

COSTA
RICA

Enfoque cultural

To learn more
about Nicaragua,
El Salvador, and
Honduras, go to
MySpanishLab
to view the *Vistas
culturales* videos.

Cuadro de Fernando Llort,
pintor de El Salvador

NICARAGUA, EL SALVADOR Y HONDURAS

¿QUÉ TE PARECE?

- El 90% de la población de Honduras es mestiza, el 7% indígena, el 2% negra y el 1% blanca. Los mayas son el principal grupo indígena.

- El Salvador declaró la guerra contra Honduras, en 1969, después de un partido de fútbol. Se conoce como la Guerra de las Cien Horas.

- El café es un producto de exportación importante en esta región.

- El lago Nicaragua es el único lago del mundo donde hay tiburones (*sharks*).

El turismo es la segunda industria más importante de Nicaragua. El número de turistas que visitan Nicaragua aumenta cada año un 15% desde el 2007 y se espera llegar a 2,6 millones de turistas para el año 2020.

Suchitoto y Santa Ana son dos ciudades coloniales de El Salvador. Aquí se encuentran casas coloniales, museos, galerías de arte e iglesias.

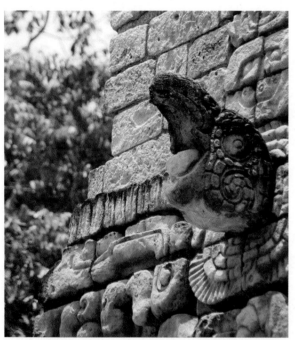

En el valle de Copán, en Honduras, se encuentran las ruinas más importantes de la civilización maya. Este antiguo centro de actividad y cultura es ahora el Parque Arqueológico Copán e incluye vestigios de plazas, templos y un estadio para el juego de pelota. Aquí vemos uno de los marcadores (*scoreboards*).

¿CUÁNTO SABES?

Completa estas oraciones con la información correcta.

1. El Salvador tiene frontera con _____, _____ y _____.

2. Hay tiburones en _____.

3. Los mayas son el grupo indígena principal de _____.

4. El pintor Fernando Llort es de _____.

5. La mayor parte de la población de Honduras es _____.

6. El _____ de Honduras se exporta a muchos países.

Vocabulario en contexto

Talking about housing, the home, and household activities

◆ ¿Dónde vives?

 En las ciudades de Nicaragua, El Salvador y Honduras hay **viviendas** de diferentes **estilos**. La ciudad de Granada, en Nicaragua, tiene **calles** y plazas como esta, con casas coloniales de colores alegres. En Tegucigalpa, la capital de Honduras, hay **edificios** de **apartamentos**. Algunas personas prefieren vivir **cerca** del **centro**. **Creen** que los **barrios** de las **afueras** están muy **lejos** del **trabajo** y de los centros de diversión.

MySpanishLab

Learn more using Amplifire Dynamic Study Modules, Pronunciation, and Vocabulary Tutorials.

■ ■ ■ ■ ■
EN OTRAS PALABRAS

Some words for the parts of a house vary from one region to another in the Spanish-speaking world. Here are some examples:

habitación → dormitorio, cuarto, alcoba, recámara

sala → salón, living

planta → piso

piscina → pileta, alberca

▲ Una calle en el centro de Granada, Nicaragua

◆) **¿En qué piso viven?**

el décimo: Gómez
el noveno: Peralta
el octavo: Elizondo
el séptimo: Díaz
el sexto: Gómez
el quinto: Lizaur
el cuarto: Sánchez
el tercero: Carreras
el segundo: Iglesias
el primero: Olmos
la planta baja

Cultura

■ ■ ■ ■ ■
La planta baja

In most Hispanic countries the term **planta baja** is used for the American first floor/lobby. **El primer piso** or **primera planta** is usually what in the United States is the second floor, and so on.

Comparaciones. Si presionas el botón "1" en un ascensor (*elevator*) en un país hispano, ¿a qué piso llegas? ¿Y en Estados Unidos?

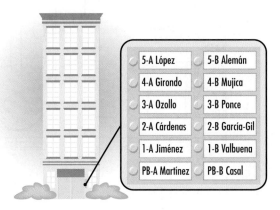

5-A López	5-B Alemán
4-A Girondo	4-B Mujica
3-A Ozollo	3-B Ponce
2-A Cárdenas	2-B García-Gil
1-A Jiménez	1-B Valbuena
PB-A Martínez	PB-B Casal

■ ■ ■ ■ ■
LENGUA

Ordinal numbers are adjectives and agree in gender and number with the noun they modify (e.g., **la segunda casa, el cuarto edificio**). **Primero** and **tercero** drop the final **-o** when used before a masculine singular noun.

el **primer** apartamento   el **tercer** piso

🔊 El apartamento del anuncio

MARTA DÍAZ: Hola, buenos días. Me llamo Marta Díaz. Me gustaría visitar el apartamento del anuncio.

DIEGO LÓPEZ: Sí, claro. Mucho gusto, señorita Díaz. Yo soy Diego López. Pase, pase. Como usted puede ver, el apartamento es muy alegre.

MARTA DÍAZ: ¡Ah, sí! Tiene muchas ventanas y luz natural.

DIEGO LÓPEZ: Esta es la **sala.** Es muy grande. Junto a la sala hay un **comedor** pequeño y al lado está la **cocina.**

MARTA DÍAZ: ¡La cocina es lindísima!

DIEGO LÓPEZ: Sí, todos los **electrodomésticos** son nuevos. A la izquierda del **pasillo** hay dos **habitaciones** y un **baño.**

MARTA DÍAZ: Esta habitación tiene muy buena **vista** a la **piscina** y al **jardín.** Además, los **muebles** son de buena calidad. Me gusta mucho el apartamento. ¿Cuánto es el **alquiler?**

DIEGO LÓPEZ: 12.000 lempiras al mes.

MARTA DÍAZ: Pues, señor López, me encantan el apartamento y esta **zona** céntrica. Y el precio es muy bueno. Voy a decidir esta noche y lo llamo mañana.

DIEGO LÓPEZ: Perfecto, señorita Díaz. Hasta mañana.

ALQUILERES

Categoría:	Alquiler apartamentos
Ciudad:	Tegucigalpa
Ubicación:	Palmira
Descripción:	PALMIRA ALQUILER DE APARTAMENTO MUY AMPLIO, CÉNTRICO Y ACCESIBLE, 2 HABITACIONES, SALA–COMEDOR, COCINA, 1 BAÑO, ÁREA DE LAVANDERÍA, ESTACIONAMIENTO, PISCINA.
Precio:	$ 12.000

■ ■ ■ ■ ■
EN OTRAS PALABRAS

The Spanish word for *apartment* varies according to the country. **El apartamento** is used in Central America, Colombia, and Venezuela, and **el departamento** is common in Mexico, Argentina, Peru, and Chile. The word used in Spain is **el piso.**

■ ■ ■ ■ ■
EN OTRAS PALABRAS

The expressions **Pase(n)** and **Adelante** invite people to enter a room or a house in many Spanish-speaking countries. In others, like Colombia, the expression **Siga(n)** is preferred.

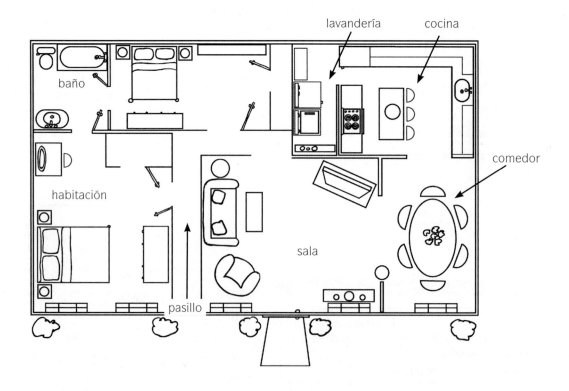

lavandería   cocina

comedor

baño

habitación

sala

pasillo

PRÁCTICA

5-1

Escucha y confirma. Look at the floor plan of the house on page 174 and decide if each of the sentences you hear is cierto (**C**) or falso (**F**).

1. _____   4. _____
2. _____   5. _____
3. _____   6. _____

5-2 |e

Asociación. Indica si las siguientes afirmaciones son ciertas (**C**) o falsas (**F**), según la conversación entre Diego y Marta.

1. _____ Marta Díaz quiere comprar el apartamento.

2. _____ La sala es pequeña.

3. _____ El apartamento tiene dos baños.

4. _____ Los electrodomésticos son nuevos.

5. _____ Los muebles son de buena calidad.

6. _____ A Marta no le gusta la zona céntrica.

5-3

¿En qué piso viven? Túrnense y pregúntense dónde viven las diferentes personas. Tu compañero/a debe contestar de acuerdo con el dibujo (*drawing*) en la página 174.

MODELO E1: *¿Dónde viven los Girondo?*   E2: *Viven en el cuarto piso, en el apartamento 4-A.*

Cultura

Hoteles de lujo

In many Hispanic countries, the tourism industry is one of the most important drivers of the economy. As a result, most beach and ski resorts tend to be similar everywhere, and, with some exceptions, do not reflect local architecture or building styles. A booming tourism industry also sparks controversy. Although it brings jobs to local communities, most of the economic benefits are enjoyed by the multinational companies that own the resorts, not by the communities themselves.

Comparaciones. En Estados Unidos, ¿hay zonas de playa donde hay turismo masivo? ¿Dónde están? En general, ¿son zonas ricas o pobres?

5-4

Un hotel de lujo. Tu amigo/a (tu compañero/a) es un/a arquitecto/a que va a construir un hotel de lujo en la Bahía de Jiquilisco, cerca de San Salvador, y te pide consejo (*advice*) sobre cómo distribuir los siguientes espacios del hotel.

MODELO el restaurante

E1: *¿En qué piso vamos a poner el restaurante?*

E2: *Debe estar en la planta baja.*

1. la discoteca
2. la recepción
3. el gimnasio
4. la oficina de seguridad
5. las habitaciones
6. la piscina
7. la cafetería con vistas a la playa
8. el salón de computadoras

5-5

La casa de alquiler. PREPARACIÓN. Ustedes van a mudarse (*move*) a un apartamento porque la casa donde viven es muy grande y la quieren alquilar. Escriban un anuncio para alquilar su casa. Incluyan la siguiente información:

Exterior de la casa ▶

- número de habitaciones y de baños
- distribución (*layout*) de los cuartos
- color de la sala
- otras características (garaje, jardín, sótano [*basement*], ático, etc.)
- ubicación (*location*) de la casa en relación al centro de la ciudad, a la universidad, etc.
- precio

◀ Interior de la casa

INTERCAMBIOS. Presenten su anuncio a la clase y contesten las preguntas de sus compañeros sobre la casa que quieren alquilar.

Cultura

■ ■ ■ ■ ■

Terremoto en Managua

Managua, the capital of Nicaragua, like many cities, has been shaped by its history, economy and natural disasters. As a result of the devastating earthquake in 1972, most of the city has been rebuilt in the outskirts, which are geographically safer areas. The traditional downtown area, although rebuilt, focuses on government and tourism, but lacks residential and commercial activity.

Conexiones. ¿En qué regiones de tu país ocurren desastres naturales? ¿De qué tipos: huracanes, terremotos (*earthquakes*), tornados? ¿Qué hacen las personas para proteger (*protect*) su vivienda de los desastres naturales?

▲ Casa en el centro de Managua

5-6

Ventajas y desventajas.
Hablen de las ventajas y desventajas de los temas relacionados con las viviendas. Escriban las más importantes y luego compartan sus opiniones con la clase.

	VENTAJAS	DESVENTAJAS
1. vivir en un apartamento		
2. vivir en una casa		
3. tener una piscina		
4. compartir una casa con 3 o 4 compañeros/as		

La casa, los muebles y los electrodomésticos

el aire acondicionado
el espejo
el armario
la ducha
la calefacción
el jabón
la lámpara
la toalla
la cómoda
el inodoro
la almohada
la manta
las sábanas
la cama
la radio
el cuadro
las cortinas
el refrigerador
el horno de microondas
el garaje
la butaca
la escalera
la silla
la mesa
la chimenea
el sofá
el fregadero
la estufa
las hojas
el lavaplatos
la alfombra
el jardín
la barbacoa
el césped
el lavabo
la bañera

PRÁCTICA

5-7 |e

Para confirmar. PREPARACIÓN. Escribe las siguientes palabras en la columna apropiada.

la alfombra – rug	las cortinas – curtains	el/la radio
el armario – closet	el cuadro – picture	el refrigerador
la butaca – arm chair	el horno – oven	las sábanas – sheets
la cómoda – dresser	el lavaplatos – dishwasher	la silla

APARATOS ELÉCTRICOS	MUEBLES	ACCESORIOS

INTERCAMBIOS. Contesten las siguientes preguntas relacionadas con *Preparación*.

1. Según ustedes, ¿qué aparato eléctrico cuesta más dinero?

2. ¿Qué muebles necesitan todos los días los estudiantes?

3. ¿Qué accesorios tienen ustedes en su cuarto?

4. ¿En qué parte de la casa generalmente están estos accesorios?

El curioso. Intercambien preguntas para describir los cuartos de la casa/del apartamento de cada uno/a. Traten (*Try*) de obtener la mayor información posible.

 MODELO

E1: *¿Cómo es la sala de tu casa?*

E2: *Es pequeña. Hay una alfombra verde y un sofá blanco grande.*

E1: *¿También hay una mesa de cristal? ¿Y cómo es tu dormitorio?*

5-9

Preparativos. PREPARACIÓN. Vas a mudarte (*move*) a una casa muy grande y tienes que comprar muchas cosas. Organiza tu lista de compras según las siguientes categorías.

	MUEBLES	ACCESORIOS	ELECTRODOMÉSTICOS/ APARATOS ELECTRÓNICOS
para el dormitorio			
para la sala			
para el comedor			
para la cocina			

 INTERCAMBIOS. Comparte tu lista de compras con tu compañero/a. Él/Ella te va a recordar (*remind you about*) otras cosas que probablemente vas a necesitar.

MODELO

E1: *Voy a comprar una cama nueva para el dormitorio.*

E2: *¿No vas a comprar sábanas y mantas? ¿Y no necesitas un sofá?*

5-10

Por catálogo. Miren los objetos del catálogo y elijan (*choose*) un producto de cada categoría. Describan sus preferencias y expliquen dónde van a poner estos accesorios.

barato/a	cómodo/a	grande
bonito/a	de buena calidad	lindo/a
caro/a	de color…	pequeño/a

 MODELO

E1: *Me gusta la toalla gris porque no es cara y es muy linda. Es para el cuarto de baño.*

E2: *Yo prefiero la toalla azul porque es más grande. Voy a poner la toalla en mi baño.*

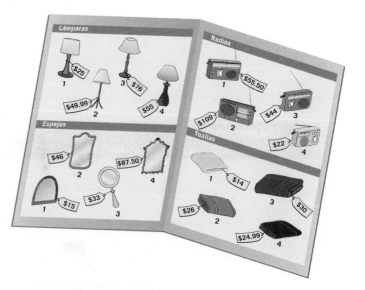

Las tareas domésticas

Gustavo **lava** los **platos** todos los días.

Beatriz a veces **seca** los platos.

Beatriz **cocina** frecuentemente. Ella usa mucho los electrodomésticos.

Gustavo **limpia** el baño y **pasa** la **aspiradora** una vez por semana.

Gustavo **saca** la **basura** todas las noches.

Gustavo **barre** la **terraza** por las tardes.

Beatriz **tiende** la ropa después de lavarla.

Después la **dobla** cuando está **seca**.

Beatriz **plancha** la ropa los sábados.

LENGUA

The following expressions denote frequency:

a veces *sometimes*

frecuentemente *frequently*

los domingos (lunes, martes, …) *on Sundays (Mondays, Tuesdays, …)*

todos los días *every day*

una vez por semana *once a week*

todas las mañanas (tardes, noches) *every morning (afternoon, night)*

PRÁCTICA

5-11

Para confirmar. Pon estas actividades en el orden que las haces por la mañana. Después, compara tus respuestas con las de tu compañero/a. Usa las siguientes expresiones para indicar el orden: **primero, luego, más tarde, después, finalmente.** ¿Hacen las mismas cosas y en el mismo orden?

 MODELO E1: *Primero preparo el café. ¿Y tú?*

E2: *Primero hago la cama.*

_____ lavar los platos

_____ preparar el café

_____ salir para la universidad

_____ desayunar

_____ secar los platos

_____ hacer la cama

5-12

Actividades en la casa. Pregúntale a tu compañero/a dónde hace estas actividades normalmente cuando está en casa.

MODELO E1: *¿Dónde lavas la ropa?*

E2: *Lavo la ropa en la lavandería. ¿Y tú?*

1. dormir la siesta
2. escuchar música
3. ver la televisión
4. pasar la aspiradora
5. estudiar para un examen
6. hablar por teléfono con amigos/as

5-13

¡A compartir las tareas! PREPARACIÓN. Ustedes van a compartir una casa el próximo año académico. Preparen una lista de todas las tareas domésticas que van a hacer.

INTERCAMBIOS. Discutan qué tareas va a hacer cada uno/a de ustedes según sus gustos. Finalmente, hagan un calendario de tareas y compártanlo con el resto de la clase.

MODELO *A mí me gusta tener la cocina limpia. Por eso, yo voy a lavar los platos todas las noches.*

5-14

El agente de bienes raíces. PREPARACIÓN. The Mena family and their two children live in San Salvador. They have decided to move to a larger place and they are talking to a real estate agent. Before listening, write down with your partner the kind of housing and the characteristics of the neighborhood they may be looking for.

ESCUCHA. As you listen, circle the letter next to the correct information and compare your answers with those of your classmate.

1. Los señores Mena quieren comprar…
   a. una casa.
   b. un apartamento.
2. El señor y la señora Mena prefieren vivir…
   a. en una buena zona.
   b. lejos de un parque.
3. El agente de bienes raíces…
   a. no sabe cómo ayudarlos.
   b. tiene una casa buena para ellos.
4. El agente dice que la casa del barrio La Mascota…
   a. cuesta mucho.
   b. tiene un buen precio.
5. El señor Mena dice que…
   a. los niños necesitan estar al aire libre para jugar.
   b. los niños no necesitan jugar al aire libre.

Cultura

Tareas domésticas

Nowadays it is more common in many Spanish-speaking countries to see male family members doing the household chores traditionally assigned to women, such as shopping for groceries, cooking, cleaning the house, and taking care of the children.

Comparaciones. ¿Hay tareas domésticas solo para hombres o solo para mujeres en tu familia y en otras familias que conoces? Explica con ejemplos.

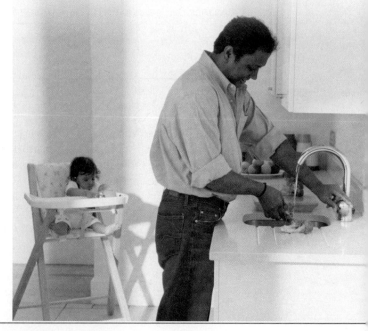

Las ciudades del mundo hispano son complejas, multiculturales y un poco caóticas. Debido a la falta de espacio en las áreas metropolitanas, muchas personas viven en apartamentos. Algunas prefieren vivir cerca del centro para disfrutar de la vida cultural de la ciudad: teatros, centros comerciales, centros educativos, etc. En ciudades como Bogotá, Lima, Quito y Buenos Aires, existe una tendencia a construir altos edificios de apartamentos para solucionar el problema de espacio.

Con el crecimiento (*growth*) de las ciudades, también crece el costo de vida. ¿Sabías que, según un estudio del 2012, comprar vivienda en zonas exclusivas de Bogotá es más caro que comprar un apartamento en Manhattan? Por esta razón, algunas personas deciden vivir en un tipo de

▲ **Edificios de apartamentos en Bogotá**

vivienda colectiva. En esta vivienda urbana vive una familia o un grupo de amigos, que comparten un baño y la cocina con otros. Estos lugares se llaman *conventillos* en Argentina, *casas de vecindad* en España o *inquilinatos* en Uruguay, Bolivia y Colombia.

En Uruguay y Argentina, por ejemplo, en estos tipos de

vivienda residen inmigrantes y trabajadores de pocos recursos. Sin embargo, los conventillos son importantes centros de cultura popular porque reúnen a personas de diferentes nacionalidades, regiones y clases sociales. En los conventillos del barrio de la Boca de Buenos Aires, por ejemplo, se origina el tango.

Compara

1. ¿Cómo son las ciudades en tu región o estado? ¿Hay problemas de espacio?
2. Generalmente, ¿dónde viven las personas en tu ciudad, en casas o en apartamentos? ¿Hay altos edificios de apartamentos como en Bogotá?
3. ¿Existen viviendas colectivas o algo similar en tu ciudad? ¿Dónde están? ¿Quiénes viven allí?
4. Busca fotos de las viviendas típicas de tu ciudad y describe cómo son.

▲ **Conventillo en el barrio de la Boca en Buenos Aires**

☑ Funciones y formas

1 Expressing ongoing actions

ÓSCAR: ¿Aló?

CATALINA: Hola, Óscar. Te habla Catalina. ¿Qué **estás haciendo?**

ÓSCAR: Hola, Catalina. ¡**Estoy trabajando** mucho!

CATALINA: ¿Por qué?

ÓSCAR: Mis padres **están pasando** sus vacaciones en la playa y vuelven mañana. ¡La casa es un desastre total!

CATALINA: ¿Así que **estás limpiando?**

ÓSCAR: ¡Claro! **Estoy barriendo** el piso, **ordenando** la sala, **recogiendo** la ropa… de mi cuarto. Y tú, ¿qué **estás haciendo?**

CATALINA: ¿Yo?… Nada. **Estoy leyendo** el periódico y **tomando** un café.

Piénsalo. Indica a quién o a quiénes se refieren las siguientes afirmaciones. ¿A Catalina (**C**), a Óscar (**O**) o a ambos (**C y O**)?

1. _____ **Está trabajando** mucho.

2. _____ **Está descansando.**

3. _____ **Está limpiando** la casa de sus padres.

4. _____ No está contento porque **está trabajando** mucho en casa.

5. _____ **Está bebiendo** algo.

6. _____ **Están haciendo** actividades diferentes.

Present progressive

■ Use the present progressive to emphasize that an action or event is in progress at the moment of speaking, rather than a habitual action.

Óscar **está limpiando** la casa.   *Oscar is cleaning the house.* (at this moment)

Óscar **limpia** la casa.   *Oscar cleans the house.* (habitually)

■ Form the present progressive with the present tense of **estar** + *present participle*. To form the present participle, add **-ando** to the stem of **-ar** verbs and **-iendo** to the stem of **-er** and **-ir** verbs.

	Estar	Present Participle
yo	**estoy**	
tú	**estás**	habl**ando**
Ud., él, ella	**está**	com**iendo**
nosotros/as	**estamos**	escrib**iendo**
vosotros/as	**estáis**	
Uds., ellos/as	**están**	

- When the verb stem of an **-er** or an **-ir** verb ends in a vowel, add **-yendo.**

  leer → leyendo

  oír → oyendo

- Stem-changing **-ir** verbs (**o → ue, e → ie, e → i**) change **o → u** and **e → i** in the present participle.

  dormir (ue)   (**o → u**)   d**u**rmiendo

  sentir (ie)   (**e → i**)   s**i**ntiendo

  pedir (i)   (**e → i**)   p**i**diendo

- Spanish does not use the present progressive to express future time, as English does; Spanish uses the present tense instead.

  Salgo mañana.   *I am leaving tomorrow.*

  ¿**Te levantas** temprano   *Are you getting up early*
  mañana?   *tomorrow?*

PRÁCTICA

5-15

Un día ocupado. Hoy es un día de mucha actividad para la familia Villa. Asocia las actividades de la izquierda con las explicaciones de la columna de la derecha, para averiguar (*find out*) por qué las están haciendo.

1. ____ La Sra. Villa está preparando una cena deliciosa y un pastel (*cake*) especial.

2. ____ Su hijo Marcelo está barriendo la terraza.

3. ____ Su hija Ana está lavando los platos en el fregadero.

4. ____ Alicia está decorando la mesa.

5. ____ Pedro está hablando por teléfono.

a. Está llamando a su mejor amigo para invitarlo a la fiesta.

b. El lavaplatos no está funcionando.

c. Es una ocasión especial.

d. Es el cumpleaños de su esposo.

e. Está muy sucia (*dirty*) y unos amigos vienen a celebrar el cumpleaños.

5-16 🍦🍦

La vida activa. Túrnense para describir qué está haciendo cada persona en estas escenas. Indiquen en qué lugar está y hablen de qué va a hacer más tarde.

MODELO E1: *Rodrigo y Soledad están cantando en una fiesta. Están en la terraza.*

E2: *Después van a bailar y conversar con sus amigos.*

Pepe   Arturo   Carlos   Catalina   Gonzalo

> ### ¿COMPRENDES?
>
> Indica qué están haciendo los estudiantes en este momento. Usa la forma correcta de los verbos en el presente progresivo.
>
> 1. Alicia y sus compañeros _estamos trabajando_ mucho para su clase de astronomía. (trabajar)
> 2. Ellos _están leyendo_ información sobre los planetas. (leer)
> 3. En este momento Alicia _está haciendo_ investigación en Internet. (hacer)
> 4. Pero Cristina no _está estudiando_ en este momento. (estudiar)
> 5. Cristina _está hablando_ con Alicia. (hablar)
> 6. Alicia piensa: Cristina _está pidiendo_ tiempo. ¡Tenemos que terminar este trabajo! (perder)
>
> ## MySpanishLab
>
> Learn more using Amplifire Dynamic Study Modules, Grammar Tutorials, and Extra Practice activities.

5-17

Lugares y actividades. Mira las siguientes fotografías de celebraciones y descríbele a tu compañero/a dos o tres actividades que las personas están haciendo en una de las fotos. Tu compañero/a va a hacer lo mismo (*the same*) con otra fotografía.

Situación

PREPARACIÓN. Lean esta situación. Luego, compartan ejemplos de vocabulario, gramática y otra información que necesitan para desarrollar la conversación.

Role A. There is a big family gathering at your aunt's house today, but you are away at school. Call and greet the family member who answers the phone. Explain that you cannot attend, and express your regret for not being there. Ask how everyone is and what each family member is doing at the moment.

Role B. You are at a big family gathering today. A family member calls to say he/she cannot attend. Answer the phone. Greet the caller and answer his/her questions. Finally, tell the caller that everyone says hello (**todos te mandan saludos**) and say good-bye.

	ROLE A	ROLE B
Vocabulario	Words for family relationships Question words	Words for family relationships Activities that family members do at family gatherings
Funciones y formas	Present progressive Expressing regret Asking questions Observing phone etiquette	Present progressive Expressing regret Giving information Observing phone etiquette

INTERCAMBIOS. Practica la conversación con tu compañero/a incorporando el vocabulario y las funciones de *Preparación*. Luego, represéntenla ante la clase.

2 Describing physical and emotional states

Hoy es un día de verano y los Robledo se están mudando. **Tienen prisa** porque ya son las tres de la tarde. El señor Robledo y su hija Isabel **tienen calor** porque hace cuatro horas que trabajan bajo (*under*) el sol. Ella **tiene mucha sed** y está bebiendo agua. El bebé, Nicolás, llora porque **tiene hambre.** La señora Robledo le da de comer mientras la abuelita Rosa duerme la siesta. Después de empacar su ropa y todas sus fotografías, libros y plantas, Rosa **tiene mucho sueño.** ¡Qué día para los Robledo!

Piénsalo. Identifica a la persona (o personas) del dibujo según la descripción de su estado físico.

1. ________________ Va a comer porque **tiene hambre.**
2. ________________ Está tomando agua porque **tiene sed.**
3. ________________ No **tienen frío** porque es verano y hace calor.
4. ________________ Está cansada y **tiene sueño.**
5. ________________ **Tienen calor** porque están trabajando bajo el sol.
6. ________________ **Tienen prisa** porque quieren salir pronto.

Expressions with *tener*

- Spanish uses **tener** + *noun* for many conditions and states where English uses *to be* + *adjective.* You have already seen the expression **tener... años: Eduardo tiene veinte años.** Here are some other useful expressions.

Tener + *noun*			
tener	**hambre**	*to be*	*hungry*
	sed		*thirsty*
	sueño		*sleepy*
	miedo		*afraid*
	calor		*hot*
	cuidado		*careful*
	frío		*cold*
	suerte		*lucky*
	prisa		*in a hurry/rush*
	razón		*right, correct*

- With these expressions, use **mucho/a** to indicate *very.*

Tengo **mucho** calor (frío, miedo, sueño, cuidado).	*I am very hot (cold, afraid, sleepy, careful).*
Tienen **mucha** hambre (sed, suerte).	*They are very hungry (thirsty, lucky).*

¿COMPRENDES?

Completa las oraciones con **tener** y una expresión lógica para describir cómo está Olivia.

1. Son las 12:00 de la noche. Olivia ________.
2. Hace 95 °F y no puede dormir. ________.
3. Oye ruidos (*noises*) en la casa. ________.
4. Pero los ruidos desaparecen y no vuelven. Olivia piensa que ________.

MySpanishLab

Learn more using Amplifire Dynamic Study Modules, Grammar Tutorials, and Extra Practice activities.

PRÁCTICA

5-18 |e

Asociaciones. Lee las situaciones y luego asocia cada una de ellas con una expresión lógica de la derecha.

1. Mi hermano siempre tiene __F__ y, por eso, está comiendo ahora.

2. Mi hermana duerme a todas horas porque siempre tiene __D__.

3. En este momento mis primos están visitando la Antártida; probablemente tienen __E__.

4. Mis abuelos están bebiendo agua en la cocina porque tienen __A__.

5. Mi mamá tiene __C__; siempre gana (*wins*) cuando juega a la lotería.

6. ¡Uf! Todavía estoy planchando mi blusa y mis amigos van a llegar en cinco minutos. Yo tengo __B__.

a. sed
b. prisa
c. suerte
d. sueño
e. mucho frío
f. hambre

5-19

¿Qué están haciendo, dónde están y cómo se sienten?

PREPARACIÓN. Túrnense y describan qué están haciendo las personas en los dibujos. Indiquen dónde están y cómo se sienten.

MODELO *El padre y su hijo están durmiendo en el sofá. Tienen sueño.*

1.

2.

INTERCAMBIOS. Respondan a las siguientes preguntas sobre las escenas de *Preparación*.

1. ¿Cuál de los dibujos describe mejor cómo se sienten ustedes en este momento?

2. ¿Qué dibujo refleja (*reflects*) el clima de su región en diciembre?

3. ¿A qué hora se sienten ustedes como las personas del dibujo del modelo?

3.

4.

5-20

Estados físicos y estados de ánimo (*moods*). PREPARACIÓN. Termina las siguientes ideas y luego compara tus respuestas con las de tu compañero/a. Usa expresiones con **tener.**

1. Generalmente, cuando mis hermanos y yo hacemos una barbacoa, nosotros . . .

2. Cuando mi madre pasa mucho tiempo limpiando nuestra casa, ella . . .

3. En las mañanas de invierno, yo siempre . . .

4. Cuando yo leo un libro aburrido, siempre . . .

5. Cuando llego a casa y mi compañero/a está preparando mi plato favorito, yo siempre . . .

INTERCAMBIOS. Usando tus apuntes de *Preparación,* escribe una semejanza y una diferencia entre tu compañero/a y tú.

Situación

PREPARACIÓN. Lean esta situación. Luego, compartan ejemplos de vocabulario, gramática y otra información que necesitan para desarrollar la conversación.

Role A. You are staying at a hotel. You call the front desk and say the following:

a. you are very tired, but you cannot sleep because the people in the next room are making a lot of noise (**ruido**);

b. you are cold and need more blankets (**mantas**); and

c. you want to know what time the dining room opens because you are always hungry in the morning.

Role B. You work at the front desk in a hotel. A guest calls you with two complaints and a question. Be as understanding and helpful as possible in responding to the guest.

	ROLE A	ROLE B
Vocabulario	Words that describe physical states	Words and expressions to express reassurance
Funciones y formas	Lodging a complaint Observing phone etiquette	Reacting appropriately to a complaint Using a professional speech style Observing phone etiquette

INTERCAMBIOS. Practica la conversación con tu compañero/a incorporando el vocabulario y las funciones de *Preparación.* Luego, represéntenla ante la clase.

3 Avoiding repetition in speaking and writing

🔊 **¿Qué hacen estas personas?**

🔊 El padre lava los platos y los niños **los** secan.

🔊 La abuela cuida (*takes care of*) a la niña. **La** cuida todos los días.

🔊 Los cocineros (*cooks*) preparan la comida en la cocina del restaurante y después **la** sirven.

e **Piénsalo.** Asocia la descripción con la foto correcta, **A, B** o **C.**

1. _____ La niña está contenta porque su abuela **la** cuida.
2. _____ El padre trabaja y los niños **lo** ayudan.
3. _____ Los cocineros tienen una cocina enorme. **La** usan todos los días.
4. _____ Ellos están preparando mucha comida. Después, los clientes van a comer**la.**
5. _____ La abuela está cuidando a la niña. La abuela **la** quiere mucho.
6. _____ El padre está en la cocina con sus hijos. **Los** mira con cariño y habla con ellos mientras trabajan.

Direct object nouns and pronouns

■ Direct objects answer the question *what?* or *whom?* in relation to the verb.

¿Qué dobla Pedro?   *What does Pedro fold?*

(Pedro dobla) **las toallas.**   *(Pedro folds) the towels.*

■ Direct objects may be nouns or pronouns. When direct object nouns refer to a specific person, a group of persons, or a pet, the word **a** precedes the direct object. This **a** is called the **a personal** and has no equivalent in English. The **a personal** followed by **el** contracts to **al.**

Amanda seca **los platos.**   *Amanda dries the dishes.*

Amanda seca **al perro.**   *Amanda dries off the dog.*

| ¿Ves la piscina? | Do you see the swimming pool? |
| ¿Ves **al** niño en la piscina? | Do you see the child in the swimming pool? |

■ The **a personal** is not used with the verb **tener.**

| María tiene un hijo. | María has a child. |

■ Since the question word **quién(es)** refers to people, use the **a personal** when **quién(es)** is used as a direct object.

| **¿A quién** vas a ayudar? | Whom are you going to help? |
| Voy a ayudar **a** Pedro. | I am going to help Pedro. |

■ Direct object pronouns replace direct object nouns and are used to avoid repeating the noun while speaking or writing. These pronouns refer to people, animals, or things already mentioned.

Direct Object Pronouns			
me	*me*	**nos**	*us*
te	*you* (familiar, singular)	**os**	*you* (familiar plural, Spain)
lo	*you* (formal, singular), *him, it* (masculine)	**los**	*you* (formal and familiar, plural), *them* (masculine)
la	*you* (formal, singular), *her, it* (feminine)	**las**	*you* (formal and familiar plural), *them* (feminine)

■ Place the direct object pronoun before the conjugated verb form.

¿Barre la cocina Mirta?	Does Mirta sweep the kitchen?
No, no **la** barre.	No, she does not sweep it.
¿Cuidas a tu hermanito?	Do you take care of your little brother?
Sí, **lo** cuido.	Yes, I take care of him.

■ With compound verb forms (a conjugated verb and an infinitive or present participle), a direct object pronoun may be placed before the conjugated verb, or may be attached to the accompanying infinitive or present participle.

¿Vas a ver a Rafael?	Are you going to see Rafael?
Sí, **lo** voy a ver mañana. Sí, voy a ver**lo** mañana. }	Yes, I am going to see him tomorrow.
¿Están limpiando la casa?	Are they cleaning the house?
Sí, **la** están limpiando. Sí, están limpiándo**la.** }	Yes, they are cleaning it.

■■ ■ ■ ■ ▲
LENGUA

You have seen that words that stress the next-to-the-last syllable do not have a written accent if they end in a vowel: **lavando.** If we attach a direct object pronoun, we are adding a syllable, so the stress now falls on the third syllable from the end and a written accent is needed: **lavándolo.**

PRÁCTICA

5-21 e

La división del trabajo. Tus compañeros Martín, Pedro y Julio comparten un apartamento y tú quieres saber cómo dividen las tareas domésticas entre ellos. Indica la respuesta más apropiada a cada pregunta que le haces a Julio.

1. ¿Quién limpia la nevera?
   a. Yo lo limpio.
   b. Pedro la limpia.
   c. Nosotros las limpiamos.

2. ¿Quién hace las camas?
   a. Pedro la hace.
   b. Yo los hago.
   c. Martín las hace.

3. ¿Quién tiende la ropa?
   a. Los tres lo tendemos.
   b. Pedro los tiende.
   c. Martín la tiende.

4. ¿Quién saca la basura?
   a. Martín lo saca.
   b. Pedro las saca.
   c. Yo la saco.

5. ¿Quién pasa la aspiradora?
   a. Martín y yo las pasamos.
   b. Pedro la pasa.
   c. Ellos lo pasan.

5-22

En casa. Adivina (*Guess*) a qué o a quién se refiere tu compañero/a en el contexto de la casa y la familia.

MODELO **Los** lava después de comer
   E1: *Los lava después de comer.*
   E2: *Los platos.*
   E1: *¡Sí, tienes razón!*

1. La madre **la** plancha cuando está seca.

2. Los hijos **lo** ordenan todos los sábados.

3. Los niños **las** hacen después de levantarse.

4. El padre **los** llama porque necesita ayuda.

5. Cada uno **las** limpia en su cuarto para tener más luz natural.

6. El esposo **la** pasa por la alfombra de la sala.

7. El hermano mayor **los** ayuda con su tarea.

5-23 e

¿Qué es lógico? PREPARACIÓN. Mira el dibujo y asocia las situaciones con las acciones más lógicas.

SITUACIÓN

1. _____ Las camas están sin hacer.

2. _____ La ropa está seca.

3. _____ Los dormitorios están desordenados.

4. _____ El aire acondicionado no funciona.

5. _____ Las ventanas están sucias.

6. _____ No pueden poner el auto en el garaje porque hay muchos muebles viejos y cajas con libros.

ACCIÓN

a. Los hijos los van a ordenar.

b. La madre las hace después de leer el periódico.

c. El padre las va a limpiar.

d. La hija va a plancharla.

e. Los hijos lo van a organizar y limpiar.

f. El hijo mayor lo va a reparar (*fix*).

 INTERCAMBIOS. Dile a tu compañero/a cuáles de las afirmaciones de *Preparación* describen mejor tu apartamento o tu casa en este momento.

Mis responsabilidades en casa. PREPARACIÓN.

Averigua (*Find out*) si tu compañero/a es responsable de las siguientes tareas domésticas en su casa. Añade una más.

 MODELO doblar la ropa

E1: *¿Doblas la ropa?*

E2: *Sí, normalmente la doblo. ¿Y tú?*

1. sacar la basura
2. ordenar el garaje
3. limpiar la bañera
4. lavar las sábanas
5. cortar el césped (*grass*)
6. …

 INTERCAMBIOS. Comparen sus respuestas. Después, díganle a otra pareja cuáles son las tareas domésticas que ustedes dos hacen y averigüen si ellos las hacen también.

MODELO E1: *Nosotros no lavamos los platos en casa porque tenemos lavaplatos. ¿Y ustedes los lavan?*

E2: *Sí, los lavamos y los secamos también.*

El apartamento de mi compañero/a.

Vas a cuidar el apartamento de tu compañero/a por una semana y quieres saber cuáles van a ser tus obligaciones y qué cosas tu amigo/a te permite hacer allí.

 MODELO **Para saber tus obligaciones:**

E1: *¿Debo sacar la basura?*

E2: *Sí, la debes sacar todos los días.*

Para saber qué es permitido (*allowed*):

E1: *¿Puedo lavar mi ropa en tu lavadora?*

E2: *Sí, puedes lavarla.*

1. regar las plantas
2. alquilar películas con tu cuenta de Netflix
3. pasear al perro
4. usar los electrodomésticos
5. limpiar el apartamento
6. hacer una fiesta
7. hacer la tarea en tu computadora

5-26

Los preparativos para la visita.

La familia Granados está muy ocupada porque espera la visita de unos parientes. Túrnense para preguntar y contestar sobre lo que está haciendo cada miembro de la familia.

 MODELO E1: *¿Quién está preparando la comida?*

E2: *La madre está preparándola.*

5-27

Una mano amiga. PREPARACIÓN.

Tu compañero/a te va a hacer preguntas sobre tus relaciones con otras personas. Contesta, escogiendo a una de las personas de la lista.

mi madre	mi novio/a	mi padre
mi mejor amigo/a	mis abuelos	¿…?

MODELO ayudar económicamente

E1: *¿Quién te ayuda económicamente?*

E2: *Mis padres me ayudan económicamente.*

1. querer mucho
2. escuchar en todo momento
3. llamar por teléfono con frecuencia
4. ayudar con los problemas
5. aconsejar (*advise*) cuando estás indeciso/a
6. entender siempre

INTERCAMBIOS. Dile a tu compañero/a qué haces por las siguientes personas. Indica en qué circunstancias lo haces.

 MODELO tu amigo/a

E1: *Lo/La ayudo cuando está cansado/a.*

E2: *Y yo lo/la escucho cuando tiene problemas en el trabajo.*

1. tu papá
2. tu mamá
3. tu novio/a
4. tus vecinos (*neighbors*)
5. tu compañero/a de cuarto
6. tu mejor amigo/a

Situación

PREPARACIÓN. Lean esta situación. Luego, compartan ejemplos de vocabulario, gramática y otra información que necesitan para desarrollar la conversación.

Role A. You and your brother/sister have to do some chores at home. Since you are older, you tell your sibling three or four things that he/she has to do. Be prepared to respond to complaints and questions.

Role B. You and your older brother/sister have to do some chores at home. Because you are younger, you get some orders from your sibling about what you have to do. You do not feel like working, and you especially do not like being bossed around, so respond to everything you hear with a complaint or a question.

	ROLE A	ROLE B
Vocabulario	Words for house chores Household items	Words for house chores Household items
Funciones y formas	Enlisting the help of another person Telling someone what to do *Deber* + verb infinitive Responding to complaints Direct object pronouns	Reacting to orders from a family member Complaining to a family member Direct object pronouns

En directo

To enlist the help of a friend or family member:

Vamos a + *infinitive… Let's…*

Yo voy a… *I'm going to…*

Y tú, ¿por qué no…? *And how about if you…?*

To complain to a friend or family member:

Oye, no me des más órdenes. *Look, don't order me around.*

Basta de órdenes. *Stop ordering me around.*

Yo sé qué debo hacer. *I know what I have to do.*

To respond to a complaint from a friend or family member:

Es importante hacerlo. *It has to be done.*

No te quejes demasiado. *Don't complain so much.*

No seas perezoso. *Don't be so lazy.*

 Listen to a conversation with these expressions.

INTERCAMBIOS. Practica la conversación con tu compañero/a incorporando el vocabulario y las funciones de *Preparación*. Luego, represéntenla ante la clase.

4 Pointing out and identifying people and things

AGENTE: **Esta** casa blanca es muy moderna y el precio es muy bueno.

CLIENTE: Pero **esa** tiene jardín, ¿verdad?

AGENTE: Es verdad. **Esta** casa y **aquella** no tienen jardín. Por eso, **esa** casa con jardín es más cara.

Piénsalo. El agente les está presentando diferentes tipos de viviendas a sus clientes. Indica si cada descripción se refiere a la imagen de la vivienda que está cerca (**C**), un poco lejos (**P**) o lejos (**L**) del agente.

1. _____ **Esta** casa de dos pisos está en una ciudad. Tiene muchas ventanas en cada piso, pero no tiene jardín.

2. _____ **Aquella** casa donde están la madre y su hija es de material sólido y de un color alegre.

3. _____ **Esa** casa es de construcción sólida y tiene dos pisos y un garaje. Está en una zona muy verde.

Demonstrative adjectives and pronouns

- Demonstrative adjectives agree in gender and number with the noun they modify. English has two sets of demonstratives (*this, these* and *that, those*), but Spanish has three sets.

Demonstrative Adjectives

Demonstrative Adjectives

this	**este** cuadro **esta** butaca	*these*	**estos** cuadros **estas** butacas	
that	**ese** horno **esa** casa	*those*	**esos** hornos **esas** casas	
that *(over there)*	**aquel** camión **aquella** casa	*those* *(over there)*	**aquellos** camiones **aquellas** casas	

- Use **este, esta, estos,** and **estas** when referring to people or things that are close to you in space or time.

Este escritorio es nuevo.	*This desk is new.*
Traen el sofá **esta** tarde.	*They will bring the sofa this afternoon.*

- Use **ese, esa, esos,** and **esas** when referring to events, people, or things that are not relatively close to you. Sometimes they are close to the person you are addressing.

Esa lámpara es muy bonita.	*That lamp is very pretty.*
Ese amigo de Lola vende su auto, ¿verdad?	*That friend of Lola's is selling his car, isn't he?*

- Use **aquel, aquella, aquellos,** and **aquellas** when referring to people or things that are more distant, or to events that are distant in time.

Aquel edificio es muy alto.	*That building (over there) is very tall.*
En **aquella** ocasión los niños jugaron en el parque.	*On that (long ago) occasion, the children played in the park.*

Demonstrative Pronouns

- Demonstratives can be used as pronouns to mean *this one/these* or *that one/those,* thus avoiding repetition when speaking or writing.

Demonstrative Pronouns

this	**este** **esta**		*these*	**estos** **estas**
that one	**ese** **esa**		*those*	**esos** **esas**
that one *(over there)*	**aquel** **aquella**		*those* *(over there)*	**aquellos** **aquellas**

- To refer to a general idea or concept, or to ask for the identification of an object, use **esto, eso,** or **aquello.** These forms are invariable.

Trabajan mucho y **eso** es muy bueno. *They work a lot, and that is very good.*

¿Qué es **esto**? Es un espejo. *What is this? It is a mirror.*

Aquello es un edificio de la universidad. *That (over there) is a university building.*

PRÁCTICA

5-28

Cerca, relativamente cerca o lejos.
Decide cuál de las opciones debes usar según el lugar donde están los siguientes objetos. Compara tus respuestas con las de tu compañero/a y explica la razón de tu preferencia.

Cerca de ustedes

1. _____ mesa es de Honduras.
   a. Esta   **b.** Esa   **c.** Aquella

2. _____ cuadros también son de Honduras.
   a. Estos   **b.** Esos   **c.** Aquellos

Relativamente cerca de ustedes

3. _____ sofá es muy grande.
   a. Este   **b.** Ese   **c.** Aquel

4. _____ alfombra tiene unos colores muy alegres.
   a. Esta   **b.** Esa   **c.** Aquella

Lejos de ustedes

5. _____ espejo es nuevo.
   a. Este   **b.** Ese   **c.** Aquel

6. _____ lámparas son antiguas.
   a. Estas   **b.** Esas   **c.** Aquellas

5-29

En una mueblería en Managua.
Tu compañero/a y tú deciden vivir juntos/as en Nicaragua y van a una mueblería para comprar muebles y accesorios. Usen las siguientes expresiones para hablar sobre lo que ven. Sigan el modelo.

bonito/a
feo/a
(no) me gusta(n)
cómodo/a
caro/a
me encanta(n)

MODELO E1: *¿Te gusta el sofá?*
E2: *¿Cuál? ¿Aquel sofá verde?*
E1: *No, ese sofá azul.*
E2: *Sí, me encanta.*

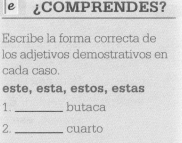

Descripciones. Piensa en tres objetos o muebles y el lugar de la casa donde están. Tu compañero/a va a hacerte preguntas para adivinar qué mueble u objeto es.

 MODELO E1: *Este mueble está generalmente en el comedor.*

E2: *¿Es grande?*

E1: *Puede ser grande o pequeño.*

E2: *¿Lo usamos para comer?*

E1: *Sí.*

E2: *Es la mesa.*

Situación

PREPARACIÓN. Lean esta situación. Luego, compartan ejemplos de vocabulario, gramática y otra información que necesitan para desarrollar la conversación.

Role A. You want to sublet an apartment for one semester. You answer an ad from a student who is helping two friends sublet their apartments while they are studying abroad. The student has already shown you pictures of one apartment (**ese apartamento**) and is now showing you pictures of the second one (**este apartamento**). Discuss with the person:

a. the rent (**el alquiler**);
b. the number of bedrooms; and
c. the facilities of both apartments, such as the laundry room (**lavandería**), garage, and pool. Say which of the two apartments you want to see and explain why.

Role B. You have agreed to help two friends sublet their apartments for one semester while they are studying abroad. You have already shown a potential subletter pictures of one apartment (**ese apartamento**) and now are showing pictures of a second one (**este apartamento**). Answer his/her questions by saying that:

a. the rent of the first apartment is $900 per month and the second one is $1,100;
b. both apartments have two bedrooms; and
c. the first apartment comes with a one-car garage, while the other one has a two-car garage. Also tell him/her the advantages of each of the two apartments.

	ROLE A	ROLE B
Vocabulario	Rooms of a house/apartment Facilities of a house/apartment Numbers (prices)	Rooms of a house/apartment Facilities of a house/apartment Numbers (prices)
Funciones y formas	Describing a house or apartment Verbs that describe: *ser, tener,* etc. Talking about price of an apartment Expressing a wish to do something Asking and answering questions Observing phone etiquette	Describing a property for rental Verbs that describe: *ser, tener,* etc. Talking about price of an apartment Asking and answering questions Observing phone etiquette

INTERCAMBIOS. Practica la conversación con tu compañero/a incorporando el vocabulario y las funciones de *Preparación.* Luego, represéntenla ante la clase.

EN ACCIÓN ▶

En casa

5-31 Antes de ver [e]

¿Qué es? Asocia las palabras de la primera columna con las definiciones a la derecha.

1. _____ el microondas
2. _____ el barrio
3. _____ la aspiradora
4. _____ el baño
5. _____ la cocina

a. Es el cuarto donde te lavas la cara o te duchas.

b. Lo usas para calentar la comida.

c. Es una parte de la ciudad donde vive la gente.

d. Es el cuarto donde preparas la comida.

e. Sirve para limpiar las alfombras.

5-32 Mientras ves [e] 🎬

La casa de Federico. Indica si las siguientes afirmaciones sobre la casa de Federico y su barrio son ciertas (**C**) o falsas (**F**). Corrige las afirmaciones falsas.

1. _____ La casa de Federico está cerca del puerto en un barrio de Buenos Aires.

2. _____ El barrio de Federico es principalmente una zona residencial.

3. _____ El Puente de la Mujer es una obra del arquitecto argentino César Pelli.

4. _____ Federico y su familia comen siempre en el comedor.

5. _____ Federico usa el microondas con frecuencia porque siempre tiene hambre.

5-33 Después de ver [e]

¿Qué están haciendo? PREPARACIÓN. Federico describe el barrio y la casa donde vive. Asocia los lugares con las actividades que Federico y su familia probablemente están haciendo allí.

1. _____ En los restaurantes al aire libre…

2. _____ Frente al Puente de la Mujer…

3. _____ En el salón…

4. _____ En la cocina…

5. _____ En los dormitorios…

a. están caminando.

b. están mirando la tele.

c. están durmiendo la siesta.

d. están disfrutando de la vista y comiendo.

e. están lavando los platos.

INTERCAMBIOS. Hagan una lista de por lo menos (*at least*) dos cuartos de una casa o apartamento y dos lugares de la ciudad donde viven ustedes. Describan las actividades que hacen los niños, los adultos y las personas mayores en estos lugares.

Mosaicos

ESCUCHA

5-34

Preparación. Vas a escuchar la descripción de una casa. Antes de escuchar, piensa en las casas que conoces y prepara una lista de cuatro cuartos y de tres objetos (muebles, aparatos eléctricos/electrónicos o accesorios) que esperas encontrar en cada uno de los cuartos. Compártela con la clase.

ESTRATEGIA

Create mental images

You have already learned that visual cues can increase your listening comprehension. For example, seeing the pictures or objects that a speaker refers to can help you understand what is being said. You can also create mental pictures by using your imagination or by making associations with familiar things or experiences. As you listen, practice creating mental images to help you develop your listening skills in Spanish.

5-35

 ESCUCHA. Listen to the different statements about the location of pieces of furniture and objects. Indicate whether each statement is true (**Cierto**) or false (**Falso**) according to the drawing.

1. _____   5. _____

2. _____   6. _____

3. _____   7. _____

4. _____   8. _____

Comprueba

I was able to ...

_____ create mental images based on my experience with houses.

_____ associate items in the drawing with what I heard.

_____ understand key words.

5-36

Un paso más. Descríbele tu vivienda (número de cuartos, colores, muebles, etc.) a tu compañero/a. Él/Ella va a tomar notas para describirle tu vivienda a otra persona de la clase. Comprueba si la información es correcta. Luego, intercambien roles.

HABLA

5-37

Preparación. Necesitas alquilar un apartamento. Escribe algunas características esenciales y algunas secundarias del apartamento que necesitas. Compártelas con la clase.

ESTRATEGIA

Plan what you want to say

Speaking consists of more than knowing the words and structures you need. You also have to know what you want to say. Planning what you want to say—both the information you want to ask for or convey and the language you will need to express yourself—before you start to speak will make your speech more accurate and also more coherent.

5-38

Habla. Tu mejor amigo/a y tú estudian en San Salvador este año y quieren alquilar un apartamento. Lean los anuncios y decidan qué apartamento prefieren y por qué. Hablen sobre las ventajas y desventajas de uno u otro.

ALQUILERES

1. Se alquila condominio residencial privado, 3er nivel, 2 dormitorios, 1 baño, cuarto y baño, empleada, cocina con despensa, sala y comedor separados, garaje 2 carros, área recreación niños. SVC 4.500 vigilancia incluida. 22 24 46 30.

2. Alquilo apartamento cerca de centro comercial. Transporte público a la puerta. Ideal para profesionales. 1 dormitorio, 1 baño con jacuzzi, con muebles y electro-domésticos, terraza, sistema de seguridad, garaje doble. SVC 7.500. Tfno. 22 65 16 92.

3. Alquilo apartamento, cerca zona universitaria. 3 dormitorios. 1ra planta. Ideal para estudiantes. (SVC 1.800) Llamar al 22 35 37 83.

4. Alquilo preciosa habitación en casa particular. Semi amueblada. Amplia, enorme clóset, cable gratis. Alimentación opcional. Información al teléfono 22 63 28 07.

Comprueba

In my conversation …

_____ I was able to convey my preferences.

_____ I asked appropriate questions.

_____ I gave relevant responses.

_____ I was able to come to an agreement with my partner.

5-39

Un paso más. Ya que (*Since*) saben qué apartamento les gusta más, tienen que dar el próximo paso (*next step*). Conversen para decidir lo siguiente:

1. ¿Por qué es este apartamento el favorito de ustedes?
2. ¿Qué preguntas quieren hacerle al dueño del apartamento para obtener más información?

En directo

To find out who is answering your call:

¿Con quién hablo? *Who is this?*

To request to talk with someone specific:

¿Está… [nombre de la persona], por favor?

Is … [person's name] there, please?

Deseo hablar con… [nombre de la persona].

I would like to speak with … [person's name].

Listen to a conversation with these expressions.

LEE

5-40

Preparación. ¿Qué sabes sobre el tema? Indica si las afirmaciones son ciertas (**C**) o falsas (**F**). Luego, escribe tu opinión sobre este tema en un párrafo y preséntalo a la clase.

1. _____ Hoy en día muchos jóvenes viven con sus padres después de graduarse de la universidad.

2. _____ Los jóvenes de hoy desean independizarse (*become independent*) de sus padres más que hace 10 o 15 años.

3. _____ Vivir en la casa de los padres es un fenómeno estadounidense solamente.

4. _____ El desempleo (*unemployment*) entre los jóvenes es una razón importante para vivir con los padres después de graduarse.

5. _____ Más hombres que mujeres viven con sus padres después de graduarse.

ESTRATEGIA

Inform yourself about a topic before you start to read

To get acquainted with a topic, you should think about what you already know, read something about it on the web (in English or in Spanish), talk with people who know about the topic; a combination of these three approaches is the best preparation. The goal is to build your knowledge about the topic before you start to read. Then, when you read the text, try to apply that knowledge to support your comprehension.

5-41

Lee. El siguiente artículo describe un nuevo fenómeno social. Léelo y sigue las instrucciones.

1. En el primer párrafo, el autor del artículo presenta el nuevo fenómeno social. Explícalo con tus propias palabras.

2. El segundo párrafo presenta tres causas del fenómeno. ¿Cuáles son?

3. El tercer párrafo menciona los sobrenombres (*nicknames*) que se les dan a los adultos que viven con sus padres en varios países. ¿Cuáles son?

4. En el último párrafo se presenta la perspectiva de los padres. ¿Cuál es?

Comprueba
I was able to ...

_____ anticipate content related to the topic.

_____ use the statistics to confirm my comprehension of the main ideas.

_____ identify the two main reasons that adults live with their parents.

_____ find other countries where the phenomenon is common.

Un nuevo fenómeno social

No abandonar el nido (nest) familiar

Cada vez hay más adultos entre los 20 y los 34 años que viven en la casa de sus padres. En el pasado, esto era (*used to be*) bastante normal en los países hispanos pero no en Estados Unidos donde, tradicionalmente, los jóvenes se independizaban más pronto. Según un estudio de la Oficina del Censo de Estados Unidos, en 2011 un 59% de los chicos de entre 18 y 24 años y un 50% de las chicas vivían (*lived*) todavía en el domicilio familiar en comparación con el 53% y el 46%, respectivamente, en 2005.

Las causas principales de este fenómeno son variadas. Para algunos jóvenes es mucho más barato no tener que pagar un alquiler o comprar comida, sobre todo si no tienen un trabajo estable. Pero la razón para otros jóvenes es que disfrutan (*enjoy*) de la comodidad (*comfort*) de la casa familiar. Además, los padres hoy son más tolerantes que en el pasado, por eso los hijos no sienten la necesidad de irse.

Esta tendencia social no solo se limita a Estados Unidos, donde estos jóvenes se llaman *basement dwellers* porque muchos tienen su habitación en el sótano de la casa, sino que se encuentra en todo el mundo. En América Latina los jóvenes generalmente vivían con los padres antes de casarse (*get married*), pero ahora hay muchos que después de casarse y de tener hijos continúan viviendo en la misma casa. En Japón a los hijos adultos que prefieren vivir en casa con sus padres les llaman solteros (*unmarried*) parásitos, y en Italia, *bamboccioni* (bebés grandes).

Curiosamente, en Estados Unidos esta tendencia afecta más a los hombres que a las mujeres. El porcentaje de hombres de entre 25 y 34 años que viven con sus padres creció (*grew*) de un 14% en 2005 a un 19% en 2011 y de un 8% a un 10% para las mujeres en el mismo periodo.

¿Qué opinan los padres de esta situación? Muchos padres están contentos de tener la compañía de los hijos. Pero a veces la situación cambia y son los padres quienes tienen que irse de la casa para independizarse de sus hijos.

5-42

Un paso más. Hablen sobre los temas siguientes y escriban sus respuestas en la tabla.

1. ¿Qué significa para ustedes independizarse de sus padres?

2. ¿Cuáles son las ventajas y desventajas de vivir con los padres después de graduarse? ¿Bajo qué circunstancias es necesario vivir con ellos?

Ser independientes de los padres significa…	_____ no vivir con ellos _____ pagar todos nuestros gastos (teléfono, carro, apartamento, etc.) _____ hablar con ellos solamente 1 o 2 veces por semana _____ hablar con los amigos cuando necesitamos consejos (*advice*), no con ellos _____ (otro) _____
Ventajas de vivir con los padres	1. 2. 3.
Desventajas de vivir con los padres	1. 2. 3.

Cultura

■ ■ ■ ■ ■

Desempleo juvenil

In Hispanic countries, unemployment among young people (ages 18–35) is high. Spain has been one of the countries hardest hit in recent years, even among university graduates. In addition to the social and economic strains caused by unemployment, there are other social consequences, like young people having to live with their parents and being forced to postpone marriage and starting a family.

Comparaciones. ¿Es el desempleo juvenil un gran problema en tu país o región? ¿Hay muchos universitarios desempleados que tienen que vivir con sus padres después de graduarse de la universidad?

ESCRIBE

5-43

Preparación. Lee los requisitos sobre el concurso (*contest*) "La casa ideal para las familias multigeneracionales" que aparece en el periódico *La Prensa* de Tegucigalpa, Honduras.

El diario *La Prensa* invita al público a participar en el concurso "La casa ideal para las familias multigeneracionales".

Bases del concurso:

Los participantes deben enviar la siguiente información por correo electrónico al Comité de Selección de "La casa ideal para las familias multigeneracionales":

1. información personal: nombre completo, dirección, teléfono y correo electrónico

2. un panfleto descriptivo de la casa para varias personas adultas y niños con la siguiente información: tamaño de la casa, número y nombre de las habitaciones, distribución del espacio, aparatos electrónicos y un dibujo o foto digital de la casa

Fecha límite: el 30 de marzo

Premio: una computadora portátil de último modelo y alta resolución, con programas de alta capacidad y funcionalidad

ESTRATEGIA

Select the appropriate content and tone for a formal description

To write a description using a formal tone, you will need to anticipate what your audience may know about the topic, including relevant details; adapt the language of your text to the level of your readership. If you wish to address your reader(s) directly, use **usted/ustedes**.

5-44

Escribe. Decides participar en el concurso con un proyecto excepcional. Prepara un panfleto incluyendo toda la información que pide el concurso. Considera la cantidad de información necesaria y el tono apropiado para tus lectores, los miembros del Comité de Selección. ¡Buena suerte!

Comprueba

I was able to …

_____ include relevant details about the topic.

_____ provide the appropriate amount of information.

_____ use the appropriate form to address the audience.

5-45

Un paso más. Habla con tu compañero/a sobre tu panfleto. Descríbanse sus proyectos y averigüen lo siguiente:

1. tamaño de la casa

2. estilo de la decoración

3. características originales

En este capítulo...
Comprueba lo que sabes

Go to **MySpanishLab** to review what you have learned in this chapter. Practice with the following:

Flashcards | Games | Oral Practice | Practice Test / Study Plan

Amplifire Dynamic Study Modules | Tutorials | Videos | Extra Practice

🔊 Vocabulario

LA ARQUITECTURA
Architecture
el alquiler *rent*
el apartamento *apartment*
el edificio *building*
el estilo *style*
la vivienda *housing*

EN EL BAÑO
In the bathroom
la bañera *bathtub*
la ducha *shower*
las cortinas *curtains*
el inodoro *toilet*
el jabón *soap*
el lavabo *bathroom sink*
la toalla *towel*

EN LA COCINA
In the kitchen
la estufa *stove*
el fregadero *kitchen sink*
el plato *dish, plate*

PALABRAS ÚTILES
Useful words
la desventaja *disadvantage*
el trabajo *work*
la ventaja *advantage*
la vista *view*

EN UNA CASA
In a home
el aire acondicionado *air conditioning*
el armario *closet, armoire*
el baño *bathroom*
la basura *garbage, trash*
la calefacción *heating*
la chimenea *fireplace*
la cocina *kitchen*
el comedor *dining room*
el cuarto *room; bedroom*
la escalera *stairs*

el garaje *garage*
la habitación *bedroom*
la lavandería *laundry room*
el pasillo *corridor, hall*
la piscina *swimming pool*
el piso *floor; apartment*
la planta baja *first floor, ground floor*
la sala *living room*
la terraza *deck, balcony*

EN EL JARDÍN
In the garden
la barbacoa *barbecue pit; barbecue (event)*
el césped *lawn*
la hoja *leaf*

LOS LUGARES
Places
las afueras *outskirts*
el barrio *neighborhood*
la calle *street*
el centro *downtown, center*
cerca (de) *near, close (to)*
lejos (de) *far (from)*
la zona *area*

LOS NÚMEROS ORDINALES
Ordinal numbers
primero / primer *first*
segundo *second*
tercero / tercer *third*
cuarto *fourth*
quinto *fifth*
sexto *sixth*
séptimo *seventh*
octavo *eighth*
noveno *ninth*
décimo *tenth*

LOS MUEBLES Y ACCESORIOS
Furniture and accessories
la alfombra *carpet, rug*
la butaca *armchair*
la cama *bed*
la cómoda *dresser*
la cortina *curtain*
el cuadro *picture, painting*
el espejo *mirror*
la lámpara *lamp*
la mesa *table*
la silla *chair*
el sofá *sofa*

LOS ELECTRODOMÉSTICOS
Appliances
la aspiradora *vacuum cleaner*
el lavaplatos *dishwasher*
el (horno de) microondas *microwave (oven)*
el/la radio *radio*
el refrigerador *refrigerator*

LAS DESCRIPCIONES
Descriptions
limpio/a *clean*
ordenado/a *tidy*
seco/a *dry*
sucio/a *dirty*

PARA LA CAMA
For the bed
la almohada *pillow*
la manta *blanket*
la sábana *sheet*

VERBOS
Verbs
barrer *to sweep*
cocinar *to cook*
creer *to believe*
doblar *to fold*
lavar *to wash*
limpiar *to clean*

ordenar *to tidy up*
pasar la aspiradora *to vacuum*
planchar *to iron*
recoger (j) *to pick up*
sacar *to take out*
secar *to dry*
tender (ie) *to hang (clothes)*

EXPRESIONES CON TENER
Expressions with **tener**
tener... calor *to be hot*
    cuidado *careful*
    frío *cold*
    hambre *hungry*
    miedo *afraid*
    prisa *in a hurry*
    razón *right*
    sed *thirsty*
    sueño *sleepy*
    suerte *lucky*

See *Lengua* box on page 178 for more electronic items.
See page 189 for direct object pronouns.
See pages 193–194 for demonstrative adjectives and pronouns.

Stress and Written Accents in Spanish

Rules for Written Accents

The following rules are based on pronunciation.

1. If a word ends in *n*, *s*, or a vowel, the penultimate (second-to-last) syllable is usually stressed.

Examples:　caminan
muchos
silla

2. If a word ends in a consonant other than *n* or *s*, the last syllable is stressed.

Example:　fa**tal**

3. Words that are exceptions to the preceding rules have an accent mark on the stressed vowel.

Examples:　sar**tén**
lápices
ma**má**
fácil

4. Separation of diphthongs. When *i* or *u* is combined with another vowel, the two vowels are pronounced as one sound (a diphthong). When each vowel sound is pronounced separately, a written accent mark is placed over the stressed vowel (either the *i* or the *u*).

Example:　gracias　día

Because the written accents in the following examples are not determined by pronunciation, the accent mark must be memorized as part of the spelling of the words as they are learned.

5. Homonyms. When two words are spelled the same, but have different meanings, a written accent is used to distinguish and differentiate meaning.

Examples:	**de**	*of*	**dé**	*give* (formal command)
	el	*the*	**él**	*he*
	mas	*but*	**más**	*more*
	mi	my	**mí**	me
	se	*him/herself,* *(to) him/her/them*	**sé**	*I know, be* (formal command)
	si	*if*	**sí**	*yes*
	te	*(to) you*	**té**	*tea*
	tu	*your*	**tú**	*you*

6. Interrogatives and exclamations. In questions (direct and indirect) and exclamations, a written accent is placed over the following words: **dónde, cómo, cuándo, cuál(es), quién(es), cuánto(s)/cuánta(s),** and **qué.**

Word Formation in Spanish

Recognizing certain patterns in Spanish word formation can be a big help in deciphering meaning. Use the following information about word formation to help you as you read.

- **Prefixes.** Spanish and English share a number of prefixes that shade the meaning of the word to which they are attached: **inter-** (between, among); **intro/a-** (within); **ex-** (former, toward the outside); **en-/em-** (the state of becoming); **in-/a-** (not, without), among others.

inter-	interdisciplinario, interacción
intro/a-	introvertido, introspección
ex-	exponer (*expose*)
en-/em-	enrojecer (*to turn red*), empobrecer (*to become poor*)
in-/a-	inmoral, incompleto, amoral, asexual

- **Suffixes.** Suffixes and, in general, word endings will help you identify various aspects of words such as part of speech, gender, meaning, degree, etc. Common Spanish suffixes are **-ría, -za, -miento, -dad/tad, -ura, -oso/a, -izo/a, -(c)ito/a,** and **-mente.**

-ría	place where something is made and/or bought: **panadería, zapatería** (*shoe store*), **librería**
-za	feminine, abstract noun: **pobreza** (*poverty*), **riqueza** (*wealth, richness*)
-miento	masculine, abstract noun: **empobrecimiento** (*impoverishment*), **entrenamiento** (*training*)
-dad/tad	feminine noun: **ciudad** (*city*), **libertad** (*liberty, freedom*)
-ura	feminine noun: **verdura, locura** (*craziness*)
-oso/a	adjective meaning having the characteristics of the noun to which it's attached: **montañoso, lluvioso** (*rainy*)
-izo/a	adjective meaning having the characteristics of the noun to which it's attached: **rojizo** (*reddish*), **enfermizo** (*sickly*)
-(c)ito/a	diminutive form of noun or adjective: **Juanito, mesita** (*little table*), **Carmencita**
-mente	attached to the feminine form of adjective to form an adverb: **rápidamente, felizmente** (*happily*)

- **Compounds.** Compounds are made up of two words (e.g., *mailman*), each of which has meaning in and of itself: **altavoz** (*loudspeaker*) from **alto/a** and **voz**; **sacacorchos** (*corkscrew*) from **sacar** and **corcho.** Your knowledge of the root words will help you recognize the compound; and likewise, learning compounds can help you to learn the root words. What do you think **sacar** means?

- **Spanish–English associations.** Learning to associate aspects of word formation in Spanish with aspects of word formation in English can be very helpful. Look at the associations below.

SPANISH	ENGLISH
es/ex + consonant	*s* + consonant
esclerosis, extraño	*sclerosis, strange*
gu-	*w-*
guerra, Guillermo	*war, William*
-tad/dad	*-ty*
libertad, calidad	*liberty, quality*
-sión/-ción	*-sion/-tion*
tensión, emoción	*tension, emotion*

Verb Charts

Regular Verbs: Simple Tenses

Infinitive Present Participle Past Participle	Indicative					Subjunctive		Imperative
	Present	**Imperfect**	**Preterit**	**Future**	**Conditional**	**Present**	**Imperfect**	**Commands**

hablar
hablando
hablado
	hablo
	hablas
	habla
	hablamos
	habláis
	hablan
		hablaba
		hablabas
		hablaba
		hablábamos
		hablabais
		hablaban
			hablé
			hablaste
			habló
			hablamos
			hablasteis
			hablaron
				hablaré
				hablarás
				hablará
				hablaremos
				hablaréis
				hablarán
					hablaría
					hablarías
					hablaría
					hablaríamos
					hablaríais
					hablarían
						hable
						hables
						hable
						hablemos
						habléis
						hablen
							hablara
							hablaras
							hablara
							habláramos
							hablarais
							hablaran
								habla (tú),
								  no hables
								hable (usted)
								hablemos
								hablad (vosotros),
								  no habléis
								hablen (Uds.)

comer
comiendo
comido
	como
	comes
	come
	comemos
	coméis
	comen
		comía
		comías
		comía
		comíamos
		comíais
		comían
			comí
			comiste
			comió
			comimos
			comisteis
			comieron
				comeré
				comerás
				comerá
				comeremos
				comeréis
				comerán
					comería
					comerías
					comería
					comeríamos
					comeríais
					comerían
						coma
						comas
						coma
						comamos
						comáis
						coman
							comiera
							comieras
							comiera
							comiéramos
							comierais
							comieran
								come (tú),
								  no comas
								coma (usted)
								comamos
								comed (vosotros),
								  no comáis
								coman (Uds.)

vivir
viviendo
vivido
	vivo
	vives
	vive
	vivimos
	vivís
	viven
		vivía
		vivías
		vivía
		vivíamos
		vivíais
		vivían
			viví
			viviste
			vivió
			vivimos
			vivisteis
			vivieron
				viviré
				vivirás
				vivirá
				viviremos
				viviréis
				vivirán
					viviría
					vivirías
					viviría
					viviríamos
					viviríais
					vivirían
						viva
						vivas
						viva
						vivamos
						viváis
						vivan
							viviera
							vivieras
							viviera
							viviéramos
							vivierais
							vivieran
								vive (tú),
								  no vivas
								viva (usted)
								vivamos
								vivid (vosotros),
								  no viváis
								vivan (Uds.)

Regular Verbs: Perfect Tenses

Indicative										Subjunctive			
Present Perfect		**Past Perfect**		**Preterit Perfect**		**Future Perfect**		**Conditional Perfect**		**Present Perfect**		**Past Perfect**	
he has ha hemos habéis han	hablado comido vivido	había habías había habíamos habíais habían	hablado comido vivido	hube hubiste hubo hubimos hubisteis hubieron	hablado comido vivido	habré habrás habrá habremos habréis habrán	hablado comido vivido	habría habrías habría habríamos habríais habrían	hablado comido vivido	haya hayas haya hayamos hayáis hayan	hablado comido vivido	hubiera hubieras hubiera hubiéramos hubierais hubieran	hablado comido vivido

Irregular Verbs

Infinitive Present Participle Past Participle	Indicative					Subjunctive		Imperative
	Present	Imperfect	Preterit	Future	Conditional	Present	Imperfect	Commands
andar andando andado	ando andas anda andamos andáis andan	andaba andabas andaba andábamos andabais andaban	anduve anduviste anduvo anduvimos anduvisteis anduvieron	andaré andarás andará andaremos andaréis andarán	andaría andarías andaría andaríamos andaríais andarían	ande andes ande andemos andéis anden	anduviera anduvieras anduviera anduviéramos anduvierais anduvieran	anda (tú), no andes ande (usted) andemos andad (vosotros), no andéis anden (Uds.)
caer cayendo caído	caigo caes cae caemos caéis caen	caía caías caía caíamos caíais caían	caí caíste cayó caímos caísteis cayeron	caeré caerás caerá caeremos caeréis caerán	caería caerías caería caeríamos caeríais caerían	caiga caigas caiga caigamos caigáis caigan	cayera cayeras cayera cayéramos cayerais cayeran	cae (tú), no caigas caiga (usted) caigamos caed (vosotros), no caigáis caigan (Uds.)
dar dando dado	doy das da damos dais dan	daba dabas daba dábamos dabais daban	di diste dio dimos disteis dieron	daré darás dará daremos daréis darán	daría darías daría daríamos daríais darían	dé des dé demos deis den	diera dieras diera diéramos dierais dieran	da (tú), no des dé (usted) demos dad (vosotros), no deis den (Uds.)
decir diciendo dicho	digo dices dice decimos decís dicen	decía decías decía decíamos decíais decían	dije dijiste dijo dijimos dijisteis dijeron	diré dirás dirá diremos diréis dirán	diría dirías diría diríamos diríais dirían	diga digas diga digamos digáis digan	dijera dijeras dijera dijéramos dijerais dijeran	di (tú), no digas diga (usted) digamos decid (vosotros), no digáis digan (Uds.)
estar estando estado	estoy estás está estamos estáis están	estaba estabas estaba estábamos estabais estaban	estuve estuviste estuvo estuvimos estuvisteis estuvieron	estaré estarás estará estaremos estaréis estarán	estaría estarías estaría estaríamos estaríais estarían	esté estés esté estemos estéis estén	estuviera estuvieras estuviera estuviéramos estuvierais estuvieran	está (tú), no estés esté (usted) estemos estad (vosotros), no estéis estén (Uds.)
haber habiendo habido	he has ha hemos habéis han	había habías había habíamos habíais habían	hube hubiste hubo hubimos hubisteis hubieron	habré habrás habrá habremos habréis habrán	habría habrías habría habríamos habríais habrían	haya hayas haya hayamos hayáis hayan	hubiera hubieras hubiera hubiéramos hubierais hubieran	
hacer haciendo hecho	hago haces hace hacemos hacéis hacen	hacía hacías hacía hacíamos hacíais hacían	hice hiciste hizo hicimos hicisteis hicieron	haré harás hará haremos haréis harán	haría harías haría haríamos haríais harían	haga hagas haga hagamos hagáis hagan	hiciera hicieras hiciera hiciéramos hicierais hicieran	haz (tú), no hagas haga (usted) hagamos haced (vosotros), no hagáis hagan (Uds.)

Irregular Verbs (continued)

Infinitive Present Participle Past Participle	Indicative					Subjunctive		Imperative
	Present	Imperfect	Preterit	Future	Conditional	Present	Imperfect	Commands

ir
yendo
ido
	voy
	vas
	va
	vamos
	vais
	van
		iba
		ibas
		iba
		íbamos
		ibais
		iban
			fui
			fuiste
			fue
			fuimos
			fuisteis
			fueron
				iré
				irás
				irá
				iremos
				iréis
				irán
					iría
					irías
					iría
					iríamos
					iríais
					irían
						vaya
						vayas
						vaya
						vayamos
						vayáis
						vayan
							fuera
							fueras
							fuera
							fuéramos
							fuerais
							fueran
								ve (tú),
								  no vayas
								vaya (usted)
								vamos,
								  no vayamos
								id (vosotros),
								  no vayáis
								vayan (Uds.)

oír
oyendo
oído
	oigo
	oyes
	oye
	oímos
	oís
	oyen
		oía
		oías
		oía
		oíamos
		oíais
		oían
			oí
			oíste
			oyó
			oímos
			oísteis
			oyeron
				oiré
				oirás
				oirá
				oiremos
				oiréis
				oirán
					oiría
					oirías
					oiría
					oiríamos
					oiríais
					oirían
						oiga
						oigas
						oiga
						oigamos
						oigáis
						oigan
							oyera
							oyeras
							oyera
							oyéramos
							oyerais
							oyeran
								oye (tú),
								  no oigas
								oiga (usted)
								oigamos
								oíd (vosotros),
								  no oigáis
								oigan (Uds.)

poder pudiendo podido	puedo puedes puede podemos podéis pueden	podía podías podía podíamos podíais podían	pude pudiste pudo pudimos pudisteis pudieron	podré podrás podrá podremos podréis podrán	podría podrías podría podríamos podríais podrían	pueda puedas pueda podamos podáis puedan	pudiera pudieras pudiera pudiéramos pudierais pudieran	

poner
poniendo
puesto
	pongo
	pones
	pone
	ponemos
	ponéis
	ponen
		ponía
		ponías
		ponía
		poníamos
		poníais
		ponían
			puse
			pusiste
			puso
			pusimos
			pusisteis
			pusieron
				pondré
				pondrás
				pondrá
				pondremos
				pondréis
				pondrán
					pondría
					pondrías
					pondría
					pondríamos
					pondríais
					pondrían
						ponga
						pongas
						ponga
						pongamos
						pongáis
						pongan
							pusiera
							pusieras
							pusiera
							pusiéramos
							pusierais
							pusieran
								pon (tú),
								  no pongas
								ponga (usted)
								pongamos
								poned (vosotros),
								  no pongáis
								pongan (Uds.)

querer
queriendo
querido
	quiero
	quieres
	quiere
	queremos
	queréis
	quieren
		quería
		querías
		quería
		queríamos
		queríais
		querían
			quise
			quisiste
			quiso
			quisimos
			quisisteis
			quisieron
				querré
				querrás
				querrá
				querremos
				querréis
				querrán
					querría
					querrías
					querría
					querríamos
					querríais
					querrían
						quiera
						quieras
						quiera
						queramos
						queráis
						quieran
							quisiera
							quisieras
							quisiera
							quisiéramos
							quisierais
							quisieran
								quiere (tú),
								  no quieras
								quiera (usted)
								queramos
								quered (vosotros),
								  no queráis
								quieran (Uds.)

saber
sabiendo
sabido
	sé
	sabes
	sabe
	sabemos
	sabéis
	saben
		sabía
		sabías
		sabía
		sabíamos
		sabíais
		sabían
			supe
			supiste
			supo
			supimos
			supisteis
			supieron
				sabré
				sabrás
				sabrá
				sabremos
				sabréis
				sabrán
					sabría
					sabrías
					sabría
					sabríamos
					sabríais
					sabrían
						sepa
						sepas
						sepa
						sepamos
						sepáis
						sepan
							supiera
							supieras
							supiera
							supiéramos
							supierais
							supieran
								sabe (tú),
								  no sepas
								sepa (usted)
								sepamos
								sabed (vosotros),
								  no sepáis
								sepan (Uds.)

Irregular Verbs (continued)

Infinitive Present Participle Past Participle	Indicative					Subjunctive		Imperative
	Present	Imperfect	Preterit	Future	Conditional	Present	Imperfect	Commands
salir saliendo salido	salgo sales sale salimos salís salen	salía salías salía salíamos salíais salían	salí saliste salió salimos salisteis salieron	saldré saldrás saldrá saldremos saldréis saldrán	saldría saldrías saldría saldríamos saldríais saldrían	salga salgas salga salgamos salgáis salgan	saliera salieras saliera saliéramos salierais salieran	sal (tú), no salgas salga (usted) salgamos salid (vosotros), no salgáis salgan (Uds.)
ser siendo sido	soy eres es somos sois son	era eras era éramos erais eran	fui fuiste fue fuimos fuisteis fueron	seré serás será seremos seréis serán	sería serías sería seríamos seríais serían	sea seas sea seamos seáis sean	fuera fueras fuera fuéramos fuerais fueran	sé (tú), no seas sea (usted) seamos sed (vosotros), no seáis sean (Uds.)
tener teniendo tenido	tengo tienes tiene tenemos tenéis tienen	tenía tenías tenía teníamos teníais tenían	tuve tuviste tuvo tuvimos tuvisteis tuvieron	tendré tendrás tendrá tendremos tendréis tendrán	tendría tendrías tendría tendríamos tendríais tendrían	tenga tengas tenga tengamos tengáis tengan	tuviera tuvieras tuviera tuviéramos tuvierais tuvieran	ten (tú), no tengas tenga (usted) tengamos tened (vosotros), no tengáis tengan (Uds.)
traer trayendo traído	traigo traes trae traemos traéis traen	traía traías traía traíamos traíais traían	traje trajiste trajo trajimos trajisteis trajeron	traeré traerás traerá traeremos traeréis traerán	traería traerías traería traeríamos traeríais traerían	traiga traigas traiga traigamos traigáis traigan	trajera trajeras trajera trajéramos trajerais trajeran	trae (tú), no traigas traiga (usted) traigamos traed (vosotros), no traigáis traigan (Uds.)
venir viniendo venido	vengo vienes viene venimos venís vienen	venía venías venía veníamos veníais venían	vine viniste vino vinimos vinisteis vinieron	vendré vendrás vendrá vendremos vendréis vendrán	vendría vendrías vendría vendríamos vendríais vendrían	venga vengas venga vengamos vengáis vengan	viniera vinieras viniera viniéramos vinierais vinieran	ven (tú), no vengas venga (usted) vengamos venid (vosotros), no vengáis vengan (Uds.)
ver viendo visto	veo ves ve vemos veis ven	veía veías veía veíamos veíais veían	vi viste vio vimos visteis vieron	veré verás verá veremos veréis verán	vería verías vería veríamos veríais verían	vea veas vea veamos veáis vean	viera vieras viera viéramos vierais vieran	ve (tú), no veas vea (usted) veamos ved (vosotros), no veáis vean (Uds.)

Stem-Changing and Orthographic-Changing Verbs

Infinitive Present Participle Past Participle	Indicative					Subjunctive		Imperative
	Present	**Imperfect**	**Preterit**	**Future**	**Conditional**	**Present**	**Imperfect**	**Commands**
almorzar (ue) (c) almorzando almorzado	almuerzo almuerzas almuerza almorzamos almorzáis almuerzan	almorzaba almorzabas almorzaba almorzábamos almorzabais almorzaban	almorcé almorzaste almorzó almorzamos almorzasteis almorzaron	almorzaré almorzarás almorzará almorzaremos almorzaréis almorzarán	almorzaría almorzarías almorzaría almorzaríamos almorzaríais almorzarían	almuerce almuerces almuerce almorcemos almorcéis almuercen	almorzara almorzaras almorzara almorzáramos almorzarais almorzaran	almuerza (tú), no almuerces almuerce (usted) almorcemos almorzad (vosotros), no almorcéis almuercen (Uds.)
buscar (qu) buscando buscado	busco buscas busca buscamos buscáis buscan	buscaba buscabas buscaba buscábamos buscabais buscaban	busqué buscaste buscó buscamos buscasteis buscaron	buscaré buscarás buscará buscaremos buscaréis buscarán	buscaría buscarías buscaría buscaríamos buscaríais buscarían	busque busques busque busquemos busquéis busquen	buscara buscaras buscara buscáramos buscarais buscaran	busca (tú), no busques busque (usted) busquemos buscad (vosotros), no busquéis busquen (Uds.)
corregir (i, i) (j) corrigiendo corregido	corrijo corriges corrige corregimos corregís corrigen	corregía corregías corregía corregíamos corregíais corregían	corregí corregiste corrigió corregimos corregisteis corrigieron	corregiré corregirás corregirá corregiremos corregiréis corregirán	corregiría corregirías corregiría corregiríamos corregiríais corregirían	corrija corrijas corrija corrijamos corrijáis corrijan	corrigiera corrigieras corrigiera corrigiéramos corrigierais corrigieran	corrige (tú), no corrijas corrija (usted) corrijamos corregid (vosotros), no corrijáis corrijan (Uds.)
dormir (ue, u) durmiendo dormido	duermo duermes duerme dormimos dormís duermen	dormía dormías dormía dormíamos dormíais dormían	dormí dormiste durmió dormimos dormisteis durmieron	dormiré dormirás dormirá dormiremos dormiréis dormirán	dormiría dormirías dormiría dormiríamos dormiríais dormirían	duerma duermas duerma durmamos durmáis duerman	durmiera durmieras durmiera durmiéramos durmierais durmieran	duerme (tú), no duermas duerma (usted) durmamos dormid (vosotros), no durmáis duerman (Uds.)
incluir (y) incluyendo incluido	incluyo incluyes incluye incluimos incluís incluyen	incluía incluías incluía incluíamos incluíais incluían	incluí incluiste incluyó incluimos incluisteis incluyeron	incluiré incluirás incluirá incluiremos incluiréis incluirán	incluiría incluirías incluiría incluiríamos incluiríais incluirían	incluya incluyas incluya incluyamos incluyáis incluyan	incluyera incluyeras incluyera incluyéramos incluyerais incluyeran	incluye (tú), no incluyas incluya (usted) incluyamos incluid (vosotros), no incluyáis incluyan (Uds.)

Stem-Changing and Orthographic-Changing Verbs (continued)

Infinitive Present Participle Past Participle	Indicative					Subjunctive		Imperative
	Present	Imperfect	Preterit	Future	Conditional	Present	Imperfect	Commands
llegar (gu) llegando llegado	llego llegas llega llegamos llegáis llegan	llegaba llegabas llegaba llegábamos llegabais llegaban	llegué llegaste llegó llegamos llegasteis llegaron	llegaré llegarás llegará llegaremos llegaréis llegarán	llegaría llegarías llegaría llegaríamos llegaríais llegarían	llegue llegues llegue lleguemos lleguéis lleguen	llegara llegaras llegara llegáramos llegarais llegaran	llega (tú), no llegues llegue (usted) lleguemos llegad (vosotros), no lleguéis lleguen (Uds.)
pedir (i, i) pidiendo pedido	pido pides pide pedimos pedís piden	pedía pedías pedía pedíamos pedíais pedían	pedí pediste pidió pedimos pedisteis pidieron	pediré pedirás pedirá pediremos pediréis pedirán	pediría pedirías pediría pediríamos pediríais pedirían	pida pidas pida pidamos pidáis pidan	pidiera pidieras pidiera pidiéramos pidierais pidieran	pide (tú), no pidas pida (usted) pidamos pedid (vosotros), no pidáis pidan (Uds.)
pensar (ie) pensando pensado	pienso piensas piensa pensamos pensáis piensan	pensaba pensabas pensaba pensábamos pensabais pensaban	pensé pensaste pensó pensamos pensasteis pensaron	pensaré pensarás pensará pensaremos pensaréis pensarán	pensaría pensarías pensaría pensaríamos pensaríais pensarían	piense pienses piense pensemos penséis piensen	pensara pensaras pensara pensáramos pensarais pensaran	piensa (tú), no pienses piense (usted) pensemos pensad (vosotros), no penséis piensen (Uds.)
producir (zc) (j) produciendo producido	produzco produces produce producimos producís producen	producía producías producía producíamos producíais producían	produje produjiste produjo produjimos produjisteis produjeron	produciré producirás producirá produciremos produciréis producirán	produciría producirías produciría produciríamos produciríais producirían	produzca produzcas produzca produzcamos produzcáis produzcan	produjera produjeras produjera produjéramos produjerais produjeran	produce (tú), no produzcas produzca (usted) produzcamos producid (vosotros), no produzcáis produzcan (Uds.)
reír (i, i) riendo reído	río ríes ríe reímos reís ríen	reía reías reía reíamos reíais reían	reí reíste rió/rio reímos reísteis rieron	reiré reirás reirá reiremos reiréis reirán	reiría reirías reiría reiríamos reiríais reirían	ría rías ría riamos riáis/riais rían	riera rieras riera riéramos rierais rieran	ríe (tú), no rías ría (usted) riamos reíd (vosotros), no riáis/riais rían (Uds.)
seguir (i, i) (ga) siguiendo seguido	sigo sigues sigue seguimos seguís siguen	seguía seguías seguía seguíamos seguíais seguían	seguí seguiste siguió seguimos seguisteis siguieron	seguiré seguirás seguirá seguiremos seguiréis seguirán	seguiría seguirías seguiría seguiríamos seguiríais seguirían	siga sigas siga sigamos sigáis sigan	siguiera siguieras siguiera siguiéramos siguierais siguieran	sigue (tú), no sigas siga (usted) sigamos seguid (vosotros), no sigáis sigan (Uds.)

Stem-Changing and Orthographic-Changing Verbs *(continued)*

Infinitive Present Participle Past Participle	Indicative					Subjunctive		Imperative
	Present	Imperfect	Preterit	Future	Conditional	Present	Imperfect	Commands
sentir (ie, i) sintiendo sentido	siento sientes siente sentimos sentís sienten	sentía sentías sentía sentíamos sentíais sentían	sentí sentiste sintió sentimos sentisteis sintieron	sentiré sentirás sentirá sentiremos sentiréis sentirán	sentiría sentirías sentiría sentiríamos sentiríais sentirían	sienta sientas sienta sintamos sintáis sientan	sintiera sintieras sintiera sintiéramos sintierais sintieran	siente (tú), no sientas sienta (usted) sintamos sentid (vosotros), no sintáis sientan (Uds.)
volver (ue) volviendo vuelto	vuelvo vuelves vuelve volvemos volvéis vuelven	volvía volvías volvía volvíamos volvíais volvían	volví volviste volvió volvimos volvisteis volvieron	volveré volverás volverá volveremos volveréis volverán	volvería volverías volvería volveríamos volveríais volverían	vuelva vuelvas vuelva volvamos volváis vuelvan	volviera volvieras volviera volviéramos volvierais volvieran	vuelve (tú), no vuelvas vuelva (usted) volvamos volved (vosotros), no volváis vuelvan (Uds.)

Spanish-English Glossary

This vocabulary includes all words and expressions presented in the text, except for proper nouns spelled the same in English and Spanish, diminutives with a literal meaning, typical expressions of the Hispanic countries presented in the *Enfoque cultural*, and cardinal numbers (found on page 23). Cognates and words easily recognized because of the context are not included either.

The number following each entry in bold corresponds to the **capítulo** in which the the word is introduced for active mastery. Non-bold numbers correspond to introduction of words for receptive use.

A

a *at, to* **P**
a menos que *unless* 14
a pesar de *despite* 15
¿A qué hora es? *At what time is [it]?* P
a sí misma/o(s) *himself/herself/ themselves* 4
a través de *through* 13
a veces *sometimes* 1; 3 *at times* 12
abandonar *to abandon* 14
el/la abogado/a *lawyer* 9
abrazar(se) (c) *to embrace* 13
el abrazo *hug* 4
el abrigo *coat* 6
abril *April* P
abrir *to open* 10
la abuela *grandmother* 4
el abuelo *grandfather* 4
abundar *to abound* 13
aburrido/a *boring* 1, 4, 6; *bored* 6
aburrirse *to get bored* 7, **8**
a caballo *horseback* 8
acabar(se) *to run out of* 9, 15
el acceso *access* 15
el accesorio *accessory* 6
el aceite *oil* 10
la aceituna *olive* 3
acompañar *to accompany* 8
aconsejar *to advise* 5
el acontecimiento *event* 13
acostar(se) (ue) *to put to bed; to go to bed* **4**, 7 *; to lie down* 4
el actor/la actriz *actor/actress* 9
actual *present, current* 14
actualmente *at the present time* 9
la adaptación *adjustment, adaptation* 14
Adelante. *Come in.* 5
el adelanto *advance* 15
el ademán *gesture* 15

además *in addition* 3, *besides, furthermore* 11
el aderezo *salad dressing* **10**
adiós *good-bye* **P**
adivinanza *guess* 2
adivinar *to guess* 5
¿adónde? *where (to)?* **3**
adornado/a *decorated* 8
la aduana *customs* 12
la aerolínea/línea aérea *airline* **12**
el/la aeromozo/a *flight attendant* 12
afeitar(se) *to shave; to shave (oneself)* 4
las afueras *outskirts* 5
la agencia de viajes *travel agency* **12**
el/la agente de viajes *travel agent* **12**
agosto *Augost* **P**
agradable *nice* 2
agregar *to add* **10**, 15
agrícola *agricultural* 9
el/la agricultor/a *farmer* 9
la agricultura *farming* 9
agrio/a *sour* **10**
el agua *water* 3
el aguacate *avocado* 6, **10**
las aguas residuales *sewage* 15
el agujero *hole* **15**
ahora *now* 1
ahorrar *to save* 14, 15
el aire acondicionado *air conditioning* **5**
el ají *pepper (hot, spicy)* 10
el ajo *garlic* **10**
al *(contraction of* **a** *+* **el***) to the* **3**
al aire libre *outdoors* 3
al fondo *at the back, in the rear* **13**
al lado (de) *next to* **P**
el ala *wing* 14
alegrarse (de) *to be glad (about)* 11
alegre *happy, glad* 2
la alegría *joy* 8
alemán/alemana *German* **2**
la alergia *allergy* 11
el alfabetismo *literacy* 14

el alfiler *pin* 15
la alfombra *carpet, rug* 5
algo *something* **1,** *anything* 12
alguien *someone, anyone* 12
algún, alguno (-os, -as) *some, any, several* 12
alguna vez *sometime, ever* 12
algunas veces *sometimes* 12
el alivio *relief* 15
el almacén *department store; warehouse* **6**
la almeja *clam* 10
la almohada *pillow* 5
almorzar (ue) *to have lunch* **4**
el almuerzo *lunch* 3
¿Aló? *Hello? (on the telephone)* 3
el alojamiento *lodging* **12**
alquilar *to rent* 1, 3
el alquiler *rent* 5
alto/a *tall* 2
el/la alumno/a *student* 1
el ama/o de casa *housewife, homemaker* **9**
la amabilidad *kindless* 9
amarillo/a *yellow* 2
el ambiente *setting* 8
el amigo/la amiga *friend* **P,** 2
la amistad *friendship* 6, **13,** 13
el amor *love* 13
amplio/a *ample* 14
el analfabetismo *illiteracy* 14
analfabeto/a *illiterate* 14
el análisis *test* 11
anaranjado/a *orange* 2
ancho/a *wide* 6
el anillo *ring* 6
animado/a *lively* 8
el ánimo *mood* 5
anoche *last night* 6
la ansiedad *anxiety* 12
ante(a)noche *the night before last* 6
anteayer *the day before yesterday* 6
el antepasado *ancestor* 8

antes *before* **8**

antes de eso *before that* **6**

antes (de) que *before* **14**

el antibiótico *antibiotic* **11**

antiguo/a *old* **1**

antipático/a *unpleasant* **2**

la antropología *anthropology* **1**

el anuncio *ad, advertisement* **5**, 9

añadir *to add* **10**, 4, 15

el año *year* **P**

el año/mes pasado *last year/month* **6**

el Año Nuevo *New Year's Day* **8**

apagar *to extinguish, turn off* **9**, 15

el apagón *power outage* **9**

el apartamento *apartment* **5**

apoyar *to support* 7, **14**

aprender *to learn* Pr, **1**

aquel/aquella/aquello *that
     (over there)* **5**

aquellos/aquellas *those
     (over there)* **5**

el árbitro *umpire, referee* **7**

el árbol *tree* **7**

el arete *earring* **6**

argentino/a *Argentinian* **2**

el armario *closet, armoire* **5**

el aro *earring* **6**

el arpa *harp* **13**

el/la arquitecto/a *architect* **9**

la arquitectura *architecture* **1**

arrepentirse (ie) *to regret* **7**

el arroz *rice* **3**

la artesanía *handicrafts* **6**

el/la artesano/a *craftsman/woman,
     craftsperson* **13**

el artículo de belleza *beauty
     item* **11**

asado/a *roasted* **10**

el ascensor *elevator* **4**

el aserrín *sawdust* **8**

el asiento *seat* **12**

el asiento de pasillo/ventanilla *aisle/
     window seat* **12**

la asignatura *subject* **1**

asistir *to attend* **1**

el asma *asthma* **11**

asomarse *to look inside* **13**

la aspiradora *vacuum cleaner* **5**

atender (ie) *to help* (a customer) **9**

atentamente *kindly* **4**

aterrizar (c) *to land* **15**

el atletismo *track and field* **7**

atreverse *to dare* **7**

aunque *although, even though, even
     if* 12, **14**

el auto *car* **2**

el autobús/bus *bus* **12**

la autopista *freeway* **12**

el autorretrato *self-portrait* **13**

el/la auxiliar de vuelo *flight
     attendant* **12**

avanzar (c) *to advance* **15**

la avenida *avenue* **Pr**

averiguar *to find out* **5**

las aves *poultry, fowl* **10**

el avión *plane* **12**

ayer *yesterday* **6**

ayudar *to help* 1, **4**, 5

el/la azafato/a *flight attendant* 12

el azúcar *sugar* **10**

azul *blue* **2**

B

bailar *to dance* **1**, 6

el bailarín/la bailarina *dancer* **13**

la bajada *slope* **7**

bajar *to download* 1, **3**, 15

bajar de peso *lose weight* 3, **10**

bajo *under* **5**

bajo/a *short (in stature)* **2**, 2

la ballena jorobada *humpback
     whale* **11**

el balón/la pelota/bola *ball* **7**, 7

el baloncesto/el básquetbol
     basketball **7**

el banano *banana, plantain* **10**

el banco de peces *shoal; school
     of fish* **15**

la bandeja *tray* 9, **10**

la bandera *flag* **2**

la bañadera *bathtub* **5**

bañar(se) *to bathe; to take a bath* **4**

la bañera *bathtub* **5**, 5

el baño *bathroom* **5**

barato/a *inexpensive, cheap* **6**;
     moderate 12

la barbacoa *barbecue pit; barbecue
     (event)* **5**

el barco *ship/boat* **12**

barrer *to sweep* **5**

el barrio *neighborhood* **5**

bastante *rather* **P**

la basura *garbage, trash* **5**

la bata *robe* **6**

el bate *bat* **7**

el batido *shake* 3; *smoothie* **10**

batir *to beat* **10**

el bautizo *baptism, christening* **4**

beber *to drink* **1**; beber(se) 10

la bebida *drink* **3**

la beca *scholarship* **1**

el béisbol *baseball* **7**

besar(se) *to kiss* **13**

el beso *kiss* **4**

la biblioteca *library* 1; **digital** *digital
     library* 15

el/la bibliotecario/a *librarían* **9**

bien *well* **P**, 2

bien/mal aparcado *well/badly
     parked* **12**

bilingüe *bilingual* **2**

el billete *ticket* **12**

la billetera *wallet* **6**

el bistec *steak* **3**

blanco/a *white* **2**

blando/a *soft* **13**

la blusa *blouse* **6**

la boca *mouth* 10, **11**

el boleto/el pasaje *ticket* **12**

el bolígrafo *ballpoint pen* **P**

boliviano/a *Bolivian* **2**

la bolsa/el bolso *purse* **6**

el/la bombero/a *firefighter* **9**

bonito/a *pretty* **2**, 2

el borrador *eraser* **P**

el bosque *forest* **9**, 15

las botas *boots* **6**

la botella *bottle* **10**

el brazo *arm* 6, **11**

¡Buena suerte! *Good luck!* **1**

buenas noches *good night* **P**

buenas tardes *good afternoon/good
     evening* **P**

¡Bueno! *Hello? (on the telephone)* **3**

bueno/a *good* **1**; *well* (health);
     physically attractive 6

buenos días *good morning* **P**

la bufanda *scarf* **6**

el burgués/la burguesa *middle class
     person* **13**

el buscador *search engine* **15**

buscar *to look for* **1**, 11, 15

la butaca *armchair* **5**

C

el cabello *hair* **11**

la cabeza *head* 6, **11**

cada *each* **4**

cada día *each* **3**

cada... horas *every ... hours* **11**

la cadera *hip* **11**

caer bien (y) *to like* **6**

caer mal (y) *to dislike* **6**

caer simpático *to be liked* **15**

caer(se) (y) *to fall* **11**

café (color) *brown* **2**

el café *cafe, coffee shop* **1**;
     coffee 3

la cafetería *cafetería* **1**

la caja fuerte *safe* **12**

el cajero automático *ATM* **12**

el/la cajero/a *cashier* **9**

los calcetines *socks* **6**

la calculadora *calculator* **P**

la calefacción *heating* **5**

el calentamiento *warm-up* 7; *warming* 15

la calidad *quality* 6, 13

caliente *hot* 3

callado/a *quiet* 2

la calle *street* Pr, 15

el calzado *footwear* 6

calzar (c) *to wear a shoe size* 6

los calzoncillos *boxer shorts* 6

la cama *bed* 5

la Cámara de Representantes *Congress* 3

el/la camarero/a *server, waiter/waitress* 3, 9

el camarón/la gamba *shrimp* 10

cambiar *to change, to exchange* 3, 6, 8

el cambio *change* 14

el cambur *plantain* 10

caminar *to walk* 1

el camión *bus* 12

la camisa *shirt* 6; **de manga corta** *short sleeve shirt* 15

la camiseta *T-shirt* 6

el camisón *nightgown* 6

la campanada *bell chime* 8

el campeón/la campeona *champion* 7

el campeonato *championship* 7, *tournament* 7

el/la campesino/a *peasant* 10

el campo *field* 7; *countryside* 9

el campo de fútbol *soccer field* 7

canadiense *Canadian* 2

cancelar *to cancel* 12

la cancha *court, golf course* 7

la canción *song* 3

la canela *cinnamon* 10

cansado/a *tired* 2

cantar *to sing* 3, 6

la capa de ozono *ozone layer* 15

el capó *hood* 12

la cápsula *capsule* 15

la cara *face* 4, 11

el cargador *charger* 5

carmelita *brown* 2

el carnaval *carnaval* 8

la carne *meat;* **de res** *beef/steak;* **molida** *ground meat* 10

caro/a *expensive* 6

el/la carpintero/a *carpenter* 9

la carrera *race* 7

la carrera *major* 1

la carreta *cart, wagon* 8

la carretera *highway* 12

el carro *car* 2

la carroza *float (in a parade)* 8

la casa *house, home* 1

casado/a *married* 2, 4

casar(se) *to get married* 4, 5, 8

el casco *helmet* 7

casi *almost* 1

castaño/a *brown* 2

el catarro *cold* 11

la cebolla *onion* 10

la ceja *eyebrow* 11

la celebración *celebration* 3, 8

celebrar *to celebrate* 3

la célula troncal *stem cell* 14

el cementerio *cemetery* 8

la cena *dinner, supper* 3

cenar *to have dinner* 3, 7

Cenicienta *Cinderella* 3

el centro *downtown, center* 5

el centro comercial *shopping center* 6

el centro turístico privado *resort* 11

cerca (de) *near, close (to)* 3, 5

el cerdo *pork* 10

el cereal *cereal* 3

el cerebro *brain* 11

la cereza *cherry* 10

cerrar (ie) *to close* 4

el certamen *contest* 9

la cerveza *beer* 3

el césped *lawn* 5, *grass* 5

el cesto *wastebasket* P

el cesto/la cesta *basket, hoop* 7

el ceviche *dish of marinated raw fish* 3

chao (chau) *good-bye* P

la chaqueta *jacket* 6

el/la chef *chef* 9

el chico/la chica *boy/girl* P

el chile *pepper (hot, spicy)* 10

chileno/a *Chilean* 2

la chimenea *fireplace* 5

chino/a *Chinese* 2

el chip electrónico *integrated circuit* 15

la chiva *bus* 12

el choclo *corn* 10

el/la chofer, chófer *driver* 9

la chuleta *chop* 10

los churros *fried dough* 10

el ciclismo *cycling* 7

el/la ciclista *cyclist* 7

el cielo *sky* 7

cien/ciento *hundred* 3

la ciencia ficción *science fiction* 15

las ciencias *sciences* 1

las ciencias políticas *political science* 1

el/la científico/a *scientist* 9

cierto *true* Pr

el cine *movies* 2, 3

el/la cineasta *filmmaker* 13

la cintura *waist* 11

el cinturón *belt* 6

ciudad *city* 3

¡claro! *of course!* 3

la clase turista *tourist class* 12

la clave *key* 13

el/la cliente/a *client* 9

climatizado/a *air-conditioned* 15

la clínica/el centro de salud/el sanatorio *clinic* 11

la clonación *cloning* 15

el clóset *closet* 5

la cobija *blanket* 5

el coche *car* 2

la cocina *kitchen* 5; *stove* 5

cocinar *to cook* 5

codiciado/a *sought after* 13

el codo *elbow* 11

coger (j) *to hold* 13

el colectivo *bus* 12

el collar *necklace* 6

colombiano/a *Colombian* 2

el color *color* 2

el comedor *dining room* 5

comenzar (ie) *to start* 1, *to begin* 6, 8

comer *to eat* 1, 3, 6

comer(se) *to eat* 10

la cometa *kite* 8

la comida *food; meal; dinner, supper* 3

la comida basura *junk food* 10

el comienzo *origen* 7; *beginning* 8

el comino *cumin* 10

¿cómo? *how?/what?* 1

¿Cómo es? *What is he/she/it like?* P

¿Cómo está? *How are you? (formal)* P

¿Cómo estás? *How are you? (familiar)* P, 2

¡Cómo no! *Of course!* 9

¿Cómo se dice... en español? *How do you say ... in Spanish?* P

¿Cómo se llama usted? *What's your name? (formal)* P

como si *as if, as though* 15

¿Cómo te llamas? *What's your name? (familiar)* P

¿Cómo te va? *How is it going?* 1

cómoda *dresser* 5

cómodo/a *comfortable* 9

el/la compañero/a *partner, classmate* 1, 2; **de cuarto** *roommate* 2

la compañía (de danza, de teatro) *(dance, theater) company* 13

la compañía/la empresa *company* 9

la comparsa *group dressed in similar costumes* 8

compartir *to share* 4

el comportamiento *behavior* 9

comprar *to buy* 1, 6

las compras *shopping* 6

¿Comprenden?/¿Comprendes? *Do you understand?* P

comprender *to understand* 1, 10

el compromiso *engagement* 8

el/la computador/a *computer* 1

la computadora portátil *laptop* **P**
la comunicación *communication* **3**
comunicarse con *to reach out to* 14
con *with* **1**
con cariño *affectionately* 4
con ellos/ellas *with them* 7
con mucho cariño *with much love* 4
Con mucho gusto. *With pleasure./ Gladly.* 1
con permiso *pardon me, excuse me* **P**
con qué frecuencia *how often* 1
con quien *with whom* 12
con tal (de) que *provided that* 14
el concejo municipal *city council* 14
la concha *shell* 8
concordar (ue) *to agree* 14
el concurso *contest* 5
el condimento *seasoning* 10
conectarse *to connect* 15
conectarse a *to connect to* 4
confiable *trustworthy* 13
la confianza *trust* 14
congelar(se) *to freeze* 7
conmigo *with me* **7,** 7
conocer (zc) *to know* 3, 13
conocer(se) (zc) *to meet; to know (each other)* 13
el conocimiento *knowledge* 15
el/la consejero/a *adviser* 1
el consejo *advice* 5
el consenso *consensus* 12
la conservación *preservation* 15
la consola de videojuegos *games console* 5
construir (y) *to develop* 7, *to build* 15
el consultorio *office (of doctor, dentist, etc.)* 9
consumir *consume* 10
el/la contador/a, el/la contable *accountant* **9,** 9
contar (ue) *to count* 3, 6; *to tell* 15
contento/a *happy, glad* **2**
contestar *to answer* 4
Contesten, por favor./Contesta, por favor. *Please answer.* P
contigo *with you (familiar)* **7,** 7
continuar *to continue* 15
contraer *to contract* 11
contrario/a *opposing* 7
el/la contratista *contractor* 9
contribuir (y) *to contribute* 15
controlar *to control* 7, **8**
conversador/a *talkative* 2
conversar *to talk, to converse* 1
la copa *(stemmed) glass* 10
el corazón *heart* 11
la corbata *tie* 6
el cordero *lamb* 10

correr *to run* 1
la correspondencia *mail* 9
la corrida (de toros) *bullfight* 8, 2
la corriente *current* 12
cortar *to cut; to mow (lawn)* 5
la cortesía *courtesy* P
la cortina *curtain* 5
corto/a *short (in length)* **2,** 2
la cosa *thing* **6**
cosechar *to harvest* 9
costar (ue) *to cost* **4,** 13
costarricense *Costa Rican* **2**
la costilla *rib* 10
la costumbre *custom* **8**
la costurera *seamstress* 13
cotidiano/a *everyday* 13
crear *to create* 15
crecer (zc) *to grow* 5
creer (y) *to believe* 5, 7
la crema *cream* 10
el crucero *cruise* 12
el cuaderno *notebook* **P**
cuadra *city block* **12**
el cuadro *picture, painting* 5
¿Cuál es la fecha? *What is the date today?* **P**
¿cuál(es)? *which?* **1**
cuando *when* 14
¿cuándo? *when?* **1**
¿Cuántas clases tienes? *How many classes do you have?* **1**
¿cuánto/a? *how much?* **1**
¿Cuánto cuesta? *How much is it?* 1
¿Cuánto tiempo hace que...? *How long has it been since...?* 4
¿cuántos/as? *how many?* **1**
Cuaresma *Lent* 4
cuarto/a *fourth* **5**
el cuarto *room; bedroom* 2, **5**
cubano/a *Cuban* **2**
cubierto *overcast (sky)* 7
cubista *cubist* 13
cubrir *to cover* 10
la cuchara *spoon* 10
la cucharada *spoonful* 10
la cucharita *teaspoon* 10
el cuchillo *knife* 10
el cuello *neck* 6, **11**
la cuenca *(river) basin* 15
la cuenta *bead* 8
el cuento *story* 13
el cuero *leather* 6
el cuerpo *body* 6
cuidar(se) (de) *to take care of* 11
cultivar *to grow, cultivate* 9
el cumpleaños *birthday* 3
cumplir *to fulfill* 7
cumplir (requisitos) *meet (requirements)* 9

curar *to cure* 11
el currículum *résumé* 9
el cuy *guinea pig* 10

D

dañino/a *harmful* 10
dar *to give, to hand* **6,** 6, 10
dar de comer *to feed* 9
dar órdenes *to order around* 5
dar una vuelta *to take a walk* 8
darse cuenta *to realize* 14
los datos *data* 14
de *of, from* **2**
de acuerdo con *according to* 4
de color entero *solid* 6
de cuadros *plaid* 6
de estatura mediana *average, medium height* **2**
de ida y vuelta *round trip* 12
de la mañana *A.M. (from midnight to noon)* **P**
de la noche *P.M. (from nightfall to midnight)* **P**
de la tarde *P.M. (from noon to nightfall)* **P**
de lunares *dots* 6
de moda *stylish* 6
de nada *you're welcome* **P**
de ninguna manera *absolutely not* 2
¿de quién? *whose?* **2**
de rayas *stripes* 6
debajo (de) *under* **P**
deber *should* **1**
debido a *due to* 15
débil *weak* **2**
décimo/a *tenth* **5**
decir (g, i) *to say, to tell* **4,** 6, 7, 10, 11, 15
el décuplo *tenfold* 15
dedicar *to dedicate* **4**
el dedo *finger* 11
defender (ie) *to defend* 14
la deforestación *deforestation* 15
dejar *to leave* 9
del *of the (contraction of de + el)* 1, **2**
delgado/a *thin* **2**
la democracia *democracy* 14
denunciar *to denounce* 13
el departamento *apartment* 5
el dependiente/la dependienta *salesperson* 1
el deporte *sport* 1, 4
el/la deportista *sportsman, sportswoman* 7
la derecha *right* 4
derecho *law* 1
el derecho *right* 14

el garaje *garaje* **5**
los garbanzos *garbanzo beans* **10**
la garganta *throat* **11**
la garra *claw* **14**
gastar *to spend* **6,** 13
gemelo/a *twin* **4**
generalmente *generally* **8**
genéticamente *genetically* **15**
la gente *people* **8**
la geografía *geography* **1**
el/la gerente (de ventas) *(sales)
    manager* **9**
el gimnasio *gymnasium* **1**
el gitano *gypsy* 13
gobernante *ruler* 8
gobernar (ie) *to govern* **14**
el gobierno *government* **11**
el gol *goal* **7**
el golf *golf* **7**
gordo/a *fat* **2**
la gorra *cap* **6**
grabar *to record* 13
gracias *thanks* **P**
¡Gracias a Dios! *Thank
    goodness!* 15
graduarse *to graduate* 14
grande *big* **1**
grave *serious* **11;** *seriously ill* **6**
la gripe *flu* **11**
gris *gray* **2**
la guagua *bus* 12
el guajolote *turkey* 10
el guante *glove* **6**
la guantera *glove compartment* **12**
guapo/a *good-looking,
    handsome* **2**
guardar silencio *to keep silent* 14
guatemalteco/a *Guatemalan* **2**
la guía *guide* **6**
la guitarra *guitar* **3**
el/la guitarrista *guitar player* 13
gustar *to like* **2;** *to be pleasing to, to
    like* **6,** 11

H

haber consenso *to agree* 12
la habitación *bedroom* **5**
la habitación doble/sencilla *double/
    single room* **12**
el/la habitante *inhabitant* **14**
hablar *to speak* **1,** 9, 10
Hablen (sobre...) *Talk (about . . .)* **P**
hace *ago* 7
Hace (+ expresión de tiempo) que...
    It's been (time expression) since... **4**
Hace buen/mal tiempo. *The weather
    is good.* **P,** 7
hace fresco *it's cool* **7**

Hace sol. *It's sunny.* **P**
hace un día/mes/año (que) *it has been
    a day/month/year since* **6**
hace viento *it's windy* **7**
hacer (g) *to do* 1, **3,** 7, 9, 10, 15
hacer cola *to stand in line* **12**
hacer la cama *to make the bed* **3**
hacer malabarismo *to juggle* 9
hacer parapente *to go paragliding* **7**
hacer surf *to surf* **7**
hacerse *to become* 14
hacerse daño *to hurt oneself* 8
la hamburguesa *hamburger* **3**
la harina *flour* **10**
hasta *even* 7; *including* 13
hasta luego *see you later* **P**
hasta mañana *see you
    tomorrow* **P**
hasta pronto *see you soon* **P**
hasta que *until* 14
hay *there is, there are* **P**
el hecho *fact* **6**
la heladera *refrigerator* **5**
el helado *ice cream* **3**
la herida *wound* 11
la hermana *sister* **4,** 1
el hermano *brother* **4**
hervir (ie, i) *to boil* **10**
el hielo *ice* **7**
las hierbas *herbs* **10**
el hierro *iron* 9
la hija *daughter* **4**
el hijo *son* **4**
el hijo único/la hija única *only
    child* 4
el/la hincha *fan* **7**
hinchado/a *swollen* 11
la hinchazón *swelling* 11
hispano/a *Hispanic* **2**
la historia *history* **1**
el hockey sobre hierba *field
    hockey* **7**
hoja *leaf* **5**
hola *hi, hello* P
el hombre *man* **3**
**el hombre/la mujer de
    negocios** *businessman/woman* **9**
el hombro *shoulder* **11**
el homenaje *homage* 8
hondureño/a *Honduran* **2**
la honestidad *honesty* 14
el hospital *hospital* **11**
hoy *today* **P**
hoy en día *nowadays* 8
Hoy es (día de la semana). *Today is
    (day of the week.)* **P**
el hueso *bone* 8, **11**
el huevo *egg* **3**
las humanidades *humanities* **1**

I

la iglesia *church* 8
la igualdad *equality* 14
Igualmente. *Likewise.* **P**
el impermeable *raincoat* **6**
la impresora *printer* 5
el incendio *fire* 9
independizarse *to become
    independent* 5
la industria textil *textile industry* **9**
la infancia *childhood* 7
infantil *children's* **14**
la infección *infection* **11**
influir (y) *to influence* 3, 13
la información de fondo *background
    information* 8
la informática/la computación
    computer science **1,** 1
el informe *report* 9
la infraestructura *infrastructure* 15
el/la ingeniero/a *engineer* **9**
la inmigración *immigration* **14,** 14
el/la inmigrante *immigrant* **14**
la inmundicia *filth* 14
el inodoro *toilet* **5**
inolvidable *unforgettable* 13
el/la inspector/a de aduana *customs
    agent* 12
el intercambio *exchange* 15
interesante *interesting* **1**
interesar *to interest* **6,** 6
el/la intérprete *interpreter
    9; performer, artist* 13
interrumpir *to interrupt* 15
la inundación *flood* 15
invertir (ie) *to invest* 15
el invierno *Winter* **6, 7**
la invitación *invitation* 8
invitar *to invite* 8
la inyección *injection* **11**
ir *to go* **3,** 6, 11
ir bien con... *to go well with* 6
ir de bowling *to bowl* 7
ir de compras *to shop* 3, *to go
    shopping* **6**
ir de tapas *to go out for tapas* 1
ir(se) *to go away, to leave* **7,** 7, 11
irse la luz *to be a blackout* 8
la izquierda *left* 4

J

el jabón *soap* 5
jamás *never, (not ever)* 12
el jamón *ham* **3**
japonés/japonesa *Japanese* **2**
el jardín *garden* 5
el/la jefe/a *boss* 9

joven *young* **2**

el/la joven *young man/woman 3*

la joya jewel 4; *piece of jewelry* **6**

jubilarse *to retire* 14

el juego/el partido *game* **7**

jueves *Thursday* **P**

el/la juez *judge* **9**

el/la jugador/a *player* **7**

jugar (ue) *to play (a game, sport)* **4**

jugar (ue) a los bolos/(al) boliche *to bowl* 4, **7,** 7

el jugo *juice 3*

el juguete *toy* **6**

julio *July* P

junio *June* P

juntos/as *together 4*

L

el labio *lip* **11**

lácteo/a *dairy (product)* **10**

el/la ladrón/a *thief 8*

el lago *lake* **7**

lamentar *to be sorry* 11

la lámpara *lamp* **5**

la langosta *lobster* **10**

lanzar *to throw* 7

el lápiz *pencil* **P**

largo/a *long* **2**

la lástima *shame 11*

el lavabo *bathroom sink* **5**

la lavadora *washer* 5

la lavandería *laundry room* **5**

el lavaplatos *dishwasher* 4, **5**

lavar(se) *to wash (oneself)* **4**

le gusta(n) *you (formal) like* **2**

la leche *milk 3*

la leche de coco *coconut milk* **10**

la lechuga *lettuce 3*

Lee. *Read.* P

leer *to read* 1, **7,** 10

las legumbres *legumes* 10

lejos (de) *far (from)* 4, **5**

las lentejas *lentils* **10**

lentes de contacto *contact lenses* 2

Levanta la mano. *Raise your hand.* **P**

levantar pesas *to lift weights* **7**

levantar(se) *to raise; to get up* 4, **7**

levantarse con el pie izquierdo *to get up on the wrong side of the bed* 7

la libertad *freedom* 14; **de expresión** *freedom of expression* 14

la librería *bookstore* **1**

el libro *book* **P**

la licencia de conducir *driver's license* 12

el limón *lemon* **10**

el limpiaparabrisas *windshield wiper* 12

limpiar *to clean* 5, 11; **en seco** *to dry clean* 14

limpio/a *clean* 5

listo/a *smart; ready* **2;** *clever* 6

la literatura *literature* **1**

el litio *lithium* 13

llamarse *to be called* **4,** 8

la llanta *tire* **12**

la llave *key* 12

la llegada *arrival* 12

llegar *to arrive* 1, 6

llenar *to fill (out)* 9

lleno/a *full* 12

llevar *to take* 4; *to wear, to take* 6

llorar *to cry 8*

llover (ue) *to rain* 7

Llueve./Está lloviendo. *It's raining.* P

la lluvia *rain* 7

lo importante *the important thing* 9

lo mismo *the same* 5

lo siento *I'm sorry (to hear that)* P

el/la locutor/a *radio announcer* 9

lograr *to accomplish* 7; *to achieve* 12

los/las *the (plural)* **1**

las luces intermitentes *flashers/ hazard lights* 12

la lucha *fight* 14

luchar *to fight* 14

luego *after, later 3*

luego *then* 4, 5, 6

el lugar *place* **1**

el lujo *luxury* 12

luna de miel *honeymoon 4*

lunes *Monday* P

la luz (las luces) *light(s)* 12

M

machacar *to crush* 10

la madera *wood* 9

la madrastra *stepmother* 4

la madre *mother* 4

la madrina *godmother* 4

magnífico/a *great* 6

el maíz *corn* 10

mal *bad* P

la maleta *suitcase* 6, 12

el maletero/el baúl *trunk* 12

el maletín *briefcase* 12

malo/a *bad* 1; *ill* 6

la malva *mallow* 11

la mamá *mom* 4

la mami/mamita *mommy 4*

mandar *to send* **9**

mandar saludos *to say hello* 5

manejar *to drive* 12

la mano *hand* 6, 11

la manta *blanket* 5

la manteca/la mantequilla *butter* 10

el mantel *tablecloth* 10

mantener (g, ie) *to maintain* **8**

mantenerse *to stay* 14

mantenerse en contacto *to stay in touch* 13

mantenerse en forma *to keep in shape* 11

la manzana *apple* 10

manzanilla *chamomile* 11

mañana (adv.) *tomorrow* P; 3

la mañana *morning* P

el mapa *map* 1

maquillar(se) *to put makeup on (someone); to put makeup on (oneself)* 4

el mar *sea 3*

el maracuyá *passion fruit* 10

maravilloso/a *marvelous* 8

la marca *brandname* 6; *brand* 7

el marcador *scoreboard* 5

el marcador/el rotulador *marker* **P;** *highlighter* 10

la margarina *margarine* 10

el marido *husband* 4

los mariscos *shellfish* 3, **10**

marrón *brown* 2

marroquí *Moroccan* 2

martes *Tuesday* P

marzo *March* P

más (+ adj.) *most (+ adj.)* 1

Más alto, por favor. *Louder, please.* P

más de *more than* 8

Más despacio/lento, por favor. *More slowly, please.* P

más o menos *about, more or less* P

más tarde *later* 3, 4, 5, 6

el/la más... *the most...* 8

más... que *more...than* 8

matar *to kill 8*

la materia *subject* 1

el material *material* 6

el matrimonio *marriage 4*

mayo *May* P

la mayonesa *mayonnaise* 10

mayor *old 2*

mayor que *older than* 8

el/la mayor *the oldest* **4**

la mayoría *majority* 14

me gusta(n) *I like 2*

Me gustaría... *I would like . . .* 3, **6**

Me llamo... *My name is...* P

el médano *sand dune* 7

la media hermana *half-sister* 4

las medias *stockings, socks* 6, **6**

la medicina *medicine* 1, **11**

el/la médico/a *medical doctor* 9

el/la médico/a de cabecera/de familia *doctor (primary care)* 11

el medio ambiente *environment* 11

el medio hermano *half-brother* 4

la mejilla *cheek* **11**

el/la mejor *the best* 8

mejor que *better than* **4**, 8

mejorar *to improve* **14**

el melocotón *peach* 10

la melodía *melody* **8**

el melón *melon* **10**

el/la menor *the youngest* **4**

menos... que *less...than* 8

el mensaje *message* **15**

el mercado *market* 6

la merienda *snack* 12

el mes *month* **P**

la mesa *table* **P**

meter *to insert* 15

meter un gol *to score a goal* **7**

el metro *subway* 12

el metro cuadrado *square meter* **4**

mexicano/a *Mexican* **2**

mi amor *(term of endearment)* **3**

mi vida *(term of endearment)* **3**

mi(s) *mine* **2**

mi(s) *my* **P**

el micro *bus* 12

la microcirugía *microsurgery* **15**

el (horno de) microondas *microwave (oven)* **5**

mientras *while* **3**, **8**, 14

miércoles *Wednesday* **P**

la migración *migration* **14**

mil *thousand* 3

millón *million* 3

la minoría *minority* **14**

el minuto *minute* P

mirar *to look (at)* **1**

mismo/a *same* **2**

mitad *half* **2**

el móvil *mobile* **15**

la mochila *backpack* **P**

mojado/a *wet* **7**

módico/a *moderate* 12

moler (ue) *to grind* 10

molestar(le) *to bother, be bothered by* **11**

montar (en bicicleta) *to ride (a bicycle)* **1**

morado/a *purple* **2**

moreno/a *brunette; of African ancestry; of dark skin or hair color* **2**

morir (ue) *to die* 6, 7, 10, 13

la mortalidad *mortality* **14**

la mostaza *mustard* 10

el mostrador *counter* 12

mostrar (ue) *to show* **6**

el motor *motor* 12

mover(se) *to move* 7

el móvil *cell phone* 15

muchas veces *many times* **1**

mucho *(adv.) much, a lot* **2**

mucho/a *(adj.) many* **2**

Mucho gusto. *Nice to meet you.* **P**

mudar(se) *to move* 5

los muebles *furniture* 5

muerto/a *dead* **8**, *deceased* 6

la mujer *woman* **3;** *wife* 4

la multa *fine* 12, 15

la muñeca *wrist* **11**

el mural *mural* **13**

el/la muralista *muralist* **13**

el músculo *muscle* **11**

la música *music* **3**

muy *very* **P,** 2

N

nacer *to be born* 8

la nacionalidad *nationality* **2**

nada *nothing* 12

nadar *to swim* **3**, 7

nadie *no one, nobody* 12

la [la naranja] **naranja** *orange* **3;** (color) *orange* 2

la nariz *nose* 6, **11**

la natación *swimming* **7**

natal *native* 10

la naturaleza *nature* **7, 15**

la Navidad *Christmas* **8**

necesario/a *necessary* 11

necesitar *to need* **1,** 13

negro/a *black* **2;** *of African ancestry; of dark skin or hair color* **2**

el nervio *nerve* **11**

nervioso/a *nervous* **2**

nevar (ie) *to snow* **7**

la nevera *refrigerator* 5

ni... ni *neither . . . nor* 12

nicaragüense *Nicaraguan* **2**

la nieta *granddaughter* **4**

el nieto *grandson* **4**

la nieve *snow* **7**

nigeriano/a *Nigerian* **2**

el niño/la niña *child* **4**

nivel *level* **14**

¿no? *isn't it?* 1

No comprendo. *I don't understand.* **P**

no obstante *however* 11

No sé. *I don't know.* **P**

la Nochebuena *Christmas Eve* **8**

la Nochevieja *New Year's Eve* **8**

nominar *to nominate* 13

norteamericano/a *North American* **1**

nosotros/as *we* **1**

la noticia *news* 4

las noticias *news* 2

la novela *novel* 13

el/la novelista *novelist* 13

la novia *fiancée; girlfriend* **4,** 2

---

noviembre *November* **P**

el novio *fiancé; boyfriend* **2,** 4

nuestro(s), nuestra(s) *our* **2**

nuevo/a *new* **2**

el número *size (shoes)* **6**

nunca *never* 1 *(not ever)* 12

O

o... o *either . . . or* 12

la obra *work* 13

el/la obrero/a *worker* 9

octavo/a *eighth* **5**

octubre *October* **P**

ocupado/a *busy* **4**

ocurrir *to occur* 10

odiar *to hate* **8**

la odontología *dentistry* 11

la oficina *office* **1**

ofrecer (zc) *to offer* **9**

el oído *(inner) ear* **11**

Oiga, por favor. *Listen, please.* 1

¡Oigo! *Hello? (on the telephone)* 3

oír *to listen to* 3, **7**

ojalá que... *I/we hope that . . .* 11

el ojo *eye* **2**

la ola *wave* 7

olvidar *to forget* 10, 15

el ómnibus *bus* 12

ordenado/a *tidy* 5

el ordenador *computer* 1

ordenar *to tidy up* 5

la oreja *(outer) ear* 6, **11**

el oro *gold* 6

la orquesta *orchestra* 8

oscuro/a *dark* 2

el otoño *fall* 6, **7**

Otra vez. *Again.* P

otro/a *other, another* 3

la oveja *sheep* 10

el OVNI *UFO* 15

¡Oye! *Hey!* 1

P

el/la paciente *patient* 11

el padrastro *stepfather* **4**

el padre *father* **4**

los padres *parents* 2, **4**

el padrino *godfather* 4

pagar *to pay (for)* 6

el país *country, nation* 1, **3**

el paisaje *landscape* 13

la paiteña *a type of onion* 10

la palabra *word* **P**

las palomitas de maíz *popcorn* 10

los palos *golf clubs* **7**

la palta *avocado* 10

el pan dulce *bun, small cake* 10

el pan tostado/la tostada *toast* 3

panameño/a *Panamanian* **2**

la pantalla *earring* **6**; *screen* **P**

los pantalones *pants;* **cortos** *shorts* **6**

las pantimedias *pantyhose* **6**

el pañuelo *handkerchief* **6**

el papá *dad* **4**

la papa *potato* **3**

las papas fritas *French fries* **3**

la papaya *papaya* **10**

el papi/papito *daddy* **4**

para *in order (to); towards* 3; *for, to* 3, **1**

para mí *for me* **7**

para que *so that* **14**

¿para qué? *why?/what for?* **1**

para ti *for you (familiar)* **7**

el parabrisas *windshield* **12**

el paraguas *umbrella* **6**

paraguayo/a *Paraguayan* **2**

la parchita *passion fruit* **10**

pardo/a *brown* **2**

parecer (zc) *to seem* **6**; *to think* **14**

parecido *similar* **1**

la pareja *couple* **4**

el parentesco *kinship* **4**

el pariente *relative* **4**

el parque de atracciones *amusement park* 3

participar *to participate* **1**

pasado mañana *the day after tomorrow* 3

el/la pasajero/a *passenger* **12**

el pasaporte *passport* **12**

pasar *to spend (time)* **4**; *to happen* 13

pasar (muy) bien/pasarlo bien *to have a good time* 3, **8**

pasar la aspiradora *to vacuum* **5**

la Pascua *Easter* **8**

Pase(n). *Come in.* 5

pasear *to take a walk, to stroll* **4**

el pasillo *corridor, hall* **5**

el paso *step* 5

la pasta de dientes *toothpaste* **10**

el pastel *cake* 5; *pastry* **10**

la pastilla *pill* **11**; *medication* 11

la pata *foot, leg (in animals and furniture)* 2

patinar *to skate* **7**

patriótico/a *patriotic* **8**

patrocinar *to sponsor* 12

el pavo *turkey* **10**

el pecho *chest* **11**

la pechuga de pollo *chicken breast* 10

pedir (i) *to ask for; to order* **4**, 7; *to request* 15

pedir la palabra *to request the floor* 15

peinar(se) *to comb (someone's hair); to comb (one's hair)* 4

pelar *to peel* 10

pelear *to argue* 4

la película *movie, film* 2, **3**

el peligro *danger* 8

pelirrojo/a *redhead* **2**

el pelo *hair* 2

la peluquería *beauty salon, barbershop* 9

el/la peluquero/a *hairdresser* **9**

el penalti *penalty (in sports)* **7**

el pendiente *earring* 6

pensar (en) (ie) *to think (about)* 3, **4**, 6, 11

pensar (ie) + *infinitive* *to plan to +* verb **4**

el pepino *cucumber* **10**

pequeño/a *small* **1**

la pera *pear* **10**

percibido/a *noticed* 13

perder (ie) *to lose* 7, 15

perderse *to miss out on* 8; *to get lost* **12**

la pérdida *loss* **15**

perdón *pardon me, excuse me* **P**

¿Perdón? *What?* 1

el/la peregrino/a *pilgrim, traveller* **8**

el perejil *parsley* 10

el perezoso (Zool.) *sloth* 12

perezoso/a *lazy* 2, **4**

perfecto/a *perfect* 10

el periódico *newspaper* 3, **1**

el/la periodista *journalist* **9**

permitir *to allow* 5, 11

pero *but* 1

el/la perro/a *dog* 5

la persona *person* **P**

el personaje principal *main character* 13

las personas *people* **P**

las pertenencias *things you own* 2

peruano/a *Peruvian* **2**

la pesa *weight* 10

la pesadilla *nightmare* 12

el pescado *fish* 3, **10**

la pestaña *eyelash* 11

el petróleo *petroleum* 9

picado/a *chopped* 10

picante *spicy* 8

picar *to chop* 10

el pico *peak* 14

el pie *foot* 2, 6, **11**

la piel *skin* 11

la pierna *leg* 6, **11**, 12

el pijama *pajamas* 6

la píldora anticonceptiva *birth control pill* 15

la pileta *pool* 7

la pimienta *pepper* 10; *ground pepper* 10; **roja** *cayenne* 10

el pimiento *pepper (vegetable);* **rojo** *red bell pepper* 10 ; **verde** *green pepper* **10**

pintar *to paint* 13

el/la pintor/a *painter* 13

la pintura *painting* 13

la piña *pineapple* 10

piscina *swimming pool* **5**, 7

el piso *floor* **4, 5;** *apartment* 5

la pista *slope; court; track* 7

pitar *to whistle* 7

el/la piyama *pajamas* 6

la pizarra *chalkboard* **P**

la placa *license plate* 12

planchar *to iron* 5

el planeta *planet* 15

la planta baja *first floor, ground floor* 5; *lobby* 4

la plata *silver* 6

el plátano/la banana *banana, plantain* 10

el plato *plate* 5, *dish* 5, 10

la playa *beach* 1

la plaza *plaza, square* 1

el/la plomero/a *plumber* 9

la población *population* 14

pobre *poor* 2

la pobreza *poverty* 14

poco después *shortly after* 4

poder (ue) *to be able to, can* **4**, 7, 9, 10, 15

el poema *poem* 13

la poesía *poetry* 13

el/la poeta *poet* 13

polaco/a *Polish* 2

polémico/a *controversial* 7

el/la policía *policeman/woman* 9

políglota *polyglot, multilingual* 14

la pollera *skirt* 6

el pollo *chicken* 3

poner (g) *to put* 4, 10, 15

poner (la tele) (g) *to turn on (the TV)* **3**

poner la mesa (g) *to set the table* 3

poner una película *to show a movie* 3

ponerse (g) la ropa *to put one's clothes on* 4

popularizar (c) *to popularize* 13

por *along* 3; *for* 2, 3; *per* 1; *through* 3

por ciento *percent* 3

por cierto *by the way* 9

por ejemplo *for example* 3

por eso *for this reason* 3

por favor *please* **P**

por fin *at last* 3; *finally* 15

por lo menos *at least* 3, 5

Por otro lado... *On the other hand . . .* 4, 11

por primera vez *for the first time* 3

por qué *why* 3

¿por qué? *why?* 1

por supuesto *of course* 1, 3

por último *finally* 4
Por un lado... *On the one hand . . .* 4, 11
el porcentaje *percentage* 14
porque *because* 1, 3
portugués/portuguesa *Portuguese* 2
la posición *position* P
practicar *to practice* 1
preceder *to precede* 14
el precio *price* 6
precioso/a *beautiful* 6
preferir (ie) *to prefer* 4, 7, 11
el premio *award, prize* 13
prendas de vestir *articles of clothing* 6
preocupar(se) *to be worried* 11
preparar *to train* 7; *to prepare* 8, 11
el preparativo *preparation* 8
la presentación *introduction* P
Presente. *Here (present).* P
el/la presidente/a *president* 14
prestar *to lend* 6, 13
el presupuesto *budget* 10
la primavera *spring* 6, 7
el primer piso *second floor* 4
la primera clase *first class* 12
la primera planta *second floor* 4
primer/primero/a *first* 4, 5, 6
el primo/la prima *cousin* 4
probar (ue) *to try, to taste* 10
probarse (ue) *to try on* 6
la procesión *procession* 8
producir *produce* 15
el/la profesor/a *professor, teacher* P, 2, 4
el promedio *average* 8, 14
prometedor/a *promising* 13
promover *to promote* 15
el pronóstico del tiempo *weather forecast* 7
propio/a *own* 9
proponer (g) *to propose* 14
el propósito *purpose* 4
protestar *to protest* 14
la próxima semana *next week* 3
la proximidad *proximity* 14
próximo/a *next* 5
el próximo mes/año *next month/year* 3
la psicología *psychology* 1
el/la (p)sicólogo/a *psychologist* 9
el pueblo *village* 5
el puerco *pork* 10
la puerta *door* P; **de salida** *departure gate* 12
puertorriqueño/a *Puerto Rican* 2
el puesto *position* 9
el pulmón *lung* 11
la pulsera *bracelet* 6
el punto de vista *point of view* 11

Q

¿qué? *what?* Pr, 1
¡Qué aburrido! *How boring!* 1, 3
¡Qué bien! *How nice!* 3
¡Qué casualidad! *What a coincidence!* 1
¿Qué día es hoy? *What day is today?* P
¡Qué divertido! *How funny!* 1, 3
¿Qué fecha es hoy? *What date is today?* P
¿Qué hay? *Hello? (on the telephone)* 3
¿Qué hora es? *What time is it?* P
¡Qué increíble! *That's unbelievable!* 1
¡Qué interesante! *That's so interesting!* 1, 3, 8
¡Qué lástima! *What a pity!* 1
¡Qué lata! *What a nuisance!* 3
¡Qué maravilla! *How wonderful!* 3
¡Qué suerte! *How lucky!* 3
¿Qué tal? *What's up? What's new? (familiar)* P, 2
¿qué te parece? *what do you think?* 3
¿Qué te/le(s) pasa? *What's wrong (with you/them)?* 11
¿Qué tiempo hace? *What's the weather like?* P
quedar *to be left over; to fit;* 6; *to leave something behind* 15;
quedar(se) *to stay* 11, 14
quejarse *to complain* 5, 7
querer (ie) *to want* 3, 4, 7, 9, 11; *to wish* 3, 11; *to love* 8
querido/a *dear* 3
el queso *cheese* 3; **crema** *cream cheese* 10
¿Quién es...? *Who is . . . ?* P
¿quién(es)? *who?* 1
la quinceañera *celebration for a girl's 15th birthday* 4
quinto/a *fifth* 5
Quisiera... *I would like . . .* 3, 6
quitar(se) *to take away; to take off* 4

R

el radiador *radiator* 12
el/la radio *radio* 5
rápido/a *fast* 3
la raqueta *racquet* 7
el rasgo *trait* 14
la razón *reason* 4
realizar (c) *to carry out* 14
realmente *actually* 9
la rebaja *sale* 6
rebajado/a *marked down* 6

la rebanada *slice* 10
la recepción *front desk* 12
la receta *recipe* 10; *prescription* 11
recetar *to prescribe* 11
reciclado/a *recycled* 15
reclamar *to demand* 14
recoger (j) *to pick up* 3, 5
recomendar (ie) *to recommend* 10, 11
el reconocimiento *recognition* 7
recopilar *to compile* 14
recordar (ue) *to remember* 2, 4, 8
recorrer *to travel, to cover (distance)* 7, 12
el recuerdo *memory* 13
los recuerdos *souvenirs* 6
los recursos *resources* 15
la red *net* 7
las redes sociales *social networks* 3
reducir *to reduce* 11
reflejar *to reflect* 5, 13
el refrán *proverb* 12
el refresco *soda, soft drink* 3
el refrigerador *refrigerator* 5
regalar *to give (a present)* 6
el regalo *gift* 3, present 6
regar (ie) *to water* 5
regatear *to haggle* 6
el régimen *regime* 14
regular *fair* P
reír (i) *to laugh* 7
rellenar *fill out* 1
relleno/a *filled* 10
el reloj *clock* P
el remedio *remedy, medicine* 11
remunerado/a *paid* 9
el renacimiento *rebirth* 8
el rendimiento *performance* 9
reparar *to fix* 5
repetir (i) *to repeat* 4, 7
Repite./Repitan. *Repeat.* P
repoblar *to reforest* 15
el repollo *cabbage* 6
la reserva natural *nature preserve* 15
reservar *to make a reservation* 12
respetar(se) *to respect (each other)* 13
respirar *to breathe* 11
responder *to respond* 1, 9
el reto *challenge* 15
retratar *to portray* 13
la reunión *meeting, gathering* 3
la revista *magazine* 3
la revista del corazón *gossip magazine* 13
rico/a *rich, wealthy* 2; *delicious (food)* 6
el riel *rail* 15
el robot *robot* 15
rociar *to spray, to sprinkle* 8
rodear *to surround* 13

la rodilla *knee* **11**
rojo/a *red* **2**
romper *to break* 10; *to tear* 15
la ropa *clothes* **6**
la ropa interior *underwear* **6**
rosado/a, rosa *pink* **2**
rubio/a *blond* **2**
la rueda *wheel* **12**
el ruido *noise* 8
las ruinas *ruins* 5

S

sábado *Saturday* P
la sábana *sheet* 5
saber *to know* 3, 9
el sacacorchos *corkscrew* 10
sacar buenas/malas notas *to get good/bad grades* 1
sacar *to take out* 5, 6
el saco *blazer, jacket* *6*
la sal *salt* 10
la sala *living room* 5; **de espera** *waiting room* 12
la salida *departure* 12
la salida de emergencia *emergency exit* 12
salir *to go out* 3; *to leave* 12
el salón de clase *classroom* P
la salsa con queso *nacho cheese sauce* 10
la salsa de tomate *tomato sauce* 10
saludable *healthful* 2, 10
saludar *to greet* 13
el saludo *greeting* P
salvadoreño/a *Salvadoran* 2
el sanatorio *hospital* 11
las sandalias *sandals* 6
el sándwich *sandwich* 3
la sangre *blood* 11
el satélite *satellite* 15
el saúco *elder* 11
Se me congeló la pantalla. *The screen froze up on me.* 15
Se me fue el alma a los pies. *My heart sank.* 15
Se me fue la lengua. *I gave myself away.* 15
Se me puso la piel de gallina. *I got goosebumps.* 15
la secadora *dryer* 5
secar(se) *to dry (oneself)* **4,** 5
seco/a *dry* 5
seguir (i) *to follow, to go on* **4,** 7, 11
seguir (i) derecho *to go straight* 12
según *according to* 4, 5; *as* 14
segundo/a *second* 5
la seguridad *security* 8
la semana *week* P

la semana pasada *last week* 6
la semilla *seed* 8
sentarse (ie) *to sit down* 4
el sentimiento *feeling* 3
sentir (ie, i) *to feel* 11; *to be sorry* 11
sentir(se) (ie) *to feel* 4, 7
la señal *signal* 9
el señor (Sr.) *Mr.* P
la señora (Sra.) *Ms., Mrs.* P
la señorita (Srta.) *Ms, Miss* P
septiembre *September* P
séptimo/a *seventh* 5
ser *to be* **P, 2,** 6, 8, 10, 11, 12, 13, 15
ser aburrido/a *to be boring* 2
ser listo/a *to be clever, smart* 2
ser malo/a *to be bad/evil* 2
ser verde *to be green* 2
serio/a *serious* 11
la servilleta *napkin* 10
servir (i) *to serve* **4,** 7
sexto/a *sixth* 5
si *if* 3
sí *yes* P
siempre *always* **1, 8,** 12
Siga(n). *Come in.* 5
siguiente *following* 12
la silla *chair* **P, 5**
silvestre *wild* 10
el símbolo *symbol* 13
simpático/a *nice, charming* 2
sin embargo *nevertheless* **1, 9,** 6, 11
sin fines de lucro *non-profit* 7
sin nosotros/as *without us* 7
sin que *without* 14
sino que *but rather* 1
el síntoma *symptom* 11
sobre *on, above* P
el sobrenombre *nickname* 5
sobrevivir *to survive* 9
la sobrina *niece* 4
el sobrino *nephew* 4
la sociología *sociology* 1
el sofá *sofa* 5
solicitar *to apply (for)* 9
la solicitud *application* 9
solo *only* **1,** 2
soltero/a *single* 2; *unmarried* 5
el sombrero *hat* 6
la sopa *soup* 3
la sorpresa *surprise* 4
el sostén *bra* 6
el sótano *basement* 5
soy *I am* P
su(s) *your (formal), his, her, its, their* 2
suave *soft* 8
subir *upload* 9
subir a *to get into* 15
subir de peso *to gain weight* 3
subrayar *to underline* 15

sucio/a *dirty* 5
la sucursal *branch (business)* 14
la sudadera *sweatshirt; jogging suit* 6
el sueldo *salary, wage* 9
el suéter *sweater* 6
sugerir (ie) *to suggest* 11
el supermercado *supermarket* 6
surgir (j) *to emerge* 13
surrealista *surrealist* 13
sustentar *to support* 12

T

la tableta *tablet* **P, 15**
la tala *felling* 15
la talla *size (clothes)* 6
los tallarines *spaghetti* 3
el taller *workshop* 9
los tamales *tamales* 3
el tamaño *size* 6
también *also* 1; *also, too* 12
tampoco *neither, not* 12
tan bien como *as well as* 8
tan bueno/a como *as good as* 8
tan pronto (como) *as soon as* 14
tan... como *as . . . as* 8
tanto/a... como *as much . . . as* 8
tapar *to cover* 10
tarde *late* 4
la tarea *homework* 1
La tarea, por favor. *Homework please.* P
la tarjeta de crédito *credit card* 6; **de embarque** *boarding pass;* **magnética** *key card* 12
la tarta de manzana *apple pie* 10
la tasa *rate* 14
la taza *cup* 10
te gusta(n) *you (familiar) like* 2
el té *tea* 3
el teatro *theater* 8
el/la técnico/a *technician* 9
la tela *fabric* 6
el teléfono *telephone* 3; **celular/móvil** *cell pone* 15
el televisor *television set* P
el tema *topic* 4; *theme* 13
temer *to fear* 11
temprano *early* 4
tender (ie) *to hang (clothes)* 5
el tenedor *fork* 10
tener (g, ie) *to have* 4, 7, 10, 11, 12, 13, 14, 15
tener calor *to be hot* 5
tener cuidado *to be careful* 5
tener dolor de... *to have a(n) ... ache* 11
tener éxito *to be successful* 10, 13
tener frío *to be cold* 5
tener hambre *to be hungry* 5

tener la palabra *to have the floor* 15
tener mala cara *to look terrible* 11
tener miedo *to be afraid* 5
tener prisa *to be in a hurry* 5
tener que *to have to* 4
tener razón *to be right* 5
tener sed *to be thirsty* 5
tener sueño *to be sleepy* 5
tener suerte *to be lucky* 5
tener tiempo *to have time* 3
tener... años *to be . . . years old* 5
tengo/tienes *I have/you have* 1
Tengo... años. *I am ... years old.* 2
el tenis *tennis* 7
el/la tenista *tennis player* 7
la tensión/la presión (arterial) *(blood) pressure* 11
tercer/tercero/a *third* 5
terminar *to finish* **4**, 6, 10, 14
el termómetro *thermometer* 11
la terraza *deck, balcony* 5
el terreno *land* 9
la tía *aunt* 4
el tiburón *shark* 5
el tiempo *weather* 7
el tiempo libre *free time* *3*
la tienda *store* **6**; *tent* 12
la tienda de 24 horas *convenience store* 10
la tienda de conveniencia *convenience store* 10
la tienda de gasolinera *convenience store* 10
la tienda de la esquina o del barrio *convenience store* 10
tiene *he/she has; you (formal) have* **2**
¿Tienen preguntas?/¿Tienes preguntas? *Do you have any questions?* **P**
la tierra *land, soil* 15
tímido/a *shy* 4
la tina *bathtab* 5
la tintorería *dry cleaner* 14
el tío *uncle* 4
típico/a *typical* 3
titular(se) *to be called* 13
el título *degree* 14
la toalla *towel* 5
el tobillo *ankle* 11
el toca DVD *DVD player* **P**
tocar (un instrumento) *to play (an instrument)* 3
todas las semanas *every week* 1
todavía *still, yet* 10
todo *everything* 12
todos los días *every day* 1
todos los meses *every month* 1

todos/as *everybody* **2**; *all* 12
tomar *to drink* 3, 11; *to take, to drink* **1**, 10
tomar apuntes/notas *to take notes* 1
tomar asiento *to have/take a seat* 9
tomar el sol *to sunbathe* 3
el tomate *tomato* 3
tonto/a *silly, foolish* 2
torcer(se) (ue) *to twist* 11
el torero *bullfighter* 2
el torneo *tournament* 7
el toro *bull* 8
la toronja/el pomelo *grapefruit* 10
la tos *cough* 11
toser *to cough* 11
trabajador/a *hardworking* 2
trabajar *to work* **1**, 10, 14
trabajo *job* 1
el trabajo *work* 5
la tradición *tradition* 8
traducir (zc) *to translate* 7, 7
traer (j) *to bring* **3**, 7, 11, 13
el tráfico de drogas *drug trafficking* 14
el traje *suit* **6**; **de baño** *bathing suit* **6**
el tramo *stretch* 12
el tratado *treaty* 15
tratar *to treat, be about* 11, 13; *to try* 5, 10
trazado/a *drawn* 3
el tren *train* 12
trigo *wheat* 2
trigueño/a *of lightbrown skin color* 2
triste *sad* **2**, 11, 15
tropezarse *to stumble* 15
tú *you (familiar)* **P**, Pr
tú *you (familiar)* **P**
tu(s) *your (familiar)* **P**
tu(s) *your (familiar)* 2
turnarse *to take turns* 4
Túrnense. *Take turns* **P**

U

la ubicación *location* 4, 5
último/a *last* 8
un/una *a, an* **P**, 1
Un cordial saludo. *Yours; Sincerely* 4
un poco *a little* 4
una semana atrás *a week ago* **6**
una vez *once* 3, **12**
unificar (qu) *to unify* 15
la universidad *university* 1
unos/as *some* 1
unos/unas *some (plural)* 1
urgente *urgent* 11
uruguayo/a *Uruguayan* 2
usar *to use* **2**, 15
usted *you (formal)* **P**
ustedes *you (plural)* 1

útil *useful* **P**
la uva *grape* 10

V

las vacaciones *vacation* 3
la vacante *opening* 9
vacío/a *empty* 12
la vainilla *vanilla* 10
valer (g) *to be worth* 6
los vaqueros/los jeans *jeans* 6
el vaso *glass* 3, **10**
Vayan a la pizarra./Ve a la pizarra. *Go to the board.* **P**
el/la vecino/a *neighbor* 5
el vegetal/la verdura *vegetable* 3, 10
la velocidad *speed* 12
¡Ven/Anda, anímate! *Come on, cheer up!* 3
la vena *vein* 11
el/la vendedor/a *salesman, saleswoman* 9
vender *to sell* **6**, 13
venerar *to worship* 8
venezolano/a *Venezuelan* 2
venir (g, ie) *to come* **4**, 7, 8
la ventaja *advantage* 5
la ventana *window* **P**
las ventas *sales* *9*
ver *to see* **1**, 10, 13
ver(se) *to look* 6
el verano *summer* 6, 7
el verbo *verb* **P**
¿verdad? *don't you?, right?* 1
verde *green* **2**; *unripe* 6
el verso *line (poem)* 13
el vestido *dress* 6
vestir(se) (i) *to dress; to get dressed* 4, 7
vestuario *lockerroom* 7
el/la veterinario/a *vet* 9
viajar *to travel* **12**, 13
viaje *trip* 3
la vida *life* 2
el videojuego *video game* 15
viejo/a *old* **2**, 8
el viento *wind* 6
viernes *Friday* **P**
el vinagre *vinegar* 10
el vino *wine* 3
la viruela *smallpox* 11
virtualmente *virtually* 15
visitar *to visit* *4*
la vista *view* 5
viudo/a *widower; widow* 4
la vivienda *housing* 5
vivir *to live* **1**, 8, 5, 10
vivo/a *lively (personality); alive* 6
volador/a *flying* 15

el volante *steering wheel* **12**

volar (ue) *to fly* 6

el vóleibol/volibol *volleyball* **7**

volver (ue) *to return* **4,** 6, 10,

vosotros/as *you (familiar, plural)* **1**

votar *to vote* 14

la voz *voice* **13**

el vuelo *flight* **12**

vuestro(s), vuestra(s) *your (familiar plural)* 2

Y

y *and* **P**

yuca frita *fried yuca* **3**

Y tú, ¿cómo te llamas? *And what is your name?* **P**

ya *already* **10**

ya que *since* 5

yo *I* **P**

el yogur *yogurt* **10**

Z

la zanahoria *carrot* **10**

las zapatillas *slippers* **6; de deporte** *tennis shoes* **6**

los zapatos *shoes;* **de tacón** *highheeled shoes* **6**

el zarcillo *earring* 6

la zona *area* **5**

la zona peatonal *pedestrian area* 10

English-Spanish Glossary

A

a little un poco
a lot (adv.) mucho
a week ago una semana atrás
a week ago una semana atrás
a, an un/una
A.M. (from midnight to noon) de la mañana
to abandon abandonar
to abound abundar
about más o menos
above sobre
absolutely not de ninguna manera
access el acceso
accessory el accesorio
to accompany acompañar
to accomplish lograr
according to según, de acuerdo con
accountant el/la contador/a , el/la contable (*Spain*)
to ache doler
actor/actress el actor/la actriz
actually en realidad
actually realmente
ad el anuncio
adaptation la adaptación
to add agregar/añadir
adjustment la adaptación
to advance avanzar
advance el adelanto
advantage la ventaja
advertisement el anuncio
advice el consejo
to advise aconsejar
adviser el/la consejero/a
affectionately con cariño
after después (de) que
after después, luego
again otra vez
ago hace
to agree concordar; estar de acuerdo; haber consenso
agricultural agrícola
air conditioning el aire acondicionado
air-conditioned climatizado/a
airline la aerolínea, la línea aérea
aisle seat el asiento de pasillo
alive vivo/a

all todos/as
allergy la alergia
to allow permitir
almost casi
alone solo/a
along por
already ya
also también
although aunque
always siempre
among entre
ample amplio/a
amusement park el parque de atracciones
amusing divertido/a
ancestor el antepasado
And what is your name? Y tú, ¿cómo te llamas?
and y
angry enojado/a
ankle el tobillo
another otro/a
to answer contestar
anthropology la antropología
antibiotic el antibiótico
anxiety la ansiedad
any algún, alguno (-os, -as)
anyone alguien
anything algo
apartment el apartamento, el departamento, el piso (*Spain*)
to apologize disculparse
apple la manzana
apple pie la tarta de manzana
appliances los electrodomésticos
application la solicitud
to apply (for) solicitar
April abril
architect el/la arquitecto/a
architecture la arquitectura
area la zona
Argentinian argentino/a
to argue discutir, pelear
arm el brazo
armchair la butaca
armoire el armario, el clóset
arrival la llegada
to arrive llegar
articles of clothing prendas de vestir

as . . . as tan… como
as good as tan bueno/a como
as if como si
as much . . . as tanto/a… como
as según
as soon as en cuanto
as soon as tan pronto (como)
as though como si
as well as tan bien como
to ask for pedir
asthma el asma
at a
at last por fin
at least por lo menos
at the back al fondo
at the present time actualmente, en la actualidad
at times a veces
At what time is it? A qué hora es?
ATM el cajero automático
attachment, attached document el documento adjunto
to attend asistir
August agosto
aunt la tía
avenue la avenida
average el promedio
average height de estatura mediana
avocado el aguacate, la palta
avoid evitar
award el premio

B

back la espalda
background information la información de fondo
backpack la mochila
bad malo/a
badly parked mal aparcado
balcony la terraza
ball el balón, la pelota/bola
ballpoint pen el bolígrafo
banana el banano (*Colom.*), la banana (*Urug.*), el plátano (*Spain*), el cambur (*Venez.*)
bank el banco
baptism el bautizo

barbecue pit; barbecue (event)
la barbacoa
barbershop la peluquería
bargain la ganga
baseball el béisbol
basement el sótano
basin (river) la cuenca
basket el cesto/la cesta
basketball el baloncesto/básquetbol
bat el bate
to bathe bañar
bathing suit el traje de baño
bathroom el baño
bathroom sink el lavabo
bathtub la bañera, la bañadera,
la tina
to be ser; estar
to be . . . years old tener... años
to be a blackout irse la luz
to be able to, can poder
to be about tratar
to be afraid tener miedo
to be angry estar enojado/a
to be bad/evil ser malo/a
to be bored estar aburrido/a
to be boring ser aburrido/a
to be born nacer
to be called lamarse
to be called titularse
to be clever ser listo/a
to be careful tener cuidado
to be cold tener frío
to be fashionable estar de moda
to be glad (about) alegrarse (de)
to be green ser verde
to be happy estar contento/a
to be hot tener calor
to be hungry tener hambre
to be ill estar malo/a
to be in a hurry tener prisa
to be left over quedar
to be liked caer simpático
to be lucky tener suerte
to be not ripe estar verde
to be pleasing fascinar
to be pleasing to gustar
to be ready estar listo/a
to be right tener razón
to be sleepy tener sueño
to be smart ser listo/a
to be sorry sentir, lamentar
to be successful tener éxito
to be thirsty tener sed
to be tired estar cansado/a
to be worried preocuparse
to be worth valer
beach la playa
bead la cuenta
beans los frijoles

to beat batir
beautiful precioso/a
beauty item el artículo de belleza
beauty salon la peluquería
because porque
to become hacerse
to become
    independent independizarse
bed la cama
bedroom el cuarto
beef la carne de res
beer la cerveza
before antes, antes (de) que
to begin comenzar, empezar
beginning el comienzo
behavior el comportamiento
behind detrás (de)
to believe creer
bell chime la campanada
belt el cinturón
besides además
better than mejor que
between entre
bicycle la bicicleta
big grande
bilingual bilingüe
birth control pill la píldora
    anticonceptiva
birthday el cumpleaños
black negro/a
blanket la manta, la cobija, la frazada
blazer el saco
blond rubio/a
blood la sangre
blouse la blusa
blue azul
boarding pass la tarjeta de embarque
body el cuerpo
to boil hervir
Bolivian boliviano/a
bone el hueso
book el libro
bookstore la librería
boots las botas
boring aburrido/a
boss el/la jefe/a
to bother, be bothered by molestar
bottle la botella
to bowl jugar a los bolos, jugar (al)
    boliche, ir de bowling
bowl la fuente
boxer shorts los calzoncillos
boy el chico
boyfriend el novio
bra el sostén
bracelet la pulsera
brain el cerebro
branch (business) la sucursal
brand, brandname la marca

bread el pan
to break fracturarse; romper;
    descomponerse
to break down descomponerse
breakfast el desayuno
to breathe respirar
briefcase el maletín
to bring traer
brother el hermano
brown marrón, café, carmelita,
    castaño/a, pardo/a
brunette moreno/a
budget el presupuesto
to build construir
building el edificio
bull el toro
bullfight la corrida de toros
bullfighter el torero
bun, small cake el pan dulce
to bury enterrar
bus el autobús/bus, el camión (Mex.),
    el colectivo (Arg.), el micro (Chile),
    el bus/la guagua (P.R., Cuba), la
    chiva (Colom.), el ómnibus (Peru)
businessman el hombre de
    negocios
businesswoman la mujer de negocios
busy ocupado/a
but pero
but rather sino que
butter la manteca/mantequilla
to buy comprar
by the way por cierto

C

cabbage el repollo
cafe el café
cafeteria la cafetería
cake el pastel
calculator la calculadora
Canadian canadiense
to cancel cancelar
candied figs el dulce de higos
candy/sweets el dulce
cap la gorra
capsule la cápsula
car el auto/carro/coche
careful cuidado
carnival el carnaval
carpenter el/la carpintero/a
carpet la alfombra
carrot la zanahoria
to carry out realizar
cart la carreta
cashier el/la cajero/a
cast elenco
cattle el ganado
cayenne la pimienta roja

to celebrate celebrar
celebration (public) el festival
celebration for a girl's 15th birthday la quinceañera
celebration la celebración/fiesta
celebration la festividad, la fiesta
cell phone el teléfono móvil/celular, el móvil/celular/cel
cemetery el cementerio
center el centro
cereal el cereal
chair la silla
chalkboard la pizarra
challenge el reto, el desafío
chamomile la manzanilla
champion el campeón/la campeona
championship el campeonato
to change cambiar
change el cambio
charger el cargador
charming simpático/a
cheap barato/a
to check in (luggage) facturar
cheek la mejilla
cheese el queso
chef el/la chef
cherry la cereza
chest el pecho
chicken el pollo
chicken breast la pechuga de pollo
to achieve lograr
child el niño/la niña
childhood la infancia
children's infantil
Chilean chileno/a
Chinese chino/a
to choose elegir, escoger
to chop picar
chop la chuleta
chopped picado/a
christening el bautizo
Christmas Eve la Nochebuena
Christmas la Navidad
church la iglesia
Cinderella Cenicienta
cinnamon la canela
city block la cuadra
city council el concejo municipal
city la ciudad
clam la almeja
classmate el/la compañero/a
classroom el salón de clase
claw la garra
to clean limpiar
clean limpio/a
clever listo/a
client el/la cliente/a
clinic la clínica, el centro de salud, el sanatorio

clock el reloj
clock el reloj
cloning la clonación
close (to) cerca (de)
to close cerrar
closet el clóset, el armario
clothes la ropa
clove of garlic el diente de ajo
coach el/la entrenador/a
coat el abrigo
coconut milk la leche de coco
coffee el café
coffee shop el café
cold el catarro
cold el frío; **(adj.)** frío/a
Colombian colombiano/a
color el color
to comb (one's hair) peinar(se)
Come in. Pase(n). Adelante. Siga(n). *(Colomb.)*
Come on, cheer up! ¡Ven/Anda, anímate!
to come venir
comfortable cómodo/a
commonwealth el estado libre asociado
communication la comunicación
company (dance, theater) la compañía (de danza, de teatro)
company la compañía, la empresa
to compile recopilar
to complain quejarse
computer la computadora, el computador, el ordenador *(Spain)*
computer science la computación, la informática *(Spain)*
conclusion la conclusión
to congratulate felicitar
congratulations las felicidades
Congress la Cámara de Representantes
to connect conectarse
to connect to conectarse a
consensus el consenso
to consume consumir
contact lenses los lentes de contacto
contest el certamen, el concurso
to continue continuar
to contract contraer
contractor el/la contratista
to contribute contribuir
to control controlar
controversial polémico/a
convenience store la tienda de conveniencia *(Mex.)*, de gasolinera *(C.R.)*, de la esquina/del barrio, de 24 horas *(Spain)*
to converse conversar

to cook cocinar
cookie la galleta
corkscrew el sacacorchos
corn el maíz, el elote *(Mex./Central America)*, choclo *(South America)*
corner la esquina
corridor el pasillo
to cost costar
Costa Rican costarricense
cough la tos
to cough toser
to count contar
counter el mostrador
country el país
countryside el campo
couple la pareja
court la pista
court (golf) la cancha
courtesy la cortesía
cousin el/la primo/a
to cover cubrir; tapar; **(distance)** recorrer
craftsman/woman, craftsperson el/la artesano/a
cream cheese el queso crema
cream la crema
to create crear
credit card la tarjeta de crédito
cruise el crucero
to crush machacar
to cry llorar
Cuban cubano/a
cubist cubista
cucumber el pepino
to cultivate cultivar
cumin el comino
cup la taza
to cure curar
current actual
current la corriente
curtain la cortina
custom la costumbre
customs la aduana; **agent** el/la inspector/a de aduana
to cut cortar
cycling el ciclismo
cyclist el/la ciclista

D

dad el papá
daddy el papi/papito
dairy (product) lácteo/a
to dance bailar
dance club la discoteca
dancer el bailarín/la bailarina
danger el peligro
to dare atreverse
dark oscuro/a

darse cuenta to realize
data los datos
daughter la hija
day before yesterday anteayer
day el día
dead difunto/a, muerto/a
dear estimado/a; querido/a; mi amor/ vida/corazón (terms of endearment)
deceased muerto/a
December diciembre
deck la terraza
decorated adornado/a
to dedicate dedicar
to defend defender
deforestation la deforestación
degree el título
delicious rico/a
description la descripción
to delight encantar
to demand exigir; reclamar
democracy la democracia
to denounce denunciar
dentistry la odontología
department store el almacén
departure la salida
depressed deprimido/a
to describe describir
design el diseño
desk el escritorio
despite a pesar de
to develop desarrollar; contruir
development el desarrollo
dictatorial dictatorial
dictatorship dictadura
dictionary el diccionario
to die morir
difficult difícil
dining room el comedor
dinner la cena
dinner la comida
to direct dirigir
dirty sucio/a
disadvantage la desventaja
disappearance la desaparición
to disassemble desarmar
discovery el descubrimiento
dish el plato
dish of marinated raw fish el ceviche
dishwasher el lavaplatos
to dislike caer mal
dispersal la diseminación
displacement el desplazamiento
disposable desechable
to disseminate difundir
dissemination la diseminación
to dissolve deshacer
to distinguish distinguir
diversification la diversificación
divorced divorciado/a

to do hacer
Do you have any questions? ¿Tienen preguntas?/¿Tienes preguntas?
Do you understand? ¿Comprenden?/¿Comprendes?
doctor (primary care) el/la médico/a de familia/de cabecera; el/la doctor/a
dog el/la perro/a
Dominican dominicano/a
don't you? ¿verdad?
door la puerta
dots de lunares
double room la habitación doble
doubt la duda
to download bajar
downtown el centro
drawing el dibujo
drawn trazado/a
dress el vestido
to dress; to get dressed vestir(se)
dresser la cómoda
to drink beber, tomar
drink la bebida
to drive manejar
driver el/la chofer
driver's license la licencia de conducir
drug trafficking el tráfico de drogas
to dry (oneself) secar(se)
to dry clean limpiar en seco
dry cleaner la tintorería
dry seco/a
dryer la secadora
due to debido a
to duplicate duplicar
during durante
DVD el DVD
DVD player el toca DVD

E

each cada
each day cada día
ear (inner) el oído
ear (outer) la oreja
ear la oreja
early temprano
to earn ganar
earring el arete, el aro, el pendiente, el zarcillo, la pantalla
Easter la Pascua
easy fácil
to eat comer
economic económico/a
economics economía
Ecuadorian ecuatoriano/a
efficiency la eficiencia
egg el huevo
eighth octavo

either ... or o... o
elbow el codo
elder (herb) el saúco
to elect elegir
election la elección
electrician el/la electricista
elevator el ascensor
to embrace abrazar(se)
to emerge surgir
emergency exit la salida de emergencia
emergency la emergencia
emigrant el/la emigrante
to emigrate emigrar
emigration la emigración
employee el/la empleado/a
empty vacío/a
encounter el encuentro
energetic enérgico/a
engagement el compromiso
engineer el/la ingeniero/a
to enjoy disfrutar, divertirse
to enter entrar en
entertainment la diversión
environment el medio ambiente
equality la igualdad
equipment el equipo
eraser el borrador
ethnicity la etnia
even hasta
even if, even though aunque
event el acontecimiento
event el festival
ever alguna vez
every ... hours cada... horas
every day todos los días
every month todos los meses
every week todas las semanas
everybody todos/as
everyday cotidiano/a
everything todo
to examine examinar
excellent excelente
to exchange cambiar
exchange el intercambio
excuse me perdón; con permiso
executive el/la ejecutivo/a
expensive caro/a
experience la experiencia
to explain explicar
to exploit explotar
export la exportación
expression la expresión
extinction la extinción
to extinguish apagar, extinguir
extinguished extinguido/a
extroverted extrovertido/a
eye el ojo
eyebrow la ceja
eyelash la pestaña

F

fabric la tela
fabulous estupendo, fabuloso/a
face la cara
fact el hecho
failure el fracaso
fair regular
faithfully fielmente
to fall asleep dormirse
to fall caer(se)
fall el otoño
false falso/a
family la familia
fan (admirer) el/la hincha
fan el ventilador
far (from) lejos (de)
farm la finca
farmer el/la agricultor/a
farming la agricultura
to fascinate fascinar
fast rápido/a
fat gordo/a
father el padre
Father's Day el Día del Padre
favorite favorito/a
to fear temer
February febrero
to feed dar de comer
to feel sentir(se)
feeling el sentimiento
felling la tala
festival el festival
festivity (public) la festividad, la fiesta
fever la fiebre
fiancé/fiancée el novio/la novia
field el campo
field hockey el hockey sobre hierba
fifth quinto/a
fight la lucha
to fight luchar
to fill (out) llenar, rellenar
filled relleno/a
film la película
filmmaker el/la cineasta
filth la inmundicia
finally finalmente; por fin; por último
to find encontrar
to find out enterarse, averiguar
fine la multa
finger el dedo
to finish terminar
to fire despedir
fire el incendio
firefighter el/la bombero/a
fireplace la chimenea
fireworks los fuegos artificiales
first class la primera clase
first floor la planta baja

first primer/o/a, primer
fish el pescado
to fit quedar
to fix reparar
flag la bandera
flashers las luces intermitentes
flight attendant el/la auxiliar de vuelo, el/la azafato/a *(Spain)*, el/la aeromozo/a *(Latin Am.)*
flight el vuelo
float (in a parade) la carroza
flood la inundación
floor el piso
flour la harina
flower la flor
flu la gripe
to fly volar
flying volador/a
to focus enfocarse, fijarse
to fold doblar
to follow seguir
following siguiente
food la comida
foolish tonto/a
foot (in animals) la pata
foot el pie
football el fútbol (americano)
footwear el calzado
for por, para
for example por ejemplo
for me para mí
for the first time por primera vez
for this reason por eso
for you (familiar) para ti
forehead la frente
forest el bosque
to forget olvidar
fork el tenedor
founding (noun) la fundación
fourth cuarto
fowl las aves
to fracture fracturarse
free time el tiempo libre
freedom la libertad
freedom of expression la libertad de expresión
freeway la autopista
to freeze congelar(se)
French francés/francesa
French fries las papas fritas
frequency la frecuencia
frequently frecuentemente
Friday viernes
fried frito/a
fried dough los churros
fried yuca yuca frita
friend el/la amigo/a
friendship la amistad
from de

front desk la recepción
fruit la fruta
to fry freír
to fulfill cumplir
full lleno/a
fun, funny divertido/a
furniture los muebles
furthermore además

G

to gain weight subir de peso
game el juego/el partido
games console la consola de videojuegos
garage el garaje
garbage la basura
garbanzo beans los garbanzos
garden el jardín
garlic el ajo
gate (departure) la puerta (de salida)
gathering la reunión
generally generalmente
genetically genéticamente
geography la geografía
German alemán/alemana
gesture el ademán
to get angry enfadarse
to get bored aburrirse
to get good/bad grades sacar buenas/malas notas
to get into subir a
to get lost perderse
to get married casarse
to get up levantarse
to get up on the wrong side of the bed levantarse con el pie izquierdo
ghost el fantasma
gift el regalo
girl la chica
to give (a present) dar, regalar
to give a shower to duchar
to give dar
glad contento/a, alegre
glass (stemmed) la copa
glass el vaso
glove compartment la guantera
glove el guante
Go to the board. Vayan a la pizarra. *(plural);* Ve a la pizarra. *(sing./fam.)*
to go ir
to go away irse
to go in entrar en
to go on seguir
to go out for tapas ir de tapas
to go out salir
to go paragliding hacer parapente
to go shopping ir de compras
to go straight seguir derecho

to go to bed acostarse
to go well with... ir bien con…
goal el gol
godchild el/la ahijado/a
godfather el padrino
godmother la madrina
gold el oro
golf clubs los palos
golf course la cancha de golf
golf el golf
good bueno/a
Good afternoon. Buenas tardes.
Good evening. Buenas tardes.
Good luck! ¡Buena suerte!
Good morning. Buenos días.
Good night. Buenas noches.
good-bye adiós, chao (chau)
good-looking guapo/a
gossip magazine la revista del corazón
to govern gobernar
government el gobierno
to graduate graduarse
granddaughter la nieta
grandfather el abuelo
grandmother la abuela
grandson el nieto
grape la uva
grapefruit la toronja, el pomelo
grass el césped
gray gris
great magnífico/a
green verde
green pepper el pimiento verde
to greet saludar
greeting el saludo
to grind moler
ground floor la planta baja
ground meat la carne molida
ground pepper la pimienta
group dressed in similar costumes la
    comparsa
to grow crecer
to grow cultivar
Guatemalan guatemalteco/a
guess la adivinanza
to guess adivinar
guide la guía
guinea pig el cuy
guitar la guitarra
guitar player el/la guitarrista
gymnasium el gimnasio
gypsy el gitano

H

to haggle regatear
hair el cabello, el pelo
hairdresser el/la peluquero/a
half la mitad

half-brother el medio hermano
half-sister la media hermana
hall el pasillo
Halloween el Día de las Brujas
ham el jamón
hamburger la hamburguesa
to hand dar
hand la mano
handicrafts la artesanía
handkerchief el pañuelo
handsome guapo, bien parecido,
    buen mozo
to hang (clothes) tender
to happen pasar
happy, alegre, contento/a
hard-working trabajador/a
harmful dañino/a
harp el arpa
to harvest cosechar
hat el sombrero
to hate odiar
to have tener
to have a good time pasar (muy) bien
to have a(n) … ache tener dolor de…
to have a seat tomar asiento
to have breakfast desayunar
to have dinner cenar
to have fun divertirse
to have lunch almorzar
to have the floor tener la palabra
to have time tener tiempo
to have to tener que
hazard lights las luces intermitentes
he él
he/she has; you (formal) have tiene
head la cabeza
healthful saludable
healthy saludable
heart el corazón
heating la calefacción
hello hola
Hello? (on the telephone) ¿Diga?/
    ¿Dígame? (Spain), ¡Bueno!
    (Mex.), ¿Aló? (Arg., Peru, Chile),
    ¡Oigo!/¿Qué hay? (Cuba)
helmet el casco
to help (a customer) atender
to help ayudar
her su(s)
herbs las hierbas
Here (present). Presente.
herself a sí mismo/a(s)
Hey! ¡Oye!
hi hola
highheeled shoes los zapatos de tacón
highlighter el marcador, el rotulador
highway la carretera
himself a sí mismo/a(s)
hip la cadera

his su(s)
Hispanic hispano/a
history la historia
to hold coger
hole el agujero
holiday (legal) el día feriado
holiday el día festivo, la festividad,
    la fiesta
homage el homenaje
home la casa
homework la tarea
Homework please. La tarea, por favor.
Honduran hondureño/a
honesty la honestidad
honeymoon la luna de miel
hood el capó
hoop el cesto/la cesta
horseback a caballo
hospital el hospital, el sanatorio, la clínica
hot caliente
house la casa
housewife, homemaker el ama/o de casa
housing la vivienda
How are you? (formal) ¿Cómo está?
How are you? (informal) ¿Cómo estás?
How boring! ¡Qué aburrido!
How do you say. . . in Spanish? ¿Cómo
    se dice… en español?
How fun!/How funny! ¡Qué divertido!
How interesting! ¡Qué interesante!
How is it going? ¿Cómo te va?
How long has it been since. . .?
    ¿Cuánto tiempo hace que…?
How lucky! ¡Qué suerte!
how many? ¿cuántos/as?
How many classes do you
    have? ¿Cuántas clases tienes?
How may I help you? ¿En qué puedo
    servirle(s)?
How much is it? ¿Cuánto cuesta?
how much? ¿cuánto/a?
How nice! ¡Qué bien!
how often con qué frecuencia
How wonderful! ¡Qué maravilla!
how? ¿cómo?
however no obstante, sin embargo
hug el abrazo
humanities las humanidades
humpback whale la ballena jorobada
hundred cien/ciento
to hurt doler
to hurt oneself hacerse daño
husband el esposo, el marido

I

I yo
I am soy
I am … years old. Tengo… años.

I don't know. No sé.
I don't understand. No comprendo.
I gave myself away. Se me fue la lengua.
I got goosebumps. Se me puso la piel de gallina.
I have tengo
I hope that . . . Ojalá que...
I like me gusta(n)
I would like ... Quisiera/ Me gustaría…
I'm sorry (to hear that) lo siento
ice cream el helado
ice el hielo
if si
ill person el/la enfermo/a
illiteracy el analfabetismo
illiterate analfabeto/a
illness la enfermedad
immediately enseguida
immigrant el/la inmigrante
immigration la inmigración
to improve mejorar
in addition además
in contrast . . . en contraste…
in en
in fact en realidad, realmente
in front of enfrente (de)
in order (to) para
in search of en busca de
in the rear al fondo
inappropriate inapropiado/a
including hasta
inexpensive barato/a
infection la infección
to influence influir
infrastructure la infraestructura
inhabitant el/la habitante
injection la inyección
to insert meter
to inspect revisar
instead of en vez de
integrated circuit el chip electrónico
to interest interesar
interesting interesante
interpreter el/la intérprete
to interrupt interrumpir
to interview (each other) entrevistar(se)
interview la entrevista
introduction la presentación
to invest invertir
invitation la invitación
to invite invitar
iron el hierro
to iron planchar
isn't it? ¿no?
it has been a day/month/year since hace un día/mes/año (que)

It is (time of the day). Es la/Son las (hora del día).
it's clear está despejado
it's cloudy está nublado
it's cool hace fresco
it's raining llueve, está lloviendo
it's sunny hace sol
it's windy hace viento
It's been (time expression) since... Hace (+ expresión de tiempo) que… **4**
its su(s)

J

jacket el saco, la chaqueta
January enero
Japanese japonés/japonesa
jeans los vaqueros/jeans
jewel la joya
jeweller el/la joyero/a
job el trabajo
jogging suit la sudadera
journalist el/la periodista
joy la alegría
judge el/la juez
to juggle hacer malabarismo
juice el jugo
July julio
June junio
junk food la comida basura

K

to keep in shape estar en forma, mantenerse en forma
to keep silent guardar silencio
key card la tarjeta magnética
key la llave; la clave
to kill matar
kindless la amabilidad
kindly atentamente
kinship el parentesco
to kiss besar(se)
kiss el beso
kitchen la cocina
kitchen sink el fregadero
kite la cometa
knee la rodilla
knife el cuchillo
to know (each other) conocer(se)
to know conocer; saber
knowledge el conocimiento

L

lake el lago
lamb el cordero
lamp la lámpara
to land aterrizar

land el terreno (terrain); la tierra (ground, soil)
landscape el paisaje
laptop la computadora portátil
last último/a
to last durar
last night anoche
last week la semana pasada
last year/month el año/mes pasado
last último/a; por último
late tarde
later después, luego, más tarde
to laugh reír
laundry room la lavandería
law derecho
lawn el césped
lawyer el/la abogado/a
layout la distribución
lazy perezoso/a
leaf la hoja
to learn aprender
leather el cuero
to leave dejar; irse
to leave something behind quedar
leavetaking la despedida
left la izquierda
leg la pierna
legumes las legumbres
lemon el limón
to lend prestar
Lent la Cuaresma
lentils las lentejas
less . . . than menos… que
lettuce la lechuga
level el nivel
librarian el/la bibliotecario/a
library la biblioteca
license plate la placa
to lie down acostarse
life expectancy la esperanza de vida
life la vida
to lift weights levantar pesas
light(s) la luz (las luces)
to like gustar; caer bien
Likewise. Igualmente.
line (in a poem) el verso
link el enlace
lip el labio
to listen (to) escuchar; oír
Listen, please. Oiga, por favor.
literacy el alfabetismo
literature la literatura
lithium el litio
live en vivo
to live vivir
lively animado/a, vivo/a
living room la sala
lobby la planta baja
lobster la langosta

location la ubicación
to lock up encerrar
locker room el vestuario
lodging el alojamiento
long largo/a
to look at mirar
to look for buscar
to look inside asomarse
to look terrible tener mala cara
to look ver(se)
to lose perder
to lose weight bajar de peso
loss la pérdida
Louder, please. Más alto, por favor.
love el amor
to love querer; encantar
luggage el equipaje
lunch el almuerzo
lung el pulmón
luxury el lujo

M

magazine la revista
mail la correspondencia
main character el personaje
    principal
to maintain mantener
major la carrera
majority la mayoría
to make a reservation reservar
to make the bed hacer la cama
mallow la malva
man el hombre
manager, (sales) manager el/la
    gerente (de ventas)
many (adj.) mucho/a
many times muchas veces
map el mapa
March marzo
margarine la margarina
marked down rebajado/a
marker el marcador/el rotulador
market el mercado
marriage el matrimonio
married casado/a
marvelous maravilloso/a
marvelously estupendamente
material el material
May mayo
mayonnaise la mayonesa
meal la comida
meat la carne
medical doctor el/la médico/a
medication la pastilla
medicine el remedio; la medicina
medium height de estatura mediana
to meet conocer; **(each**
    other) conocer(se)

to meet (requirements) cumplir
    (requisites)
meeting la reunión
melody la melodía
melon el melón
melted derretido/a
memory el recuerdo
mess el desorden
message el mensaje
Mexican Independence Day el Día de
    la Independencia de México
Mexican mexicano/a
microsurgery le microcirugía
microwave (oven) el (horno de)
    microondas
middle class person el burgués/la
    burguesa
migration la migración
milk la leche
million millón
mine mi(s)
minority la minoría
minute el minuto
mirror el espejo
to miss extrañar
to miss out on perderse
mobile el móvil barato/a
mom la mamá
mommy la mami/mamita
Monday lunes
money el dinero
money (in cash) el dinero (en efectivo)
month el mes
mood el ánimo
more . . . than más… que
more or less más o menos
More slowly, please. Más despacio/
    lento, por favor.
more than más de
morning la mañana
Moroccan marroquí
mortality la mortalidad
most (+ adj.) más (+ adj.)
mother la madre
Mother's Day el Día de la Madre
motor el motor
mouth la boca
to move mover(se); mudarse
movement el desplazamiento
movie la película
movies el cine
to mow (lawn) cortar
Mr. el señor (Sr.)
Ms, Miss la señorita (Srta.)
Ms., Mrs. la señora (Sra.)
much mucho/a
multilingual políglota
mural el mural
muralist el/la muralista

muscle el músculo
music la música
mustard la mostaza
my mi(s)
My heart sank. Se me fue el alma a
    los pies.
My name is… Me llamo…

N

nacho cheese sauce la salsa con queso
napkin la servilleta
narrow estrecho/a
nation el país
nationality la nacionalidad
native natal
nature la naturaleza
nature preserve la reserva natural
near cerca de
necessary necesario/a
neck el cuello
necklace el collar
to need necesitar
neglect el descuido
neighbor el/la vecino/a
neighborhood el barrio
neither . . . nor ni… ni
neither, not tampoco
nephew el sobrino
nerve el nervio
nervous nervioso/a
net la red
never (not ever) jamás, nunca
nevertheless sin embargo
new nuevo/a
New Year's Day el Año Nuevo
New Year's Eve la Nochevieja
news la noticia
newspaper el periódico
next month/year el próximo mes/año
next próximo/a
next to al lado (de)
next week la próxima semana
Nicaraguan nicaragüense
nice agradable, simpático/a
Nice to meet you. Mucho gusto.
nickname el sobrenombre
niece la sobrina
Nigerian nigeriano/a
nightgown el camisón
nightmare la pesadilla
ninth noveno
no one nadie
no, not any, none ningún, ninguno/a
nobody nadie
noise el ruido
to nominate nominar
non-profit sin fines de lucro
North American norteamericano/a

nose la nariz
note card la ficha
notebook el cuaderno
nothing nada
novel la novela
novelist el/la novelista
November noviembre
now ahora
nowadays hoy en día
nurse el/la enfermero/a

O

to occur ocurrir
October octubre
of de
of African ancestry moreno/a, negro/a
of course por supuesto
Of course! ¡Cómo no!/¡Claro!
of dark skin moreno/a, negro/a
of lightbrown skin color trigueño/a
of the (contraction of de **+** el**)** del
to offer ofrecer
office (of doctor, dentist, etc.) el consultorio
office la oficina
often frecuentemente
oil el aceite
old antiguo/a
old mayor; viejo/a
older than mayor que
olive la aceituna
on sobre
on the dot (time) en punto
On the one hand . . . Por un lado…
On the other hand . . . En cambio/Por otro lado…
On what page? ¿En qué página?
once una vez
onion la cebolla
only child el hijo único/la hija única
only solo
to open abrir
opening la vacante
opposing contrario/a
orange (adj.) anaranjado/a, naranja; **(noun)** la naranja
orchestra la orquesta
to order around dar órdenes
to order pedir
origen el comienzo
other otro/a
our nuestro(s), nuestra(s)
outdoors al aire libre
outgoing extrovertido/a
outing la excursión
outskirts las afueras
outstanding destacado/a
overcast (sky) cubierto

own propio/a
ozone layer la capa de ozono

P

P.M. (from nightfall to midnight) de la noche
P.M. (from noon to nightfall) de la tarde
paid remunerado/a
pain el dolor
to paint pintar
painter el/la pintor/a
painting el cuadro
painting la pintura
pajamas el/la piyama, el pijama (Spain)
Panamanian panameño/a
pants los pantalones
pantsuit el traje pantalón
pantyhose las pantimedias
papaya la papaya
parade el desfile
Paraguayan paraguayo/a
pardon me perdón; con permiso
parents los padres
parsley el perejil
to participate participar
partner el/la compañero/a
party la fiesta
passenger el/la pasajero/a
passion fruit el maracuyá (Colom.), la fruta de la pasión (Spain), la parchita (Venez., Mex.)
passport el pasaporte
pastry el pastel
patient el/la paciente
patriotic patriótico/a
to pay (for) pagar
peach el melocotón (Spain), el durazno (Latin America)
peak el pico
pear la pera
peasant el/la campesino/a
pedestrian area la zona peatonal
to peel pelar
penalty (in sports) el penalti
pencil el lápiz
people la gente, las personas
pepper la pimienta; **(hot, spicy)** el chile/ají **(vegetable)** el pimiento
per por
percent por ciento
percentage el porcentaje
percibido/a noticed
perfect perfecto/a
performance el rendimiento
performer, artist el/la intérprete
person la persona
Peruvian peruano/a

petroleum el petróleo
pharmacist el/la farmacéutico/a
pharmacy la farmacia
photo(graph) la foto(grafía)
to pick up recoger
picture el cuadro
piece of jewelry la joya
pilgrim el/la peregrino/a
pill la pastilla
pillow la almohada
pin el alfiler
pineapple la piña
pink rosado/a, rosa
place el lugar
plaid de cuadros
to plan to + verb pensar + infinitive
plane el avión
planet el planeta
plantain el plátano/la banana
plate el plato
to play (a game, sport) jugar
to play (an instrument) tocar (un instrumento)
player el/la jugador/a
Please answer. Contesten, por favor./ Contesta, por favor.
please por favor
Pleased/Nice to meet you. Encantado/a.
plumber el/la plomero/a, el/la fontanero/a (Spain)
poem el poema
poet el/la poeta
poetry la poesía
point of view el punto de vista
policeman/woman el/la policía
Polish polaco/a
political science las ciencias políticas
polyglot el/la políglota
pool la piscina, la pileta
poor pobre
popcorn las palomitas de maíz
to popularize popularizar
population la población
pork el cerdo, el puerco
to portray retratar
Portuguese portugués/portuguesa
position el puesto; la posición
potato la papa
poultry las aves
poverty la pobreza
power outage el apagón
to practice practicar
to precede preceder
to prefer preferir
preparation el preparativo
to prepare preparar
to prescribe recetar
prescription la receta

present actual
present el regalo
preservation la conservación
president el/la presidente/a
pressure (blood) la tensión/la presión (arterial)
pretty bonito/a, linda, guapa
price el precio
printer la impresora
prize el premio
procession la procesión
to produce producir
professor el/la profesor/a
promising prometedor/a
to promote promover
to propose proponer
to protest protestar
proverb el refrán
provided that con tal (de) que
proximity la proximidad
psychologist el/la sicólogo/a
psychology la psicología
Puerto Rican puertorriqueño/a
purple morado/a
purpose el propósito
purse la bolsa/el bolso
to put poner
to put makeup on (someone); to put makeup on (oneself) maquillar(se)
to put one's clothes on ponerse la ropa
to put to bed acostar

Q

quality la calidad
quiet callado/a

R

race la carrera
racquet la raqueta
radiator el radiador
radio announcer el/la locutor/a
radio el/la radio
rail el riel
rain forest el bosque tropical
rain la lluvia
to rain llover
raincoat el impermeable
to raise levantar
Raise your hand. Levanta la mano.
ranch la finca
rate la tasa
rather bastante
to reach out to comunicarse con
to read leer
Read. Lee.
ready listo/a

to realize darse cuenta
really en realidad, realmente
rearview mirror el espejo retrovisor
reason la razón
rebirth el renacimiento
recipe la receta
recognition el reconocimiento
to recommend recomendar
to record grabar
recycled reciclado/a
red bell pepper el pimiento rojo
red rojo/a
redhead pelirrojo/a
to reduce reducir
referee el árbitro
to reflect reflejar
to reforest repoblar
refrigerator el refrigerador
refrigerator el refrigerador/la nevera/heladera
regime el régimen
to regret arrepentirse
relative el/la pariente
relief el alivio
remedy el remedio
to remember recordar
to rent alquilar
rent el alquiler
Repeat. Repite./Repitan.
to repeat repetir
report el informe
to request pedir
to request the floor pedir la palabra
resort el centro turístico privado
resources los recursos
to respond responder
to rest descansar
résumé el currículum
to retire jubilarse
to return an item devolver
to return volver
rib la costilla
rice el arroz
rich rico/a
to ride (a bicycle) montar (en bicicleta)
right el derecho; la derecha
to be right tener razón
right? ¿verdad?
ring el anillo
roasted asado/a
robe la bata
robot el robot
room el cuarto
roommate el/la compañero/a de cuarto
round trip de ida y vuelta
rug la alfombra
ruins las ruinas
ruler el/la gobernante

to run correr
to run into encontrarse
to run out of acabarse

S

sad triste
safe la caja fuerte
salad dressing el aderezo
salad la ensalada
salary el sueldo
sale la rebaja
sales las ventas
salesman, saleswoman el/la vendedor/a
salesperson el dependiente/la dependienta
salt la sal
Salvadoran salvadoreño/a
same mismo/a
sand dune el médano
sandals las sandalias
sandwich el sándwich
satellite el satélite
Saturday sábado
to save ahorrar
sawdust el aserrín
to say decir
to say goodbye despedirse
to say hello mandar saludos
scarf la bufanda
scene la escena
scholarship la beca
school of fish el banco de peces
school, department la facultad
science fiction la ciencia ficción
sciences las ciencias
scientist el/la científico/a
to score a goal meter un gol
scoreboard el marcador
screen la pantalla
sculptor el/la escultor/a
sea el mar
seafood los mariscos
seamstress la costurera
search engine el buscador
season la estación
seasoning el condimento
seat el asiento
second floor el primer piso; la primera planta
second segundo
security la seguridad
to see ver
see you later hasta luego
see you soon hasta pronto
see you tomorrow hasta mañana
seed la semilla
to seem parecer
self-portrait el autorretrato

to sell vender
to send enviar, mandar
September septiembre
serious (situation) grave; serio/a
seriously ill grave
to serve servir
server el/la camarero/a
to set the table poner la mesa
setting el ambiente
seventh séptimo/a
several algún, alguno (-os, -as)
sewage las aguas residuales
shake el batido
shame la lástima
shape la forma
to share compartir
shark el tiburón
sharp (time) en punto
to shave; to shave (oneself) afeitar(se)
she ella
sheep la oveja
sheet la sábana
shell la concha
shellfish los mariscos
ship/boat el barco
shirt la camisa
shoal el banco de peces
shoes los zapatos
to shop ir de compras
shopping center el centro comercial
shopping las compras
short (in length) corto/a
short (in stature) bajo/a
short sleeve shirt camisa de manga corta
shortly after poco después
shorts los pantalones cortos
should deber
shoulder el hombro
to show mostrar
to show a movie poner una película
shower la ducha
shrimp el camarón, la gamba (Spain)
to shut in encerrar
shy tímido/a
sick enfermo/a
signal la señal
silly tonto/a
silver la plata
similar parecido/a
since desde; ya que
to sing cantar
single room la habitación sencilla
single soltero/a
sister la hermana
to sit down sentarse
sixth sexto/a
size el tamaño (clothes) la talla; (shoes) el número

to skate patinar
to ski esquiar
skiing, ski el esquí
skin la piel
skirt la falda, pollera (Arg., Urug.)
sky el cielo
to sleep dormir
slice la rebanada
slippers las zapatillas
slope la bajada; la pista
sloth el perezoso (Zool.)
small pequeño/a
smallpox la viruela
smart listo/a
to smoke fumar
smothie el batido
snack la merienda
to sneeze estornudar
snow la nieve
to snow nevar
so that para que
soap el jabón
soccer el fútbol
soccer field el campo de fútbol
social networks las redes sociales
sociology la sociología
socks los calcetines, las medias
soda el refresco
sofa el sofá
soft blando/a; suave
soft drink el refresco
soil la tierra
solar energy la energía solar
solid de color entero
some algún, alguno (-os, -as)
some unos/as
someone alguien
something algo
sometime alguna vez
sometimes a veces, algunas veces
son el hijo
song la canción
sought after codiciado/a
soup la sopa
sour agrio/a
source la fuente
source of income la fuente de ingresos
souvenirs los recuerdos
spaghetti los espaguetis, tallarines
Spanish español/a; el español
to speak hablar
specialty la especialidad
speech el discurso
speed la velocidad
to spend gastar; (time) pasar
spices las especias
spicy picante
spinach las espinacas
to sponsor patrocinar

spoon la cuchara
spoonful la cucharada
sport el deporte
sportsman, sportswoman el/la deportista
to spray rociar
to spread difundir
spring la primavera
to sprinkle rociar
square la plaza
square meter el metro cuadrado
stadium el estadio
stairs la escalera
to stand in line hacer cola
to stand out destacarse
star la estrella
to start comenzar, empezar
statistics la estadística
to stay quedarse
to stay in touch mantenerse en contacto
steak el bistec, la carne de res
steering wheel el volante
stem cell la célula troncal
step el paso
stepbrother el hermanastro
stepfather el padrastro
stepmother la madrastra
stepsister la hermanastra
still todavía
stockings las medias
stomach el estómago
stopover la escala
store la tienda
store window el escaparate
story el cuento
stove la estufa, la cocina
strawberry la fresa
street la calle
to strenghten fortalecer
stretch el tramo
stripes de rayas
stroke la campanada
to stroll pasear
strong fuerte
student el/la estudiante, alumno/a
studious estudioso/a
to study estudiar
to stumble tropezarse
style el estilo
stylish de moda
subject la materia, la asignatura
subway el metro
success el éxito
sugar el azúcar
to suggest sugerir
suit el traje

suit el traje de chaqueta
suitcase la maleta
summer el verano
to sunbathe tomar el sol
Sunday domingo
sunglasses las gafas de sol
supermarket el supermercado
supper la cena, la comida
to support apoyar; sustentar
to surf hacer surf
surprise la sorpresa
surrealist surrealista
to surround rodear
to survive sobrevivir
sweater el suéter
sweatshirt la sudadera
to sweep barrer
swelling la hinchazón
to swim nadar
swimming la natación
swimming pool la piscina
swollen hinchado/a
symbol el símbolo
symptom el síntoma

T

table la mesa
tablecloth el mantel
tablet la tableta
to take a bath bañarse
to take a nap dormir la siesta
to take a seat tomar asiento
to take a shower ducharse
to take a walk dar una vuelta; pasear
to take advantage aprovechar
to take away quitar
to take care of cuidar(se) (de)
to take llevar
to take note fijar(se)
to take notes tomar apuntes/notas
to take off (airplane) despegar
to take off quitarse
to take out sacar
to take tomar
to take turns turnarse
Take turns Túrnense.
Talk (about …) Hablen (sobre…)
to talk conversar
talkative conversador/a
tall alto/a
to taste probar
tea el té
teacher el/la profesor/a
team el equipo
to tear romper
teaspoon la cucharita
technician el/la técnico/a

telephone el teléfono
television set el televisor
to tell decir; contar
Tell your partner … Dile a tu compañero/a…
tenfold el décuplo
tennis el tenis
tennis player el/la tenista
tennis shoes las zapatillas de deporte
tent la tienda
tenth décimo/a
test el análisis; el examen
to exhibit exponer
textile industry industria textil
Thank goodness! ¡Gracias a Dios!
thanks gracias
Thanksgiving Day el Día de Acción de Gracias
that (adjective) ese/a
that (over there) aquel/aquella/aquello
that ese/esa/eso
That's so interesting! ¡Qué interesante!
That's unbelievable! ¡Qué increíble!
thaw, thawing el deshielo
the (singular) el/la; **(plural)** los/las
the best el/la mejor
the day after tomorrow pasado mañana
the day before yesterday anteayer
the important thing lo importante
the most el/la… más
the night before last ante(a)noche
the oldest el/la mayor
the same lo mismo
The screen froze up on me. Se me congeló la pantalla.
The weather is good/bad. Hace buen/ mal tiempo.
the youngest el/la menor
theater el teatro
their su(s)
theme el tema
themselves a sí mismo/a(s)
then entonces, luego
there is, there are hay
thermometer el termómetro
these estos/estas
they ellos/ellas
thief el/la ladrón/a
thin delgado/a
thing la cosa
things you own las pertenencias
to think parecer; **(about)** pensar (en)
third tercero/la, tercer
this este/esta/esto
those esos/esas

those (over there) aquellos/aquellas
thousand mil
throat la garganta
through a través de; por
to throw lanzar
Thursday jueves
ticket el boleto, el pasaje, el billete (*Spain*)
tidy ordenado/a
to tidy up ordenar
tie la corbata
tight estrecho/a
tire la llanta
tired cansado/a
to a; para
to the al (*contraction of* **a** + **el**)
toast el pan tostado, la tostada
today hoy
Today is (day of the week.) Hoy es (día de la semana).
together juntos/as
toilet el inodoro
tomato el tomate
tomato sauce la salsa de tomate
tomorrow mañana
tonight esta noche
too también
tooth el diente
toothpaste la pasta de dientes
topic el tema
tourist class la clase turista
tournament el campeonato, el torneo
towards para
towel la toalla
toy el juguete
to turn doblar
track and field el atletismo
track la pista
tradition la tradición
train el tren
to train prepararse
trait el rasgo
to translate traducir
trash la basura
travel agency la agencia de viajes
travel agent el/la agente de viajes
to travel viajar; recorrer
traveller el/la viajero/a
tray la bandeja
to treat tratar
treaty el tratado
tree el árbol
to tremble estremecerse
trip la excursión
trip el viaje
true cierto/a
trunk el maletero, el baúl
trust la confianza
trustworthy confiable

to try on probarse
to try tratar; probar
T-shirt la camiseta
Tuesday martes
turkey el pavo, el guajolote *(Mex.)*
to turn in entregar
to turn off apagar
to turn on encender; (the TV) poner
twice dos veces
twin gemelo/a
to twist torcer(se)
typical típico/a

U

U.S. citizen estadounidense
UFO el OVNI
ugly feo/a
umbrella el paraguas
umpire el árbitro
uncle el tío
to uncover destapar
under bajo; debajo (de)
to underline subrayar
to understand comprender,
  entender
underwear la ropa interior
unemployment el desempleo
unforgettable inolvidable
to unify unificar
university la universidad
unless a menos que
unmarried soltero/a
unpleasant antipático/a
unripe verde
until hasta(que)
to upload subir
urgent urgente
Uruguayan uruguayo/a
to use usar
useful útil

V

vacation las vacaciones
vacuum cleaner la aspiradora
to vacuum pasar la aspiradora
Valentine's Day el Día de los
  Enamorados/del Amor y la
  Amistad
vanilla la vainilla
vegetable el vegetal, la verdura
vein la vena
Venezuelan venezolano/a
verb el verbo
very muy
vet el/la veterinario/a
video game el videojuego
view la vista

village el pueblo
vinegar el vinagre
virtual library la biblioteca virtual
virtually virtualmente
to visit visitar
voice la voz
volleyball el vóleibol/volibol
to vote votar

W

wage el sueldo
wagon la carreta
waist la cintura
to wait for esperar
waiter/waitress el/la camarero/a
waiting room la sala de espera
to wake up despertarse
to wake someone up despertar
to walk caminar
wallet la billetera
to want querer, desear
warehouse el almacén
warming el calentamiento
warm-up el calentamiento
to wash (oneself) lavar(se)
washer la lavadora
waste los desperdicios
wastebasket el cesto
water el agua
to water regar
wave la ola
We hope that . . . Ojalá que...
we nosotros/as
weak débil
wealthy rico/a
to wear a costume disfrazarse
to wear a shoe size calzar
to wear llevar
weather el tiempo
weather forecast el pronóstico del
  tiempo
wedding la boda
Wednesday miércoles
week la semana
weekend el fin de semana
weight la pesa
well bien
well parked bien aparcado
wet mojado/a
What a coincidence! ¡Qué
  casualidad!
What a nuisance! ¡Qué lata!
What a pity! ¡Qué lástima!
What day is today? ¿Qué día
  es hoy?
What do you think? ¿qué te parece?
What for? ¿para qué?
What is he/she/it like? ¿Cómo es?

What is the date today? ¿Qué fecha es
  hoy?/¿Cuál es la fecha?
What time is it? ¿Qué hora es?
What? ¿Qué?; ¿Cómo?; ¿Perdón?
What's the weather like? ¿Qué tiempo
  hace?
What's up? What's new?
  (informal) ¿Qué tal?
What's your name? (familiar) ¿Cómo
  te llamas?
What's your name? (formal) ¿Cómo se
  llama usted?
What's wrong (with you/them)? ¿Qué
  te/le(s) pasa?
wheat el trigo
wheel la rueda
when cuando
When? ¿Cuándo?
Where (to)? ¿Adónde?
Where is … ? ¿Dónde está…?
where, wherever donde
Where? ¿Dónde?
Which? ¿Cuál(es)?
while mientras
to whistle pitar
white blanco/a
Who is . . .? ¿Quién es…?
Who? Quién(es)?
whose? ¿De quién?
why por qué
Why? ¿Para qué?; ¿Por qué?
wide ancho/a
widower viudo/a
wife la esposa, la mujer *(Spain)*
wild silvestre
to win ganar
wind el viento
window la ventana
window seat el asiento de
  ventanilla
windshield el parabrisas
windshield wiper el limpiaparabrisas
wine el vino
wing el ala
winter el invierno
to wish desear; esperar; querer
with con
with me conmigo
with much love con mucho cariño
With pleasure./Gladly. Con mucho
  gusto.
with them con ellos/ellas
with whom con quien
with you (familiar) contigo
without sin(que)
without us sin nosotros/as
woman la mujer
wood la madera
word la palabra

work el trabajo; la obra
to work trabajar; funcionar
worker el/la obrero/a; el/la
  trabajador/a
workforce la fuerza laboral
workshop el taller
to worship venerar
wound la herida
wrist la muñeca
to write escribir
to write to each other escribirse
Write. Escribe.
writer el/la escritor/a

Y

year el año
yellow amarillo/a
yes sí
yesterday ayer
yet todavía
yogurt el yogur
you (familiar) like te gusta(n)
you (familiar) tú; **(plural)** vosotros/as
  (Spain)
you (formal) like le gusta(n)

you (formal) usted; **(plural)** ustedes
you are (familiar) eres; estás
you are (formal) es; está
you have (familiar) tienes
you're welcome de nada
young joven
young man/woman el/la joven
your (familiar plural) vuestro(s),
  vuestra(s)
your (familiar) tu(s)
your (formal) su(s)
Yours, sincerely. Un cordial saludo.

Text & Photo Credits

Text Credits

Capítulo 13

p. 453: Gabriela Mistral, "Dame la mano." La Orden Franciscana de Chile autoriza el uso de la obra de Gabriela Mistral. Lo equivalente a los derechos de autoría es entregado a la Orden Franciscana de Chile, para los niños de Montegrande y de Chile, de conformidad a la voluntad testamentaria de Gabriela Mistral; **p. 475:** Gloria Fuertes, "Las Cosas" by Gloria Fuertes from OBRAS INCOMPLETAS, Cátedra, 2006. Used by permission of Fundación Gloria Fuertes

Capítulo 14

p. 506: "La mosca que soñaba que era un aguila" by Augusto Monterroso from EL PARAÍSO IMPERFECTO: ANTOLOGÍA TÍMIDA. Debolsillo, 2013. Used by permission of International Editors Company, S. L.

Photo Credits

Front Matter

p. ix: adimas/fotolia; **p. x:** LUIS ACOSTA/AFP/ Getty Images; **p. xi:** Monkey Business Images/ Shutterstock/Dorling Kindersley, Ltd.; **p. xiii(t):** Marcos Brindicci/Reuters/Corbis; **p. xiii(b):** Eduardo Rivero/Shutterstock; **p. xiv(r):** Christian Kieffer/Shutterstock; **p. xiv(l):** Skylines/ Shutterstock; **p. xv:** Andresr/Shutterstock; **p. xvi:** Nik Niklz/Shutterstock; **p. xvii:** Jose Luis Stephens/Alamy; **p. xiii:** Fotolia; **p. xxiii(l):** Fotolia; **p. xxiii:** Fotolia; **p. xviii:** Imagery-Majestic/Shutterstock; **p. xxxvi(b):** Elizabeth E. Guzman; **p. xxxvi:** Judith Liskin-Gasparro

Capítulo Preliminar

p. 2: Contrastwerkstatt / Fotolia; **p. 3:** Jeff Greenberg / Alamy; **p. 4(tl):** Mikesch112 / Fotolia; **p. 4(tr):** Atm2003 / Fotolia; **p. 4(c):** Joan Albert Lluch / Fotolia; **p. 4(bl):** BlueOrange Studio / Fotolia; **p. 5:** Zurijeta / Shutterstock; **p. 6(t):** Michael Jung / Fotolia; **p. 7(tl):** Ian O'Leary /Getty Images; **p. 7(tc):** Dorling Kindersley, Ltd; **p. 7(bl):** Shutterstock; **p. 8(tr):** Mike Good / Dorling Kindersley, Ltd; **p. 9(bl):** Bonga1965 / Fotolia; **p. 10-11(tl):** Priganica / Fotolia; **p. 11(br):** Brenda Carson / Fotolia; **p. 13(tc):** Alexmillos / Fotolia; **p. 14(bl):** Vannphoto / Fotolia; **p. 14(b):** Vmelinda/fotolia; **p. 16(bl):** Diego Cervo / Fotolia; **p. 18(tl):** Pedrosala / Fotolia; **p. 18(cr):** Alex Havret / DK Images; **p. 18(bc):** StockLite / Shutterstock; **p. 20:** Runzelkorn / Fotolia; **p. 22(b):** Chokniti / Fotolia; **p. 23(tr):** Scanrail / Fotolia; **p. 23(b):** Petr Vaclavek / Fotolia; **p. 24(cl):** Adimas / Fotolia; **p. 24(bl):** Brad Pict / Fotolia; **p. 25(tl):** Faraways / Fotolia; **p. 25(tr):** Paul Bricknell / Dorling Kindersley, Ltd; **p. 25(c):** Barone Rosso / Fotolia; **p. 25(bl):** Andy Crawford / Dorling Kindersley, Ltd; **p. 25(br):** Tim Ridley / Dorling Kindersley, Ltd; **p. 26(b):** Silkstock / Fotolia; **p. 27(cr):** Igor Mojzes / Fotolia;

Capítulo 1

p. 30(cr): Yuraliaits Albert / Shutterstock; **p. 31(c):** Matt Trommer / Shutterstock; **p. 31(cr):** Pilar Echevarria / Shutterstock; **p. 31(tc):** Dorota Jarymowicz and Mariusz Ja / DK Images; **p. 31(c):** Rafael Ramirez Lee / Shutterstock; **p. 31(tl):** Carlos Nieto / Age Fotostock / Robert Harding; **p. 31(bl):** Album / Prisma / Newscom; **p. 32(tl):** Akulamatiau / Fotolia; **p. 32(bl):** Aleksandar Todorovic / Fotolia; **p. 32(cr):** Travelwitness / Fotolia; **p. 32(cl):** Mrks V / Fotolia; **p. 33(cr):** Andresr / Shutterstock; **p. 33(bl):** Pkchai / Shutterstock; **p. 34(br):** Andres Rodriguez / Fotolia; **p. 35(tr):** Jenkedco /Shutterstock; **p. 36:** Roman Sigaev / Fotolia; **p. 38(br):** Hemeroskopion / Fotolia; **p. 39:** Santiago Pais / Fotolia; **p. 40(b):** Tim Draper / Dorling Kindersley,Ltd; **p. 41(tr):** Pearson Education Ltd; **p. 41(cl):** Yakor / Fotolia; **p. 41(cl):** Fxegs / Fotolia; **p. 47(cl):** Aaron Amat / Fotolia; **p. 47(br):** Hill Street Studios / Blend Images/Alamy; **p. 48(tr):** JHershPhoto / Shutterstock; **p. 49(tr):** Mimohe / Fotolia; **p. 55(tc):** Spencer Grant / PhotoEdit; **p. 56:** Auremar / Fotolia; **p. 57(tr):** Gabriel Blaj / Fotolia LLC; **p. 62:** Dmitriy Shironosov / Shutterstock;

Capítulo 2

p. 64(cr): Andres Rodriguez / Fotolia; **p. 65(l):** Everett Collection Inc / Alamy; **p. 65(l):** Everett Collection Inc / Alamy; **p. 65(tc):** April Turner / Shutterstock; **p. 65(bc):** Robin Holden Sr / Shutterstock; **p. 65(cr):** Hola Images / Alamy; **p. 65(tr):** EPA / Alamy; **p. 65(c):** Gvictoria / Shutterstock; **p. 65(br):** Images / Alamy; **p. 66(c):** Alessandra Santarell i/ Jeoff Davis / Dorling Kindersley,Ltd; **p. 66(cr):** Everett Collection Inc / Alamy; **p. 66(bl):** Henryk Sadura / Fotolia; **p. 66(br):** ZUMA Press, Inc. / Alamy; **p. 67(tl):** Andres Rodriguez / Fotolia; **p. 67(tc):** Samuel Borges / Fotolia; **p. 67(tr):** Mel Lindstrom / Mira; **p. 67(l):** Mangostock / Fotolia; **p. 67(br):** Andresr / Shutterstock; **p. 68(br):** Avava / Fotolia; **p. 71(cl):** Wallenrock / Shutterstock; **p. 71(cl):** Dallas Events Inc / Shutterstock; **p. 71(c):** Michaeljung / Fotolia; **p. 71(cr):** Shutterstock; **p. 71(b):** Wong Sze Fei / Fotolia; **p. 72(tl):** EPA / Alamy; **p. 72(tr):** EPA / Alamy; **p. 73(bl):** Greg Roden / Dorling Kindersley,Ltd; **p. 74(tr):** Berc / Fotolia; **p. 75(br):** Max / Fotolia; **p. 75(tl):** Igorigorevich / Fotolia; **p. 75(tr):** Dgmata / Fotolia; **p. 77(br):** Shutterstock; **p. 78(tr):** WavebreakMediaMicro / Fotolia; **p. 78(bl):** Michael Germana / Landov; **p. 78(bc):** Front Row Photos; **p. 78(b):** Taylor Jones / The Palm Beach Post / Zumapress / Alamy; **p. 78(br):** Ramon Espinosa / AP Images; **p. 78(cl):** Max Alexander / DK Images; **p. 80(tr):** AP Images; **p. 81** Tyler Olson / Shutterstock; **p. 86(tr):** Dwphotos / Shutterstock; **p. 87(tr):** Andresr / Shutterstock; **p. 89(tl):** Andres Rodriguez / Fotolia; **p. 89(cl):** ArchMen / Fotolia; **p. 90(tl):** Andres Rodriguez / Fotolia LLC; **p. 91(br):** Andres Rodriguez / Fotolia LLC; **p. 92(tr):** Skylines / Shutterstock; **p. 94(br):** Shutterstock; **p. 95(tc):** Alliance Images / Alamy; **p. 96(br):** Scanrail / Fotolia; **p. 97** Andresr / Shutterstock; **p. 98** Leonidovich / Shutterstock;

Capítulo 3

p. 100(cr): Auremar / Fotolia; **p. 101(tl):** Suzanne Porter / Dorling Kindersley, Ltd; **p. 101(cl):** Mike Von Bergen / Shutterstock; **p. 101(cr):** Shutterstock; **p. 101(bl):** Mireille Vautier / Alamy; **p. 102(tl):** Ocphoto / Shutterstock; **p. 102(cl):** Bob Krist / Corbis; **p. 102(bl):** Richard Smith / Corbis; **p. 102(cr):** Silvia Izquierdo/Reuters/Corbis; **p. 103(tl):** Creatas / Thinkstock; **p. 103(tl):** Tim Draper / Rough Guides / DK Images; **p. 103(tc):** iStockphoto / Thinkstock; **p. 103(tr):** Mangostock / Fotolia; **p. 104** Travel Pictures / Alamy; **p. 105(cr):** Luis Santos /shutterstock; **p. 105(tr):** Giuseppe_R / Shutterstock; **p. 105(br):** Goodluz / Fotolia; **p. 106** Grant Hindsley / AP images; **p. 107(br):** Subbotina Anna / Shutterstock; **p. 107(tl):** Jennifer Boggs / Amy Paliwoda / Alamy; **p. 107(bl):** Cameron Whitman / Shutterstock; **p. 107(tr):** Dinner, Allison / the food passionates /Corbis; **p. 108** Jeff Greenberg / Alamy; **p. 109(bc):** John Van Hasselt / Sygma / Corbis; **p. 110(tr):** karelnoppe / Fotolia; **p. 110(cl):** Segismundo Trivero / Fotolia; **p. 110(br):** Jeff Greenberg / Alamy; **p. 113(br):** James Thew / Fotolia; **p. 115(br):** Kitch Bain / Shutterstock; **p. 116(bl):** Fotolia; **p. 116(tc):** Aaron Oberlander / Getty Images; **p. 116(br):** Oscar Pinto Sanchez; **p. 116(br):** Jeff Greenberg / Alamy; **p. 117(br):** Elenathewise / Fotolia; **p. 122** Germanskydive110 / Fotolia; **p. 124** Zuma Press, Inc / Alamy; **p. 125(t):** Robert Lerich / Fotolia; **p. 125(b):** Neale Cousland / Shutterstock; **p. 134** iPics / Fotolia.

Capítulo 4

p. 136(cr): Andres Rodriguez / Fotolia; **p. 137(tc):** Amra Pasic / Shutterstock; **p. 137(cr):** Pies Specifics / Alamy; **p. 137(cl):** Archivo el Tiempo / El Tiempo de Colombia / Newscom; **p. 137(cr):** Richard Gunion / Thinkstock; **p. 137(bl):** Galyna Andrushko / Shutterstock; **p. 137(br):** Marlborough Gallery; **p. 138(tl):** Luis Acosta / AFP / Getty Images; **p. 138(bl):** Fotolia; **p. 138(tr):** Rodrigo Arangua / AFP / Getty Images / Newscom; **p. 138(br):** Jenny Leonard / Shutterstock; **p. 139(tl):** Paloma Lapuerta; **p. 139(tr):** bst2012 / Fotolia; **p. 139(br):** Blend Images / Shutterstock; **p. 139(bl):** Ton Koene / Horizons WWP / Alamy; **p. 141(b):** JackF / Fotolia; **p. 142(tr):** Montserrat Diez / EPA / Newscom; **p. 142(br):** Fotoluminate LLC / Fotolia; **p. 143(cr):** Lucky Dragon USA / Fotolia; **p. 145(bl):** Dennis jacobsen / Fotolia; **p. 145(br):** Monkey Business Images / Shutterstock, **p. 146(br):** Jose R. Aguirre / Cover / Getty Images; **p. 146(t):** Jupiterimages / Brand X Pictures / Thinkstock; **p. 147(tr):** Scott Griessel / Fotolia, **p. 147(br):** Africa Studio /

Fotolia; **p. 148(tr):** Samuel Borges / Fotolia; **p. 149(bl):** Monkey Business Images / Shutterstock / Dorling Kindersley, Ltd.; **p. 149:** Vision images / Fotolia; **p. 150(t):** Doruk Sikman / Fotolia; **p. 150(b):** Noam / Fotolia; **p. 151(bl):** Monkey Business / Fotolia; **p. 151(tr):** Nick White / Getty Images; **p. 152(tr):** Blend Images / Thinkstock; **p. 154(tl):** Stefanolunardi / Fotolia; **p. 155(br):** Giuseppe R / Fotolia; **p. 155(tr):** Gabriel Blaj / Fotolia; **p. 156(tr):** Blaz Kure / Shutterstock; **p. 157(br):** Daria Filiminova / Fotolia; **p. 158(bl):** Helen Kattai / Shutterstock; **p. 159(tr):** GalinaSt / Fotolia; **p. 161:** AVAVA / Shutterstock; **p. 163(tc):** Omkara.V / Fotolia; **p. 164(tc):** Orange Line Media / Fotolia; **p. 166(tl):** Shutterstock; **p. 166(br):** Bill Aron / PhotoEdit; **p. 167(br):** Andres Rodriguez / Fotolia; **p. 168(br):** Ra2studio / Shutterstock;

Capítulo 5

p. 170(cr): Rtimages / Fotolia; **p. 171(tc):** Oscar Espinosa / Shutterstock; **p. 171(cl):** Tatiana Popova / Shutterstock; **p. 171(cr):** Getty Images; **p. 171(bc):** Getty Images; **p. 171(br):** Eli Coory/Fotolia; **p. 171(l):** Shutterstock.com; **p. 171(bl):** Cindy Miller Hopkins / Danita Delimont / Alamy; **p. 172(cr):** Christian Heeb / JAI / Corbis; **p. 172(bl):** Tazzymon / Fotolia; **p. 172(tc):** Ariane Citron / Fotolia; **p. 173(cr):** Nik Wheeler / Alamy; **p. 175(br):** Kochneva Tetyana / Shutterstock; **p. 176(br):** Oswaldo Rivas / Reuters / Corbis; **p. 180(br):** Ruth Jenkinson / DK Images; **p. 181(bc):** Andres Rodriguez / Alamy; **p. 181(br):** Robert Harrison / Alamy; **p. 184(tl):** Randy Green / Alamy; **p. 184(c):** Bruce Ayres / Getty Images; **p. 184(cr):** Jan Sochor / Alamy; **p. 188(tl):** Tony Freeman / PhotoEdit; **p. 188(tr):** Fotolia; **p. 188(cr):** Erwinova / Fotolia; **p. 192(tr):** Enigmatico / Fotolia; **p. 199(bl):** Diego Cervo / Shutterstock; **p. 200(tc):** Kablonk Micro / Fotolia; **p. 201(br):** Giovanni Cancemi / Fotolia;

Capítulo 6

p. 204(cr): Conrado/Shutterstock; **p. 205(tl):** E Mike / Fotolia; **p. 205(tc):** Enrique Molina / Age Fotostock; **p. 205(cl):** Gastromedia / Alamy; **p. 205(cr):** Mark Cosslett / National Geographic Image Collection / Getty Images; **p. 205(bl):** Simon Bolivar (1783-1830) (chromo-litho), . / Private Collection / Archives Charmet / The Bridgeman Art Library; **p. 205(bc):** Malcolm Schuyl / Alamy; **p. 206** Volff / Fotolia; **p. 206(tl):** Malcolm Schuyl / Alamy; **p. 206(cl):** Volff / Fotolia; **p. 206(tr):** Vladimir Melnik / Fotolia; **p. 206(cr):** Hemeroskopion / Fotolia; **p. 207(tl):** Dan Herrick / Alamy; **p. 207(tl):** Rob Crandall/Stock Connection / Glow Images; **p. 207(tc):** Jeff Greenberg / PhotoEdit, Inc.; **p. 208(cr):** Adam Gregor / Fotolia; **p. 209(cl):** Brand X Pictures / Thinkstock; **p. 212(tr):** lunamarina / Fotolia; **p. 214(c):** Glamour / Shutterstock; **p. 215(bl):** Dorothy Alexander / Alamy; **p. 215(tr):** Scott Dalton / Bloomberg / Getty Images; **p. 220(tr):** Patrick Keen / Getty Images; **p. 220(tl):** JKaczka Digital Imaging / Fotolia; **p. 220(bl):** Yann Arthus-Bertrand / Documentary / Corbis; **p. 220(br):** Juan Silva / The Image Bank / Getty Images; **p. 224(cr):** Carlos / Fotolia; **p. 228(bc):** Gelpi JM / Shutterstock; **p. 228(br):** Jason Maehl / Shutterstock; **p. 228(bl):** East / Shutterstock; **p. 228(bc):** Iko / Shutterstock; **p. 228(cr):** Paco Ayala / Fotolia; **p. 229(bc):** Sauletas / Fotolia; **p. 232(br):** Monkey Business Images /Shutterstock; **p. 232(tr):**

Antonio Guillem / Shutterstock; **p. 232(bl):** Kurhan / Shutterstock; **p. 232(cr):** Konradbak / Fotolia; **p. 233(tl):** Goodluz / Shutterstock; **p. 233(tc):** Artem Furman / Shutterstock; **p. 233(tr):** Viacheslav Nikolaenko / Shutterstock; **p. 235(cr):** Julia Pivovarova / Shutterstock; **p. 237(cl):** WoGi / Fotolia;

Capítulo 7

p. 240(cr): Jiang Dao Hua / Shutterstock; **p. 241** Zurbaran Galeria / SuperStock; **p. 241(tc):** Elxeneize / Fotolia; **p. 241(bc):** Christopher Pillitz/Alamy; **p. 241(cr):** Eye Ubiquitous / Robert Harding; **p. 241(tl):** Galina Barskaya / Shutterstock; **p. 242(tl):** Demetrio Carrasco / DK Images; **p. 242(bl):** Nicoletaraftu / Fotolia; **p. 242(bc):** Kseniya Ragozina / Fotolia; **p. 242(cl):** Fernando Giani / Fotolia; **p. 242(cr):** Toniflap / Fotolia; **p. 243(tl):** Marcos Brindicci / Reuters / Corbis; **p. 243(bl):** Bikeriderlondon / Shutterstock; **p. 243(cr):** Daily Mail / Rex / Alamy; **p. 244(cr):** Gal Schweizer / Getty Images; **p. 245(br):** Corbis Sports/Corbis; **p. 245(bl):** Tim Farrell / Corbis Sports / Corbis; **p. 245(bc):** Fred Thornhill / Reuters / Corbis; **p. 249(cl):** Photocreo / Fotolia; **p. 250(cl):** Maxi Failla / LatinContent / Getty Images; **p. 250(tr):** Alfredo Herms / LatinContent / Getty Images; **p. 250(br):** Richard Rad / LatinContent / Getty Images; **p. 253(bc):** Fotokostic / Shutterstock; **p. 254(cr):** Cusp / SuperStock; **p. 254(tc):** Carlos / Fotolia; **p. 254(br):** Bikeriderlondon / Shutterstock; **p. 261(tr):** Tobias Titz / Getty Images; **p. 264(bl):** Fotolia; **p. 270(br):** Morten Andersen/Corbis; **p. 272(br):** Nicolas Celaya / Xinhua /Landov; **p. 273(cl):** Fotokostic / Shutterstock; **p. 273(tr):** Fotoember / Fotolia;

Capítulo 8

p. 276(cr): Monkey Business /Fotolia; **p. 277(tc):** Chris Ronneseth / Getty Images; **p. 277(tr):** Steven Allan / Getty Images; **p. 277(bc):** Nathalie Speliers Ufermann / Shutterstock; **p. 277(tl):** Ken Welsh / Age Fotostock; **p. 277(cr):** Kinetic Imagery / Shutterstock; **p. 277(bl):** Frida Kahlo / Museo Nacional de Arte Moderno,2001 Banco de Mexico Diego Rivera & Frida Kahlo Museums Trust/Artists Rights Society (ARS), NY. Av./D.F. Reproduction authorized by the Instituto Nacional de Bellas Artes y Literatura / Christie's Images / Corbis; **p. 278(tl):** Ulga / Fotolia; **p. 278(br):** DK Images; **p. 278(bl):** Danny Lehman / Corbis; **p. 278(tr):** Horticulture / Fotolia; **p. 279(tl):** German_click / Fotolia; **p. 279(tc):** Kim Karpeles / Alamy; **p. 279(tr):** Eduardo Rivero / Shutterstock; **p. 279(bl):** Phil Clarke-Hill / Robert Harding World Imagery / Alamy; **p. 279(bc):** Fabienne Fossez / Alamy; **p. 279(br):** Jan Sochor / Alamy; **p. 280(c):** Orlando Sierra / AFP / Getty Images; **p. 281(r):** Danita Delimont / Alamy; **p. 282(bc):** Nito / Fotolia; **p. 283(tr):** Phase4Photography / Fotolia; **p. 284(cl):** Guillermo Gonzalez / Notimex / Newscom; **p. 285(cl):** Jan Sochor / Demotix / Corbis; **p. 285(tr):** Jan Sochor / Demotix / Corbis; **p. 285(br):** Jmstock / Getty Images; **p. 291(bl):** DmitriMaruta / Shutterstock; **p. 291(bc):** Juriah Mosin / Shutterstock; **p. 291(br):** Anetlanda / Shutterstock; **p. 294(bc):** Dan Bannister / DK Images; **p. 294(br):** Hector Vivas / Jam Media / LatinContent / Getty Images; **p. 295(bc):** John Mitchell / Alamy; **p. 295(br):** Sandra van der Steen / Fotlia; **p. 296(tl):** EPA / Alamy; **p. 296(tr):** Peter Kneffel / EPA / Newscom;

p. 298(tr): Memofoto / Fotolia; **p. 307(tr):** Mireille Vautier / Alamy; **p. 307(cl):** Holbox / Shutterstock; **p. 308(br):** Michaeljung / Fotolia;

Capítulo 9

p. 310(cr): Goodluz / Shutterstock; **p. 311(tc):** Kschrei / Shutterstock; **p. 311(tr):** Linda Whitwam / DK Images; **p. 311(cr):** Robert Lerich / Fotolia; **p. 311(bl):** Kim Seidl / Shutterstock; **p. 311(bc):** Stefano Paterna / Alamy; **p. 311(bl):** Arte Maya; **p. 312(cr):** Simon Dannhauer / Fotolia; **p. 312(cl):** hotshotsworldwide / Fotolia; **p. 312(bl):** Johan Ordonez / AFP / Getty Images; **p. 312(tl):** Tim Draper / DK Images; **p. 313(br):** EPA / Corbis; **p. 313(bl):** Karl Kummels / SuperStock; **p. 313(bc):** Fernando Morales / AFP / Newscom; **p. 313(tc):** Arte Maya; **p. 313(tr):** Arte Maya; **p. 313(tl):** Arte Maya; **p. 315(tl):** Science Photo Library / Alamy; **p. 315(tc):** Shutterstock; **p. 315(tr):** Kokotewan /Fotolia; **p. 315(bl):** Fotolia; **p. 315(bc):** Tsian / Shutterstock; **p. 315(br):** Wavebreakmedia / Shutterstock; **p. 316(tl):** Gabriela Trojanowska / Shutterstock; **p. 317(cr):** Andres Rodriguez / Fotolia; **p. 318(bl):** Dave Rock / Shutterstock; **p. 318(tl):** Shutterstock; **p. 320(bl):** Monkey Business / Fotolia; **p. 320(br):** Snowwhiteimages / Fotolia; **p. 321(tr):** Blickwinkel / LO / Alamy; **p. 321(cr):** Christian Kieffer / Shutterstock; **p. 321(bl):** Homer Sykes / Photonica World / Getty Images; **p. 324(tl):** Lev Kropotov / Shutterstock; **p. 325(tr):** Yuri Arcurs / Shutterstock; **p. 328(br):** Wavebreakmedia /Shutterstock; **p. 329(tr):** Corepics VOF / Shutterstock; **p. 336(cr):** Scott T. Baxter / Photodisc /Getty Images; **p. 341(bc):** Paul Kennedy / Alamy; **p. 342(br):** Daboost / Fotolia; **p. 342(bl):** Daboost / Fotolia; **p. 342(bc):** Daboost / Fotolia; **p. 343(br):** Mark Harmel / Alamy; **p. 343(tc):** A. Ramey / PhotoEdit;

Capítulo 10

p. 346(cr): Lucky Business / Shutterstock; **p. 347(bc):** Jennifer Elizabeth / Fotolia; **p. 347(tc):** iStockphoto / Getty Images; **p. 347(tr):** Steve100 / Fotolia; **p. 347(tl):** Kletr / Shutterstock; **p. 347(cr):** Andrew Linscott / Alamy; **p. 347(br):** Yumbo Indian from the neighbourhood of Quito, Ecuador, with various fruits and trees (oil on canvas), American School, (18th century) / Museo de America, Madrid, Spain / Index / The Bridgeman Art Library; **p. 348(tl):** Rechitan Sorin / Shutterstock; **p. 348(tr):** PB Pictures / Fotolia; **p. 348(bl):** Alexander / Fotolia; **p. 348(br):** Tommypic / Fotolia; **p. 349(tl):** Owen Franken / Corbis; **p. 349(tr):** Greg Roden / Rough Guides / DK Images; **p. 349(bl):** Arco Images G / Newscom; **p. 349(bc):** Imagebroker / Alamy; **p. 349(tc):** Janice Hazeldine / Alamy; **p. 353(cr):** Redav / Shutterstock; **p. 355(cr):** Santiago Cornejo / Shutterstock; **p. 356(cl):** Sven Schermer / Shutterstock; **p. 356(tc):** Margie Politzer / Lonely Planet Images / Getty Images; **p. 356(br):** Pablo Aneli / AP Images; **p. 359(tl):** Lily / Fotolia; **p. 359(tc):** Paul Brighton / Fotolia; **p. 363(tr):** Sergey Peterman / Fotolia; **p. 366(bc):** John Mitchell / Alamy; **p. 367(cr):** Skylines / Shutterstock; **p. 370(cr):** Greg Roden / Dorling Kindersely,Ltd; **p. 370(cl):** Robert Lerich / Fotolia; **p. 371(tr):** Danita Delimont / Alamy; **p. 377(tr):** Julenochek / Fotolia; **p. 377(tc):** Christian Vinces / Shutterstock; **p. 378(bl):** Pressmaster / Fotolia;

Capítulo 11

p. 380(tr): Mangostock / Fotolia; **p. 381(tl):** Alex James Bramwell / Shutterstock; **p. 381(cl):** Osov / Shutterstock; **p. 381(c):** Elias H. Debbas II / Shutterstock; **p. 381(cr):** Rob Huntley / Shutterstock; **p. 381(bl):** Mireille Vautier / Alamy; **p. 382(tl):** Fotolia; **p. 382(cr):** Brelsbil / Fotolia; **p. 382(cl):** Salazar / Fotolia; **p. 382(tr):** Cstyle / Fotolia; **p. 383(tl):** Andresr / Shutterstock; **p. 383(tr):** Adam Eastland / Alamy; **p. 383(bl):** Dorothy Alexander / Alamy; **p. 383(br):** Nigel Hicks / Dorling Kindersely, Ltd; **p. 384(c):** Simone Voigt / Shutterstock; **p. 390(tc):** Paul Almasy / Corbis, **p. 390(tr):** Greg Roden / DK Images; **p. 390(br):** Jorge Adorno / Reuters / Corbis; **p. 391(tr):** Rob Bayer / Shutterstock; **p. 397(tr):** Donya Nedomam / Shutterstock; **p. 398(cr):** Graham Harrison / Alamy; **p. 401(tl):** Linda Whitwam / Dorling Kindersley,Ltd; **p. 401(cl):** Galina Barskaya / Fotolia; **p. 409(br):** Angellodeco / Fotolia; **p. 410(tr):** BrazilPhotos / Alamy; **p. 411(c):** Pablocalvog / Fotolia; **p. 412(b):** Rangizzz / Fotolia;

Capítulo 12

p. 414(c): vilainecrevette / Fotolia; **p. 415(cr):** Marcus / Fotolia; **p. 415(tr):** Jim Lipschutz / Shutterstock; **p. 415(c):** RJ Lerich / Shutterstock; **p. 415(tl):** Brandon / Shutterstock; **p. 415(cl):** Jon Spaull / Dorling Kindersley, Ltd.; **p. 415(bl):** Kevin Schafer / Alamy; **p. 416(t):** Vilant / Fotolia; **p. 416(cr):** AustralianDream / Fotolia; **p. 416(cl):** Searagen / Fotolia; **p. 416(b):** Fotolia; **p. 417(tl):** Jose Luis Stephens / Alamy; **p. 417(tr):** Prisma Archivo / Alamy; **p. 417(bl):** Aleksey Stemmer / Shutterstock; **p. 419(tr):** Michaeljung / Fotolia; **p. 420(bl):** Ethan Daniels / Shutterstock; **p. 421(tr):** Getty Images; **p. 422(bl):** Alfredo Maiquez / Alamy; **p. 425(cl):** Nik Niklz / Shutterstock; **p. 425(tc):** Ariane Citron / Fotolia; **p. 425(cr):** Greg Roden / Dorling Kindersley, Ltd.; **p. 425(c):** Isaac Koval / The Agency Collection /Getty Images; **p. 425(bc):** Ty Milford / Radius Images / Getty Images; **p. 425(br):** Jordan Siemens / Digital Vision / Getty Images; **p. 425(cr):** Todd Warnock / Stockbyte / Getty Images; **p. 426(tr):** Jarno Gonzalez Zarraonandia / Shutterstock; **p. 428(cr):** Blaine Harrington III / Corbis; **p. 429(cl):** Jarno Gonzalez Zarraonandia / Shutterstock; **p. 439(br):** Stuart Pearce / Age Fotostock; **p. 440(tr):** Tony Northrup / Shutterstock; **p. 442(br):** Maisant Ludovic / Hemis / Alamy; **p. 445(br):** Csaba

Peterdi / Fotolia; **p. 446(bl):** Fuste Rag a/ Age Fotostock / Getty Images;

Capítulo 13

p. 448(cr): Bikeriderlondon / Shutterstock; **p. 449(tl):** Shutterstock; **p. 449(cl):** Katarzyna Citko / Shutterstock; **p. 449(cr):** Ildar Turumtaev / Fotolia; **p. 449(br):** Leeman / Thinkstock / Getty Images; **p. 449(tc):** Travelscape Images / Alamy; **p. 449(c):** Vario Images GmbH & Co.KG / Alamy; **p. 449(bl):** Gianni Dagli Orti / The Art Archive at Art Resource, NY; **p. 450(tl):** Julio Etchart / Alamy; **p. 450(cl):** Juan Karita / AP Images; **p. 450(tr):** Aukasz Kurbiel / Fotolia; **p. 450(c):** AdStock RF / Shutterstock; **p. 451(tr):** Ulf Andersen / Hulton Archive / Getty Images; **p. 451(tl):** Piero Pomponi / Liaison / Getty Images; **p. 451(c):** Bettmann / Corbis; **p. 451(br):** Carlos Alvarez / Getty Images Entertainment / Getty Images; **p. 452(bl):** Ppicture-Alliance / Geisler-Fotopres / Clemens Niehaus/AP Images; **p. 453(cr):** Victor Potasyev / Shutterstock; **p. 454(tl):** Francis G. Mayer / Corbis; **p. 454(cr):** The Museum of Modern Art /Licensed by SCALA / Art Resource, NY; **p. 454(bl):** Museum Associates / LACMA/ Licensed by Art Resource, NY; **p. 455(bc):** Ray Roberts / Alamy; **p. 455(t):** Mondadori / Getty Images; **p. 456 (tl):** Enrique Arnal; **p. 456(bl):** Francis G. Mayer / Corbis; **p. 456(bl):** Bridgeman-Giraudon / Art Resource, NY; **p. 456(cl):** Adam Lee / Alamy; **p. 457(tr):** Dale Mitchell / Fotolia; **p. 457(c):** Marcos Brindicci / Reuters / Corbis; **p. 457(cr):** Riccardo Cesari / Splash News / Corbis; **p. 457(br):** Sue Cunningham Photographic / Alamy; **p. 458(cr):** Salah Malkawi / Getty Images; **p. 459(cr):** Robert Harding World Imagery / Alamy; **p. 460(tl):** Brent Winebrenner / Lonely Planet Images / Getty Images; **p. 460(bl):** Benoit Paill / Flickr / Getty Images; **p. 460(tr):** Krzysztof Dydynski / Lonely Planet Images / Getty Images; **p. 462(br):** Fotomicar / Shutterstock; **p. 464(tr):** Thinkstock; **p. 466(b):** RoxyFer / Shutterstock.com; **p. 467(tr):** MJ Photography / Alamy; **p. 474(br):** Paco Torrente / AFP / Newscom;

Capítulo 14

p. 478(cr): Gianni Muratore / Alamy; **p. 479(tl):** Jeremy Horner / Corbis; **p. 479(cl):** Art Wolfe / The Image Bank / Getty Images; **p. 479(tc):** Marc C. Johnson / Shutterstock;

p. 479(c): Ene / Shutterstock; **p. 479(bc):** Travel Bug / Shutterstock; **p. 479(bl):** Stephanie Jackson / Photographsofaustralia / Alamy; **p. 480(tl):** Nataliya Hora /Shutterstock; **p. 480(c):** Michele Pautasso / Fotolia; **p. 480(tc):** Pablo Rogat /Shutterstock; **p. 480(cl):** Tero Hakala /Shutterstock; **p. 480(tr):** Tifonimages / Shutterstock; **p. 480(bc):** Travel Bug / Shutterstock; **p. 481(tl):** Rodrigo Arangua / AFP / Getty Images; **p. 481(tr):** Jorge Villegas / Age Fotostock / Alamy; **p. 481(br):** Martin Alipaz / epa / Corbis; **p. 483(tr):** Bill Bachmann / Alamy; **p. 485(tl):** Monkey Business / Fotolia; **p. 485(cr):** Db2stock/Blend Images / Corbis; **p. 487(cl):** Philippe Lissac / Godong / Corbis; **p. 487(tr):** Hans Neleman / Corbis; **p. 488(tr):** Jack Kurtz / The Image Works; **p. 493(tr):** Jorge Villegas / Xinhua / Newscom; **p. 496(tr):** Corbis; **p. 499(tr):** Carlos Carrion / Sygma / Corbis; **p. 500(tr):** Prisma Archivo / Alamy; **p. 503(br):** Diego Cervo / Fotolia; **p. 505(cr):** Moises Castillo / AP Images; **p. 506(b):** Africa Studio / Fotolia, **p. 508(b):** PhotoSG / Fotolia;

Capítulo 15

p. 510(cr): Alexander Raths / Fotolia; **p. 511(tl):** David Parker / Science Source; **p. 511(tc):** Lori Froeb / Shutterstock; **p. 511(tr):** Eddtoro / Shutterstock; **p. 511(c):** Joseph / Shutterstock; **p. 511(cl):** Richard Ellis / Alamy; **p. 511(bl):** Zulia Gotay de Anderson; **p. 512(tl):** Hemis / Alamy; **p. 512(cl):** Tim Draper / Dorling Kindersley,Ltd; **p. 512(bc):** Thais Llorca / EPA / Newscom; **p. 512(cr):** Torkil Adsersen / EPA / Newscom; **p. 513(tl):** Liv Friis-Larsen / Shutterstock; **p. 513(tr):** Sadeugra / E+ / Getty Images; **p. 513(bl):** Ilolab / Shutterstock; **p. 513(br):** David R. Frazier Photolibrary, Inc. / Alamy; **p. 514(cr):** Interfoto / Alamy; **p. 515(tr):** Jennifer Stone / Shutterstock; **p. 515(bl):** Xico Putini / Fotolia; **p. 516(bl):** Joseph / Shutterstock; **p. 517(tl):** Andrea Crisante / Alamy; **p. 517(tr):** Jack Jackson / Robert Harding; **p. 517(bl):** Ziqiu / Fotolia; **p. 517(br):** Vadym Andrushchenko / Shutterstock; **p. 518(tl):** Antonis Papantoniou / Shutterstock; **p. 518(tr):** Jim West / Alamy; **p. 519 (tr):** iLexx/Getty Images; **p. 519(bl):** Lunatic67 / Shutterstock; **p. 520(cl):** Cesar Carrion / Notimex / Newscom; **p. 520(tr):** Ted Spiegel / Nomad / Corbis; **p. 523(br):** Kirill Kedrinski / Fotolia; **p. 526(cr):** Alberto Paredes / Alamy; **p. 527(b):** WavebreakMediaMicro / Fotolia; **p. 536(c):** Ra2 Studio / Fotolia

Communicative Functions and Learning Strategies Index

actions
    describing, 144, 153, 179
    indicating to whom or for whom they
        may take place, 222
    organizing sequentially, 145
adjectives, using to enrich your
    description, 98
advice, giving, 353, 411, 446
affirmation, expressing, 426
agreement, reporting, 439
answering questions
    agreeing to answer, 44
appropriateness (or not), ways of
    stating, 228
asking for what you need, 16, 60
asking questions, 5, 21, 27, 55
    choosing Indicative or subjunctive
        for, 431
    interrupting to ask, 44
    to gather information, 60
    word order when, 492
attention, getting someone's, 44
    to an unusual fact, 121
attitudes, expressing, 398
audience
    identifying, 134
    focusing on, 344

brainstorming, 62

characteristics, expressing, 69, 76–77,
    83–84, 98
chronological order, indicating, 238, 308
clarification, requesting, 16, 62
closings in correspondence, 134
comparisons
    making, 293
    making contrasts and, 164
    organizing information to make, 164
complaints
    about someone or something, 469
    from a friend or family member, 192
    to a friend or family member, 192
concern, expressing, 411
conclusions, drawing, 305
    presenting group's conclusion, 504
    supporting group's conclusion, 504
conditions, expressing changeable, 83
congratulating, 408
conjecture, expressing, 488
    expressing conjecture or certainty, 491
connecting events, 238

content
    anticipating, 165
    focusing on, 344
    predicting and guessing, 272
    selecting appropriate, 202
context, using to figure out meaning,
    237, 339
conversation, maintaining the flow of, 152
convincing someone, 121
courtesy expressions, 8

daily activities, talking about, 111, 153
decisions
    defending, 375
    gathering information strategically
        to express, 340
    giving, 375
    influencing, 375
    supporting, 443, 473
descriptions
    adjective use to enrich, 98
details
    asking for, 268
    providing supporting, 274
    recording relevant, 374
    selecting and sequencing, 308
diminutives, 141
dislikes, expressing, 90, 226
doubt, expressing, 437
dramatic stories, techniques for, 534, 535
duration, expressing, 127, 160

e-mail writing, 134
emotional states, describing, 185
emotions, expressing, 408
    feelings that may change, 83
    in poetry, 507
empathy, showing, 305
endearment, terms of, 134, 140
enlisting the help of a friend or family
    member, 192
events
    describing, 230
    sequencing, 238, 308
expectations, expressing, 391

facts
    differentiating from opinions, 270
    expressing, 274
    using to offer good advice, 446
familiarity, expressing, 134
feelings, expressing, 147

food, ordering, 109
formal tone, using appropriately, 167
    judging degrees of, 6
future, talking about the, 368
    hypothesizing about, 525

gender, specifying, 50
goals, expressing, 401
good time, expressing, 355
greetings, 7, 9
    formal, 60
guessing, contextual, 237, 339

haggling, expressions for, 236
happiness, expressing, 408, 535
    sharing someone's, 305
hopes, expressing, 391
humor in stories, techniques for
    including, 534, 535, 538
hypothetical situations, talking about,
    430, 464
    identifying the speaker's intentions,
        472
    the present and the future, 525

ideas
    contrasting, 412
    discussing, 271, 359
    listening for main, 407
    putting together cohesively, 412
illustrations, using to anticipate content,
    165
impersonal information, stating, 357
indirect objects, indicating, 222
inferences, making, 304, 306
informal tone, using appropriately, 167
information
    clarifying, 263
    emphasizing, 263
    focusing on key, 271
    focusing on relevant, 409
    gathering, 340
    introducing information about
        personality, 95
    introducing information on physical
        characteristics, 95
    listening for, 94
    organizing, 342
    organizing for a survey, 132
    organizing to make comparisons,
        164
    presenting factual, 443

information (*continued*)
  summarizing, 378
  supporting comprehension with
    background, 442
  taking notes to recall, 235
instructions, giving, 334, 364
intention, expressing, 127
  identifying the speaker's intention,
    472, 533
interest
  engaging, 443
  expressing, 268, 305
  maintaining, 271, 443
interviews, conducting, 305, 318
introductions, 5
invitations, 105, 283
  to enter a room or house, 174

key words, looking for and using, 133
knowledge
  stating, 123
  using background, 131

likes, expressing, 90, 226
listening for the gist, 59
listening for specific information, 94
location, expressing, 21, 53
  of events, 81
logical relationships, focusing on, 444

main ideas, listening for, 407
meaning, using context to figure out, 237
means, expressing, 127, 401
mental images, creating, 197
movement, expressing, 115, 127

narratives, writing effective, 308
  identifying narrator's
    perspective, 536
  using imagination and humor
    in, 538
negation, expressing, 19, 426
notes, taking, 235, 374
number, specifying, 50

objects, describing, 230
obligation, expressing, 157
ongoing actions
  expressing, 182
  past, 286
opinions
  differentiating fact from, 270
  expressing, 132, 274, 398, 408
  reporting, 439
origin, expressing, 81
ownership, expressing, 87

past, narrating in the, 286, 289
past, talking about the, 216, 219, 248,
    251, 256, 259, 266, 286, 289,
    330, 461
  from a past perspective, 496
  talking about how things used to
    be, 289
  wishes and recommendations, 521

people
  comparing, 293, 297, 300
  describing, 19–20, 67, 70, 75, 95, 230
  identifying, 19, 193
  pointing out, 193
  who might interest you, 73
personal anecdotes, telling, 534
persuasion
  through suggestions and
    advice, 411
physical states, describing, 185
planning,
  what you want to say, 198
plans, expressing, 105, 115, 147
poetry
  looking for meanings in, 474
  using language to express emotions
    in, 507
point of view of speaker, identifying, 503
  in narratives, 536
position, describing, 29. *See also*
    instructions, giving
possession, expressing, 81, 434
praising, 408
preferences, expressing, 147, 226–227
presentations, making comprehensible
    and interesting, 473
problem solving, organizing ideas for,
    504
proposals, making polite, 495
punctuality (being on time), 27, 105
purpose
  expressing, 401
  listening for, 163
purpose, focusing on, 344

qualities, expressing inherent, 83
quantity, talking about, 119
questions, answering, 44, 55

reacting
  to good news, 121
  to what someone says, 48, 114
reading. *See also* texts
  organizing information into
    categories, 342
  preparing to read, 165, 199
reciprocity, expressing, 468
recommendations, making, 395, 408
  in the past, 521
registers, distinguishing, 5, 6, 336
relief after a tense situation, expressing,
    535
repetition
  avoiding, 188, 322, 326
  requesting, 16, 56
requests, expressing, 395
  polite, 495
  softened, 207

salutations in correspondence,
    134, 167
saying goodbye, 8
saying hello, 7
scanning for information, 61, 96
shopping

expressing displeasure at a high
    price, 209
  expressions for, 207
  giving sizes, 211
  negotiating a price, 236
  showing pleasure at a bargain, 209
speaking
  to ask that people request the floor
    before, 528
  to give the floor to someone, 528
  to request the floor, 528
states of being, expressing, 53
suggestions, giving, 334, 411
summarizing information, 378
surveys, organizing information for, 132
sympathy, expressing, 399, 535

talking about academic life, 15–16, 42
talking about daily occurrences, 42
telephone
  answering the, 24, 60, 105
  best time to call, 79
  saying numbers, 24
  speaking on the, 79, 198
  thanking a friend for calling, 247
  to find out who is answering, 198
  to request to speak to someone
    specific, 198
texts. *See also* reading
  identifying the format of, 61
  identifying the tone of, 505
  scanning for information, 61, 96
things
  comparing, 293, 297, 300
  identifying, 193
  pointing out, 193
time
  asking when an event starts, 27
  punctuality (on time), 27, 105
  titles, using to anticipate content, 165
tone,
  choosing appropriate, 167, 202
  identifying tone of a text, 504
topic
  asking someone to expand on, 305
  asking someone to talk about a, 305

uncertainty, expressing, 437
unexpected, expressing the, 529

weather, talking about, 246
wishes, expressing in the past, 521
words, learning new, 376
workplace, useful expressions for, 340
writing. *See also specific kinds of
    writing*
  brainstorming and, 62
  dates, 13
  effective narratives, 308
  organizing events in
    sequence, 238
  to spark interest, 476
writing correspondence
  closings, 168
  e-mails, 167
  salutations, 168

Index

H

haber
    conditional, 465
    imperfect, 287
    past perfect, 496
    present perfect, 360–361
hablar
    conditional, 464
    future, 368
    imperfect, 287
    imperfect subjunctive, 522
    present indicative, 42
    present subjunctive, 391
    preterit, 216, 217
hace
    meaning *ago,* 268
    with expressions of time, 160, 268
    with weather, 14
hacer
    conditional, 465
    future, 369
    informal imperative, 365
    past participle, 361
    present indicative, 111
    present subjunctive, 391
    preterit, 266
hay, 23
Hispanic countries
    Argentina, 4, 14, 75, 79, 106, 110,
        121, 146, 174, 181, 215,
        241–242, 243, 250, 270, 321,
        356, 457, 460, 481, 485, 493,
        507, 536–537
    Belice, 307
    Bolivia, 78, 121, 181, 279, 425,
        449–450, 455, 457, 481,
        482, 483, 485, 500
    Caribbean, 243, 285, 457, 485
    Chile, 41, 89, 121, 174, 243, 451, 460,
        479–480, 481, 482, 485, 493,
        496
    Colombia, 72, 106, 137–138, 146, 158,
        174, 181, 215, 243, 244, 250,
        285, 451, 454, 482, 485
    Costa Rica, 358, 415–416, 420, 425,
        428, 439, 440, 445, 446
    Cuba, 72, 89, 106, 381–382, 457, 500,
        520
    Dominican Republic, 381–382, 397,
        404
    Ecuador, 4, 181, 321, 347–348, 355,
        356, 366, 370, 371, 485
    El Salvador, 171–172, 198, 307, 493
    Guatemala, 78, 279, 301, 307, 311–
        312, 318, 321, 341, 343, 425,
        482, 493, 505
    Honduras, 171–172, 174, 307, 487,
        505
    Mexico, 4, 41, 75, 78, 106, 121, 146,
        174, 215, 243, 250, 277–278,
        279, 282, 284, 294, 295, 298,
        301, 307, 356, 358, 377, 425,
        451, 453, 457, 460, 482, 485,
        500, 505, 520
    Nicaragua, 171–172, 173, 176, 493
    Panama, 415–416, 422, 425, 428, 429
    Paraguay, 78, 390, 449–450, 451, 460,
        462, 467

Peru, 78, 101–102, 106, 108, 110, 116,
    121, 174, 181, 321, 355, 377,
    425, 483, 485
Puerto Rico, 72, 73, 121, 500,
    511–512, 514, 516, 519, 526
Spain, 4, 18, 31–32, 36, 39, 41, 45, 60,
    70, 75, 77, 78, 79, 89, 106, 142,
    146, 181, 201, 243, 264, 279,
    280, 282, 285, 316, 358, 410,
    451, 452, 453, 456, 457, 458,
    474, 481, 485
United States, 3, 41, 58, 65–66, 72,
    73, 75, 77, 93, 200, 215, 295,
    301, 377, 410, 500, 520
Uruguay, 181, 215, 241–242, 243,
    272–273, 481, 485, 493
Venezuela, 174, 205–206, 220, 356,
    483, 485, 500
hispano, 77

I

if- clauses, 525
imperative
    formal, 334–335
    informal, 354–365
imperfect, 286–287, 330–331
    versus preterit, 290–291, 461
imperfect progressive, 330
imperfect subjunctive, 522
impersonal expressions, expressing
    emotion, 399
indefinite articles, singular and plural,
    50–51
indicative. *See also* present indicative
    adverbial conjunctions that take, 492
indirect object pronouns, 222–223
indirect objects, 323
infinitive, 42, 499
interesar, 227
interrogative words, 55–56
introductions, 5
ir
    formal imperative, 335
    imperfect, 287
    informal imperative, 365
    present indicative, 115
    present subjunctive, 391
    preterit, 219
ir + a + infinitive, 115, 330
-ir verbs, 46–47
-ísimo/a, 301

J

jugar
    formal imperative, 335
    present indicative, 148
    present subjunctive, 392
    uses of, 243

L

lavar(se), 154–155
leer, 256
levantar(se)
    present indicative, 154
    preterit, 251
llamar(se), 154
llegar, 216, 217
location, 21

M

maps
    Argentina, 241
    Bolivia, 449
    Chile, 479
    Colombia, 137, 520
    Costa Rica, 415
    Cuba, 381
    Dominican Republic, 381
    Ecuador, 347
    El Salvador, 171
    Guatemala, 311
    Honduras, 171
    Mexico, 277
    Nicaragua, 171
    of nationalities, 70
    of Spanish speaking world, 3
    Panama, 415
        Ciudad de Panamá, 421
    Paraguay, 449, 485
    Peru, 101
    Puerto Rico, 511
    Spain, 31
    United States, 65
    Uruguay, 241, 247
    Venezuela, 205, 520
months, 12
morir, 260, 361
mostrar, 223

N

nationality, 72, 80
    gender of, 80
negative expressions, 426–427
nouns
    direct objects, 188–189
    gender of, 50–51
        professions, 389
    number of, 51
numbers
    0 to 99, 23
    100 to 2.000.000, 119–120
    ordinal numbers, 173

O

o replaced with **u,** 246
oír, 112
    present subjunctive, 391
    preterit, 257
ojalá (que), 392
opinions, expressing, 148, 398–399

P

para, 127–128, 263, 401–402
parecer (zc), 227
past participle, 360–361
past perfect, 496
pedir, 148
    preterit, 260
pensar
    formal imperative, 334
    present indicative, 148
    present subjunctive, 391
    preterit, 217
    uses of, 150